格差社会への対抗
新・協同組合論

編 杉本貴志

監修 全労済協会

日本経済評論社

目次

序章 「格差」と「協同」……………………………… 杉 本 貴 志　1

  1.　格差社会という現実　1

  2.　協同組合という視点　22

  3.　日本の協同組合　27

第1部　格差社会に挑む協同組合

第1章　働き方改革は福岡から…………………………… 杉 本 貴 志　39
     協同組合が挑戦する格差社会の「労働」

  1.　はじめに　39

  2.　消費者組織と「労働」問題　40

  3.　組合員労働と非正規・外部労働　46

  4.　委託労働と直接雇用　54

  5.　福岡からの働き方改革　58

第2章　日本の協同組織金融機関と金融排除………… 重頭ユカリ　67

  1.　はじめに　67

  2.　日本の協同組織金融機関の概況　68

  3.　金融排除と協同組織金融機関　77

  4.　金融排除防止への貢献と今後の課題　86

第3章　協同組合による生活困窮者支援·················· 重頭ユカリ　91

1. はじめに　91
2. 生活困窮者をめぐる状況　92
3. 協同組合による生活困窮者支援　96
4. 協同組合による生活困窮者支援の意義と課題　110

第4章　格差社会における共済の可能性················· 宮地朋果　115

1. はじめに　115
2. 共済と保険の共通点と相違点：入口・出口の観点から　116
3. 「共済らしさ」を発揮するために求められること　123
4. おわりに　129

第2部　「食」と「職」を守る協同組合

第5章　「食」を支える協同組合の現状と課題·········· 加賀美太記　133

1. はじめに　133
2. 「食」を支える生活協同組合の現在　134
3. 日本における生協の発展過程と発展を支えた特徴　138
4. 格差社会におけるコープ商品への期待と課題　142
5. 格差社会における共同購入の課題と可能性　151
6. おわりに　155

第6章　協同組合が創る農産物流通····················· 青木美紗　159

1. 卸売市場流通と卸売市場外流通　159
2. 生協産直の変遷：生産者と消費者の協同　161
3. 協同組合と農産物直売所　173

4. 進化する卸売市場外流通：協同組合の可能性　176

第7章　協同組合職員のモチベーション………………青木美紗　179

1. 協同組合職員の特徴　179
2. 「おしゃべりパーティ」報告書の読み込み会　182
3. JA女性営農指導員の活動からみる連結者としての職員像　187
4. 大学生協からみる組合員のパートナーとしての職員　193
5. まとめ　197

第8章　女性労働とワーカーズ・コレクティブの　可能性………………………………………宮地朋果　199

1. はじめに　199
2. ワーカーズ・コレクティブという働き方　200
3. グリーンコープのファイバーリサイクル事業　209
4. おわりに　212

第3部　地域で「協同」する協同組合

第9章　協同組合間協同の現状と展望………………加賀美太記　215

1. はじめに　215
2. 協同組合間の協同　216
3. 協同組合間協同の実践と特徴　221
4. 協同を支える制度と人のつながり　233
5. おわりに　235

第 10 章　協同組合の事業連合と連合会

　　　　……………　杉本貴志・青木美紗・加賀美太記・重頭ユカリ　237

　　1.　協同組合の連合会と事業連合　237
　　2.　消費生活協同組合の事業連合　239
　　3.　大学生協と事業連合　242
　　4.　協同組織金融と連合会　249
　　5.　単協・組合員主権と連合組織　252

終章　協同のコミュニティは東北から…………………　杉本貴志　255
　　協同組合の新地平

おわりに　263
ブックガイド　267

序章
「格差」と「協同」

1. 格差社会という現実

　「戦後の日本社会は，貧富の格差が激しいアメリカや階級制度の名残りが色濃いヨーロッパと異なり，平等化が著しく進んだ社会である」「日本の社会には極端な金持ちも極端な貧乏もなく，先進国のなかでも格差がほとんどないことを特徴としている」．日本の社会や経済を論じるにあたって，かつては決まり文句のようにこんな言葉が飛び交っていた．「一億総中流」という表現が使われることも日常茶飯事であったが，この語をつゆほども聞かなくなって久しい．

　その代わりにいま，「日本の格差社会はここまで進んでいる」といったニュースや主張が連日連夜，新聞で，テレビで，雑誌で，ネット空間で，さまざまな数字をともなって，報じられ，論じられている．

　たとえば格差を表わす代表的指標として「ジニ係数」というものがある．社会の構成員間で収入（所得）の不平等がどの程度かを示すジニ係数をみると，平等社会といわれてきた日本でも実は1980年代以降は所得格差が拡大

2

しており，90年代末頃には，日本はすでにヨーロッパ並みに不平等な社会になっていると指摘され始めた．そして2000年代半ばには，先進国のなかでも日本は格差がむしろ大きな国だという議論が展開されるに至ったのである[1]．

　人々の収入が全員同額で完全に平等な状態であればジニ係数は0となり，それが1に近づけば近づくほど格差が広がっているということになるが，OECD（経済協力開発機構）が2004年に発表した1990年代後半の日本のジニ係数は0.314で，これはOECD24か国全体の0.309を上回る．このジニ係数をもとに，日本はジニ係数が低く平等度が高い北欧諸国などのグループでも，平等度が中程度のドイツやフランスなどのグループでもなく，不平等が高いアメリカやイギリスなどのグループに分類されるとされた（表序-1）．

　その後も日本のジニ係数は上昇を続け，3年ごとに発表される厚生労働省の「所得再分配調査」で，再分配前の当初所得で計測したジニ係数は2014年に0.5704と史上最高値を記録している（図序-1）．

表序-1　OECD発表の先進諸国のジニ係数

デンマーク	0.225	カナダ	0.301
スウェーデン	0.243	スペイン	0.303
オランダ	0.251	アイルランド	0.304
オーストリア	0.252	オーストラリア	0.305
フィンランド	0.261	日本	0.314
ノルウェー	0.261	イギリス	0.326
スイス	0.267	ニュージーランド	0.337
ベルギー	0.272	アメリカ	0.337
フランス	0.273	イタリア	0.347
ドイツ	0.277	ポルトガル	0.356
		OECD全体（24か国）	0.309

（出典）　橘木（2006）．

　1）　代表的論稿として，橘木俊詔（1998）『日本の経済格差―所得と資産から考える』岩波新書，同（2006）など．

序章 「格差」と「協同」

　あまりにも不平等が進むと社会は不安定になる．ジニ係数でいえば 0.4 を超えると社会的騒乱が起きやすくなるといわれるが，そこで政府は「所得の再分配」を実行することで国民間の不平等を是正しようとする．累進課税制度や社会保障制度によって，収入が高い者から低い者へと所得を移転し，極端な格差を緩和するのである．

　こうした所得再分配後の数値で計測すると，図序-1 にあるように 2014 年の日本のジニ係数は 0.3759 となる．厚生労働省は，所得再分配の効果でジニ係数が 0.2 ポイントほど下がり，2000 年代からさほど変わらない数値になっており，政府の所得再分配政策は非常に効果を発揮しているという．再分配前の数値は日本社会の高齢化や単身世帯の増加を示している（職を持たない高齢者や家族を持たない単身者が増えればジニ係数は必然的に上昇する）に過ぎず，格差が許容できないほど拡大しているわけではない，と主張するのである．

　確かにジニ係数をみる限り，日本の所得再分配政策は相当な効果を発揮しているかのようである．しかし，年齢別のジニ係数でも若年層や中高年層の一部でジニ係数の上昇がみられること，のちに述べるように単身者の増加という現象自体が貧しさの拡大の結果であるとも考えられること，そもそも他

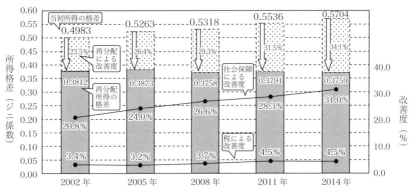

(出典) 厚生労働省政策統括官（総合政策担当）『平成 26 年所得再分配調査報告書』．

図序-1　近年の日本のジニ係数

の OECD 諸国に比べて日本のジニ係数は相当高い水準が続いてきたこと等々を考えれば，日本社会が国際的にみても格差社会といえる状態にあること，そしてその格差がますます拡大している側面もあることは否定できないだろう．

　それはジニ係数と並んでよく言及される貧困者の割合＝「貧困率」からもいえることである．

　「貧困」をどう定義するかにはさまざまな考え方があるが，もっとも客観的に数字で定義できるものとして「相対的貧困」がある．相対的貧困者とは，その社会における可処分所得の中央値の半分（貧困ライン）未満しか所得がない人をいう[2]．たとえば 1 万人を所得の低い方から高い方に順に並べて 5,000 番目の人の可処分所得が 250 万円だとすると，その半分の 125 万円未満の所得しかない人たちがその集団では相対的貧困者となる．つまり相対的貧困者の割合（相対的貧困率）が高ければ，その社会は所得の格差が大きな社会であると判断される．

　この相対的貧困率が，1990 年代以降，国際的にみて日本は非常に高いのである（図序-2）．OECD が調査した 30 か国のなかで貧困率が 4 番目に高い日本は，平等社会どころか貧困大国ではないかと批判されている．しかもここ 30 年間，わずかな揺り戻しはあったがほぼ一貫して，相対的貧困率は上昇を続けている（表序-2）．子どもの相対的貧困率がおよそ 14% というのは，17 歳以下の実に 7 人に 1 人が貧困ライン以下で過ごしているということである．学校で 1 クラスに 5 人程度は貧困者に分類される子どもがいるというのは尋常ではない．2012 年度には経済的理由により就学困難と認められ「就学援助」を受けている小・中学生が全体の 15.64% を記録した（『平成 27 年版子ども・若者白書』内閣府）．世界第 3 位の経済大国とはと

---

　2)　同じ所得であっても家計の世帯人数によって生活の苦しさは異なるから，貧困ラインを計算するときには正確には「等価可処分所得」を用いる．これは可処分所得（税金や社会保険料などを除いた，自由に使える手取り収入）に世帯人数を加味して調節したものである．

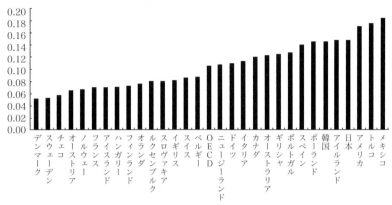

(出典) OECD Factbook 2015-2016: Economic, Environmental and Social Statistics, 2016.

図序-2 各国の相対的貧困率

表序-2 日本の相対的貧困率

(%)

	1985	1988	1991	1994	1997	2000	2003	2006	2009	2012	2015
相対的貧困率	12.0	13.2	13.5	13.8	14.6	15.3	14.9	15.7	16.0	16.1	15.6
子どもの貧困率	10.9	12.9	12.8	12.2	13.4	14.4	13.7	14.2	15.7	16.3	13.9

(出典) 厚生労働省（2017）『平成28年国民生活基礎調査の概要』．

ても思えない状況といえよう．

　子どもの貧困は，いまや日本社会における緊急課題となっており，ボランティア団体や協同組合などによって家族で食事をとることが十分にできない子どもたちのために「子ども食堂」がつくられるなど，家庭だけに子どもの食を任せてはいられない状況さえ生まれている．家計に占める食費の割合を示す「エンゲル係数」をみても，食費を賄うのに精一杯の低所得層（第Ⅰ階級[3]．2007年から2.9ポイント上昇）と，惜しみない金額を投じて食にこだわる上位層（第Ⅴ階級．2.4ポイント上昇）が，最大の上昇を示している（表序-3）．食の面からも，格差の拡大は著しい．

　3）　総務省の統計では，全ての世帯を収入の低い順から並べて5等分し，低い方から順に，第Ⅰ階級，第Ⅱ階級，第Ⅲ階級，第Ⅳ階級，第Ⅴ階級としている．

表序-3　エンゲル係数の推移

年次	平均	第Ⅰ階級	第Ⅱ階級	第Ⅲ階級	第Ⅳ階級	第Ⅴ階級
2007	21.7	24.3	23.2	23.1	21.2	19.3
2008	21.9	23.9	22.9	23.1	21.6	19.7
2009	22.0	24.9	23.3	22.2	21.3	20.2
2010	21.9	24.9	23.2	22.8	21.2	19.6
2011	22.2	24.8	23.6	22.6	22.1	19.8
2012	22.1	23.9	23.9	22.6	21.8	20.1
2013	22.1	24.2	23.6	22.8	21.8	20.0
2014	22.3	25.1	23.7	23.2	21.5	20.2
2015	23.6	26.1	24.2	24.1	23.1	21.9
2016	24.2	27.2	25.6	25.1	23.5	21.7

(出典)　総務省統計局（2017）『家計調査報告〔家計収支編〕平成 28 年（2016 年）平均速報結果の概要』.

　子どもに十分な食事が与えられないような親は失格だと非難することはやさしいが，自己責任を基本とする競争社会をどう評価するにしても，子どもが育つ環境に著しい不平等があること自体を肯定することはできないだろう．収入だけでなく，家庭の資産格差が子どもに与える影響も大きなものがある．「平成 28 年国民生活基礎調査」では，児童がいる世帯の平均貯蓄額は 680 万円となっているが，貯蓄が全くない世帯が 14.6%，つまり 7 世帯に 1 世帯は事故や入院，あるいは進学など，いざという時の備えとなる蓄えが全くない．母子世帯にいたっては，無貯蓄が 37.6% で 3 分の 1 以上を占めている．かつてのイギリスのように，現代の日本は「2 つの国民」から成り立っているといわれかねない状況にあるのである（表序-4）．

　これだけ格差があれば，親の収入や資産によって子の教育・進学に影響が出るのも当然であろう．学歴はその子の就職・人生のあり方を左右する．さらにそれ以前，就学前の幼児教育もその後の子どもの人生の成功と失敗にきわめて大きな影響を与えることを，ノーベル経済学賞を受賞したジェームズ・ヘックマンは大規模な実証実験によって証明してみせた．仕事に追われて親が子どもに接する時間も子どもにかけられる費用も余裕がない層では，子どもは学校に通う前から，その後の努力では挽回することが困難なほどの

序章　「格差」と「協同」　　7

表序-4　世帯の貯蓄額

（単位：％）

貯蓄・借入金額階級―平均貯蓄・借入金額	全世帯	高齢者世帯	児童のいる世帯	母子世帯
貯蓄額階級				
総数	100.0	100.0	100.0	100.0
貯蓄がない	14.9	15.1	14.6	37.6
貯蓄がある	80.3	79.4	82.1	59.6
50万円未満	4.7	3.8	5.2	14.4
50～100	3.5	2.6	3.9	3.6
100～200	7.9	7.0	10.3	9.1
200～300	5.9	5.0	7.6	6.5
300～400	6.3	5.3	8.4	4.0
400～500	3.3	2.5	5.0	1.9
500～700	9.4	9.1	10.9	4.2
700～1000	5.8	5.2	6.6	2.0
1000～1500	8.7	9.5	7.7	2.9
1500～2000	4.7	5.6	3.4	1.4
2000～3000	6.3	7.7	3.6	1.8
3000万円以上	8.8	10.8	4.4	1.9
貯蓄あり額不明	5.1	5.3	5.1	5.9
不詳	4.8	5.5	3.4	2.8
1世帯当たり平均貯蓄額（万円）	1,033.1	1,224.7	680.0	327.2

（出典）　厚生労働省（2017）『平成28年国民生活基礎調査の概要』.

大きなハンディを背負わされているのである．

　かくして貧困と富裕は再生産されるのであり，格差社会の最大の問題はそこにある．現時点での格差が大きいというだけでなく，子や孫以下の世代にまで，格差と階層が固定化してしまう．これこそが格差社会の本質なのであるが，さらにいえば，そもそもその再生産，すなわち結婚をして子をつくり家庭を持つという道さえ，格差社会は許さない．

　50歳の時点で結婚経験がない人は一生結婚することがないだろうとみなして，同年齢におけるこの人たちの割合を「生涯未婚率」というが，近年この生涯未婚率が急激に上昇している．1970年代には生涯未婚という女性は20人に1人以下，男性では50人に1人しかいなかったが，2017年には女性の7人に1人，男性にいたっては4人に1人が一生結婚することがない

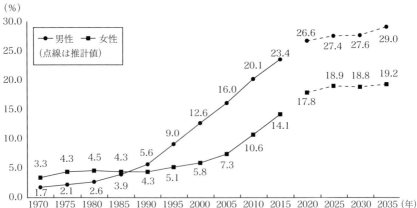

資料：1970年から2015年までは各年の国勢調査に基づく実績値（国立社会保証・人口問題研究所「人口統計資料集2017」）．
2020年以降は推計値（「日本の世帯数の将来推計（全国推計2013年1月推計）」であり，2010年の国勢調査を基に推計を行ったもの．
注：45～49歳の未婚率と50～54歳の未婚率の平均である．
（出典）　内閣府『平成29年版少子化社会対策白書 全体版（PDF版）』．

図序-3　生涯未婚率の推移と推計

という．そしてこの数値は今後さらに上昇することが予測されているのである（図序-3）．

その要因は複合的であろう．誰もが結婚して子どもをもうけるのがあたりまえとされる社会よりも，個人の考えでさまざまな人生の選択と構築ができる社会であるほうが望ましいであろうから，未婚率の上昇自体をもって問題視すべきではないけれども，はたしてこれが個人の自由な選択の結果であるのかは疑問である．すくなくとも男性の場合，収入の多寡と配偶者の有無とは大いに関係があることが実証されている（図序-4）から，未婚率の上昇には相当程度，結婚したくても経済的にできない人々が格差社会のなかで増えていることが大きく影響していると考えられる．

それにしても，なぜこんなに格差が蔓延する世の中になってしまったのか．何が一億総中流社会日本を格差社会日本に変え，それを激化させているのだろうか．

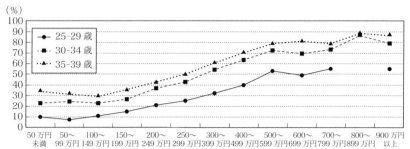

資料：労働政策研究・研究構成「若年者の就業状況・キャリア・職業能力開発の現状②—平成24年版「就業構造基本調査」より」(2014年).
注：25〜29歳の800〜899万円の集計区分については標本数が少なく割合が算出できない．
(出典) 内閣府『平成29年版少子化社会対策白書 全体版 (PDF版)』．

図序-4 男性の年収別有配偶率

　その大きな要因は，「労働のあり方の変化」と「コミュニティの崩壊」である．

　かつての日本社会は「終身雇用制」で誰もが安定した仕事につき，「年功序列賃金」の下で同世代間では経済的にも平等だったというのは，実はごく限られた時期における，ごく限られた層での話であって，社会全体をそう乱暴にまとめることはできないのではないかと思われる．だが，すくなくとも高度成長期に大企業に勤める男性労働者については，ある程度そういうことがいえたであろう．

　そこから明らかに除外されていたのは女性たちである．女性は，出産・子育てを機に正社員であることをあきらめなければならなくなることが多く，パート職など「非正規社員」となることで，この「平等な日本社会」から外されていた．「かつて労働者の賃金格差は現在ほどではなく，比較的平等だった」と仮にいえるとしても，それは「女性を除けば」という限定付きでの話である[4]．

　1990年代以降に日本で起こったのは，まずは若年層を中心に，こうした

---

　4) 世界経済フォーラムが発表した2016年の両性の平等度の国際ランキングで，日本は総合順位で144か国中111位，とくに経済的な参加と機会の部面では118位

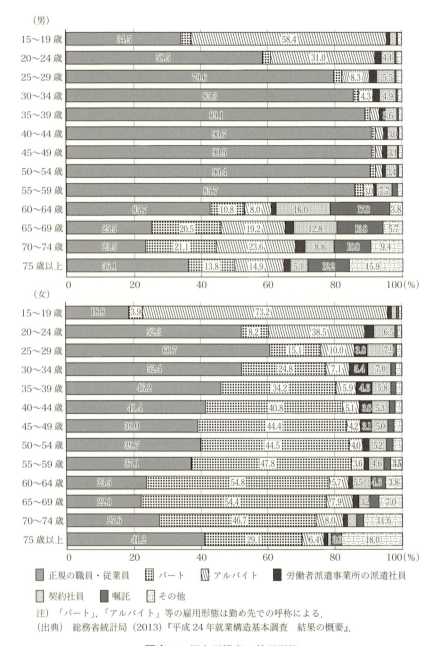

図序-5 男女労働者の就労形態

女性たちと同じように非常に多くの男性労働者が「非正規化」したということである．使い勝手のいい労働力を求めた企業の人事政策により，雇用の継続が保証されず，労働時間の安定もない非正規労働者が急激にその数を増していった．いまや日本の労働者の3人に1人が非正規労働者であるが，男性に限ってみても，20年間で非正規労働者の割合が倍増し，35歳未満では4分の1が非正規雇用という状態になっている（図序-5，図序-6）．企業は賃金コストの削減を最大の狙いとして正社員以外の労働力を採用するのであるから（図序-7），彼らは収入において正規労働者と明確な格差があり，それが資産や配偶者の有無等々，あらゆる面での生活の格差を生んでいる．

たとえば国税庁の統計によれば，全ての正規労働者の平均給与が485万円（男性が539万円，女性が367万円）なのに対して，非正規労働者は171万円（男性226万円，女性147万円）にすぎない（表序-5）．男性労働者が40年間働くとすると，それが正規社員であれば生涯収入は2億1,000万円以上となるが，非正規社員ならば9,000万円にしかならないのである．年金など退職後の社会保障の違いも考えれば，両者の人生は天と地

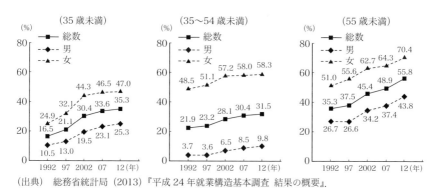

(出典) 総務省統計局 (2013)『平成24年就業構造基本調査 結果の概要』．

図序-6　非正規労働者の増加

と評価されている．2006年にはそれぞれ80位，83位だったから，先進国のみならず途上国でも男女平等が伸展しているという世界の状況から，日本は大きく引き離され続けているのである．

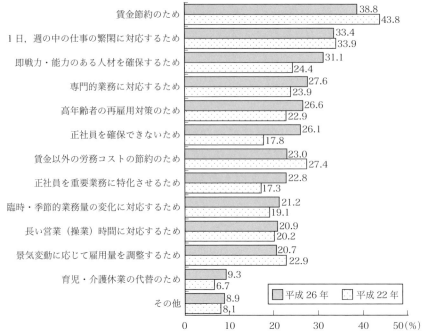

図序-7 正社員以外の労働者を活用する理由

ほどの違いがあるといわなければならない．

　この正規／非正規のとてつもない格差こそが，日本の格差社会の最大の元凶であるが，詳しくみれば正社員同士でも，勤め先が大企業であるか，そうでないかによって，これまた大きな格差がある．厚生労働省の「賃金基本統計」によれば，2016年6月に支払われた大企業の男性正社員の賃金（時間外手当などを除く所定内給与額）が40万6,000円であるのに対して，小企業では正社員でも29万7,600円で，月に10万円以上の差がある（表序-6）．企業規模，正規／非正規，男／女等々の違いが，くらしの大きな格差を生んでいるのである．

表序-5　男／女，正規／非正規による給与の違い

区分	平均給与 (千円)	延び率 (%)	内正規 (千円)	延び率 (%)	内非正規 (千円)	延び率 (%)	平均年齢 (歳)	平均勤続年数 (年)
2005	4,368	▲0.5					43.8	11.8
2006	4,349	▲0.4					44.2	11.6
2007	4,372	0.5					44.1	11.6
2008	4,296	▲1.7					44.4	11.5
2009	4,059	▲5.5					44.4	11.4
2010	4,120	1.5					44.7	11.6
2011	4,090	▲0.7					44.7	11.6
2012	4,080	▲0.2					44.9	11.9
2013 男	5,113	1.9	5,266	1.2	2,245	▲0.4	45.1	13.3
女	2,715	1.4	3,561	1.9	1,433	▲0.2	45.3	9.7
計	4,136	4.4	4,730	1.2	1,678	▲0.1	45.2	11.8
2014 男	5,144	0.6	5,323	1.1	2,220	▲1.1	45.4	13.4
女	2,722	0.3	3,593	0.9	1,475	2.9	45.6	9.9
計	4,150	0.3	4,777	1.0	1,697	1.1	45.5	12.0
2015 男	5,205	1.2	5,385	1.2	2,258	1.7	45.4	13.3
女	2,760	1.4	3,672	2.2	1,472	▲0.2	45.8	9.8
計	4,204	1.3	4,849	1.5	1,705	0.5	45.6	11.9

（出典）　国税庁長官官房企画課（2016）『平成 27 年分民間給与実態統計調査－調査結果報告』.

　日本経済においてこれほどまでに非正規労働が拡大したのは，新時代の労務政策を掲げて，その実現のために労働者に全ての負担を求めた財界と，その意向を受けて法制からもそれを後押しした政府の労働政策の結果である．

　1995 年，労働問題に対処する経営者の全国組織「日本経営者団体連盟（日経連）」[5] は，のちに日本における雇用形態多様化のきっかけとなったと評される文書『新時代の「日本的経営」』を発表した．実態としてはともかく建て前としては「終身雇用」で「年功序列賃金」であることが特徴とされた従来型「日本的経営」は時代遅れなものとされ，今後の日本企業は表序-7 のように労働者を 3 種類に分け，その組み合わせ（ポートフォリオ）で労

　5）　日経連は 2002 年に経済団体連合会と統合し，日本経済団体連合会（経団連）となった．

表序-6　企業規模による賃金の

企業規模	男女計					男			
	正社員・正職員		正社員・正職員以外		雇用形態間賃金格差（正社員・正職員＝100)	正社員・正職員		正社員・正職員以外	
	賃金（千円）	対前年増減率（％）	賃金（千円）	対前年増減率（％）		賃金（千円）	対前年増減率（％）	賃金（千円）	対前年増減率（％）
大企業	375.5	−0.7	223.2	3.7	59.4 (56.9)	406.0	−0.6	248.5	4.1
中企業	308.9	0.2	208.7	4.1	67.6 (65.0)	334.5	0.2	230.6	3.5
小企業	275.9	0.9	195.0	−0.5	70.7 (71.7)	297.6	1.1	218.8	−2.1

注)　( )内は前年の値.
(出典)　厚生労働省（2017)『平成28年賃金構造基本統計調査の概況』.

表序-7　日経連による労働者の3グループ化

	雇用	対象	賃金	賞与	退職金・年金	昇進・昇格	福祉政策
①長期蓄積能力活用型グループ	期間の定めの無い雇用契約	管理職・総合職・技能部門の基幹職	月給制か年俸制，職能給，昇給制度	定率＋業績スライド	ポイント制	役職昇進，職能資格昇進	生涯総合施策
②高度専門能力活用型グループ	有期雇用契約	専門部門（企画，営業，研究開発等）	年俸制，業績給，昇給無し	成果分配	無し	業績評価	生活援護施策
③雇用柔軟型グループ	有期雇用契約	一般職，技能部門，販売部門	時間給制，職務給，昇給無し	定率	無し	上位職務への転換	生活援護施策

(出典)　日本経営者団体連盟（1995)『新時代の「日本的経営」』.

務管理を行うべきだとされたのである.

　経済のグローバル化により，いままで以上に価格競争，コスト削減競争が

格差

	女				
雇用形態間賃金格差（正社員・正職員＝100）	正社員・正職員		正社員・正職員以外		雇用形態間賃金格差（正社員・正職員＝100）
	賃金（千円）	対前年増減率（％）	賃金（千円）	対前年増減率（％）	
61.2 (58.4)	297.7	0.6	199.0	4.7	66.8 (64.2)
68.9 (66.7)	259.2	0.6	186.0	4.0	71.8 (69.4)
73.5 (75.9)	229.1	1.2	173.0	1.2	75.5 (75.5)

進むとともに，IT など高度な技術発展の結果，多くの労働作業が単純化・画一化される．そんな時代に適合した労務管理策として，雇用期限が区切られ，昇給も退職金も年金もない，時給制の「雇用柔軟型グループ」の労働者集団をつくりあげ，彼らを活用することを企業経営者は求めた．その声を受けた政府は，従来の労働政策を一変させる．典型的なのが「派遣労働」の扱いである．

　もともと日本の法制では，派遣労働は違法であり全面的に禁止されていた．労働力が欲しければ，企業はきちんと自社で労働者を雇用することを求められていたのだが，1986 年，「労働者派遣法」が制定される．たとえば国際会議や商談を行うとき，専門業者から高度な専門的能力を持つ通訳者が一時的に派遣されるということが，この法律によって可能となった．その立法の趣旨は，派遣労働者をあくまで特定業務における専門能力を持つ者だけに限定すること，そして彼らの労働者としての権利を保護することであった．

　ところが，通訳，ソフトウェア開発，調査，財務処理など 13 業務にきびしく限定されていた派遣労働が，1996 年の法改正により 26 業務にまで拡大される．そして 99 年には建設，警備，港湾運送，医療，製造以外のあらゆる業務で派遣が認められる．さらに 2004 年に至って，医療現場にも，また製造業の工場にも，労働者の派遣が可能となった．もはやほとんどの職種で，日本の企業は自前の労働者を抱える必要がない．こうした「雇用柔軟型

グループ」を活用することで，日本経済と企業はグローバル競争に勝って生き残るのだとされ，日本社会の格差は拡大・深刻化したのである．

さらに追い討ちをかけて格差を根深く，解決困難としているのが，地域におけるコミュニティの崩壊である．競争社会で生まれた格差を緩和し，その弊害に対処すべき存在だったコミュニティが日本の各地から消えてしまった．そしてそれがさらに新たな地域の格差問題を生んでいる．

中央と地方，都会と農村の格差は以前から存在するものであるが，地方の農村では生活が全く維持できないようなコミュニティとしての崩壊現象が極限にまで達している．「地域格差」は，地元で魅力的な職につけるか，生活のなかで現代的な先端文化に触れられるか，というレベルから，希望をすれば進学できるか，どんな職でもいいから働けるか，生きていくのに最低限の買物ができるか，というレベルにまで深刻化している．都道府県によって，賃金格差は 1.6 倍にもなり，金融資産では 2 倍以上の格差がある（図序-8，表序-8）．文部科学省の「学校基本調査」をもとにして算出すると，東京の高校生は男女ともに卒業生の 7 割以上が 4 年制大学に進学するが，東北や九州の諸県では，男子の 4 年制大学進学率は 4 割前後，女子では 3 割台に過ぎない．どの県に生まれたかによって，その子の人生は相当程度決まってしまうのである．

日常生活の崩壊も著しい．大規模ショッピングセンターの建設が郊外で進むなか，客を集めることができない中小商店は減少の一途で，買物困難地域は地方から都市の中心部にまで拡大している．政令指定都市にあるような広域型・超広域型の商店街を除けば，相当な規模の都市でも商店街とコミュニティが崩壊し，往年の繁華街で買物ができない人々が大量に生まれるという，かつては想像もできなかった光景がみられるようになった（図序-9）．「買物に歩いて行く」というのは，地方の市町村ではもはや日常ではないことと化しており（図序-10），いまや 700 万人の消費者が「買物弱者」「買物難民」とされている（経済産業省商務情報政策局商務流通グループ流通政策課(2015)『買物弱者応援マニュアル ver3.0』）．

序章 「格差」と「協同」　　　　17

平成 28 年

	千円
全国計	304.0
北海道	267.6
青　森	238.3
岩　手	235.9
宮　城	282.7
秋　田	242.2
山　形	242.3
福　島	260.5
茨　城	305.9
栃　木	289.7
群　馬	281.7
埼　玉	299.3
千　葉	298.9
東　京	373.1
神奈川	335.1
新　潟	260.0
富　山	280.5
石　川	276.4
福　井	271.1
山　梨	283.5
長　野	283.0
岐　阜	280.2
静　岡	289.1
愛　知	314.4
三　重	294.4
滋　賀	295.1
京　都	305.3
大　阪	326.9
兵　庫	299.7
奈　良	297.4
和歌山	275.0
鳥　取	249.1
島　根	248.6
岡　山	279.5
広　島	287.0
山　口	271.1
徳　島	268.0
香　川	274.0
愛　媛	261.5
高　知	258.1
福　岡	277.5
佐　賀	247.9
長　崎	255.0
熊　本	254.8
大　分	249.7
宮　崎	234.6
鹿児島	249.3
沖　縄	236.3

（出典）　厚生労働省（2017）『平成 28 年賃金構造基本統計調査の概況』.

図序-8　都道府県別の賃金

表序-8　都道府県別家計資産（2人以上の世帯）

	資産額（万円）						資産額（万円）				
	家計資産	金融資産	宅地資産	住宅資産	耐久消費財等資産		家計資産	金融資産	宅地資産	住宅資産	耐久消費財等資産
全　国	3,491	1,039	1,832	492	128						
北海道	1,965	758	718	390	100	滋　賀	3,453	1,082	1,585	628	158
青　森	1,728	475	769	382	103	京　都	3,266	944	1,870	331	121
岩　手	2,559	839	1,192	414	115	大　阪	3,434	952	1,882	480	120
宮　城	2,512	710	1,223	456	123	兵　庫	3,326	1,185	1,592	426	123
秋　田	1,803	639	736	317	112	奈　良	3,713	1,353	1,785	434	141
山　形	2,412	792	1,082	410	128	和歌山	3,180	1,343	1,188	514	136
福　島	2,352	785	1,017	424	126	鳥　取	2,607	1,101	957	431	119
茨　城	2,933	1,067	1,238	486	142	島　根	2,901	1,382	1,052	346	122
栃　木	3,207	982	1,555	528	143	岡　山	3,321	1,229	1,473	485	134
群　馬	2,750	833	1,312	457	148	広　島	3,195	1,254	1,345	471	125
埼　玉	3,813	1,036	2,095	555	127	山　口	2,767	1,293	962	386	127
千　葉	3,512	1,194	1,694	502	122	徳　島	3,032	1,138	1,297	469	129
東　京	6,058	1,195	4,089	642	133	香　川	3,233	1,477	1,219	406	130
神奈川	4,518	1,198	2,681	509	129	愛　媛	2,588	817	1,225	435	111
新　潟	2,741	987	1,167	458	129	高　知	2,442	895	995	445	107
富　山	3,449	1,351	1,480	481	138	福　岡	2,367	821	1,067	361	119
石　川	2,906	1,180	1,149	443	133	佐　賀	2,378	892	945	414	128
福　井	3,707	1,379	1,603	565	159	長　崎	1,949	745	811	300	94
山　梨	2,893	918	1,349	493	133	熊　本	2,366	716	1,113	415	122
長　野	3,193	1,143	1,414	496	141	大　分	2,357	739	1,116	388	113
岐　阜	3,360	1,225	1,395	577	162	宮　崎	1,959	636	905	309	109
静　岡	3,637	1,020	1,887	592	138	鹿児島	1,877	428	972	363	114
愛　知	4,488	1,281	2,401	643	163	沖　縄	2,022	106	1,301	542	73
三　重	3,237	1,249	1,312	531	145						

（出典）　総務省統計局（2016）『平成26年全国消費実態調査家計資産に関する結果結果の概要』.

　そして日用品の買物のアクセスだけでなく，金融機関，福祉サービス，医療，交通，インターネット，メディア等々，さまざまな局面でのアクセスの格差，情報が得られる人と得られない人，問題が生じた場合に助けを受けて乗りきれる人とそうでない人との格差が生まれ，拡大している．本来であれば助力が必要な人ほど，実際にはそれが受けられないという状況が，事態をいっそう深刻化させているのである．

序章 「格差」と「協同」　　　　　　　19

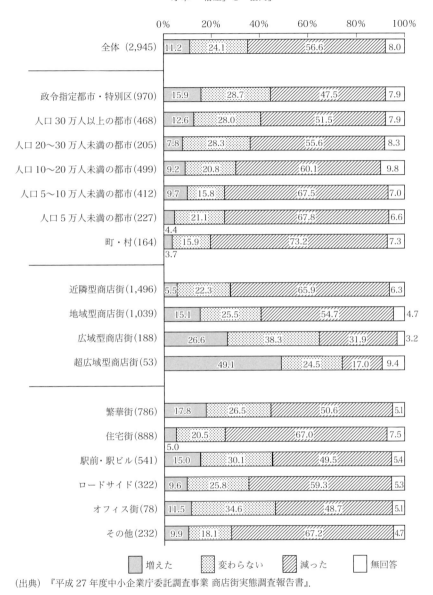

(出典)『平成27年度中小企業庁委託調査事業 商店街実態調査報告書』.

図序-9 苦闘する商店街（来街者数の増減）

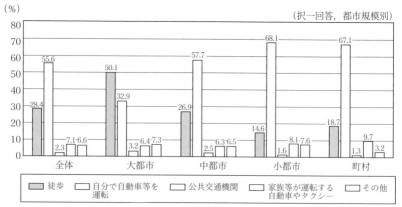

注：回答条件は日常の買物の仕方で「自分でお店に行く」と回答した者．
（出典）　内閣府（2017）『平成29年版高齢社会白書』．

図序-10　買物に行くときの手段

　ちまたでは，高齢者は資産や社会保障の点で若者よりもはるかに恵まれていると声高に語られる．しかし，そうした「世代格差」が生まれ，拡大している反面，高齢社会のなかでもっとも悲惨な境遇にあるのもまた，さまざまなアクセスから疎外されている高齢者である．同じ高齢者であっても，その状態をひとくくりにはできない．暮らし向きに不安はないという高齢者も確かに多くいて，経済大国日本の豊かさをみせつけているが，そのなかでも常に一定数の高齢者が「非常に心配」だと訴えている（図序-11）．高齢者はジニ係数が高く，同年齢内での所得格差が大きいし，他の先進諸国との比較でみれば，日本の高齢者は収入が低いことがむしろ目立つ（表序-9）．貯蓄額についても，3,000万円以上の貯蓄があるという高齢者が10.8％もいる反面，貯蓄が全くない高齢者が15.1％もいる（表序-4）．

　かつてヨーロッパの高度福祉国家では，社会保障が整備されているから老後は貯蓄などなくとも心配ないという人々が多かったが，その代表格であるスウェーデンやドイツでも，社会保障の危機，福祉国家の後退が指摘されている．しかしそうした国々と比べても，老後の安心感という点で日本は未だに大差をつけられている．欧米では7割から8割が老後の備えはまあ十分

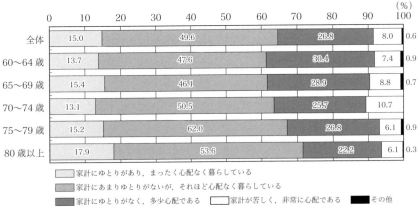

図序-11 高齢者の暮らし向き

表序-9 1か月あたりの平均収入額

(税込み，%)

	日本	アメリカ	ドイツ	スウェーデン
5万円未満	2.4	2.5	0.8	0.1
5万円〜10万円未満	11.9	7.1	4.9	1.0
10万円〜20万円未満	30.5	21.6	29.2	16.4
20万円〜30万円未満	30.2	19.1	24.9	26.4
30万円〜40万円未満	11.2	16.1	15.5	17.1
40万円以上	9.3	28.2	13.3	38.6
収入はない	1.0	0.7	0.8	0.4
無回答	3.5	4.7	10.7	—

(出典) 内閣府「平成27年度第8回高齢者の生活と意識に関する国際比較調査結果」.

だと感じているのに対して，日本ではそういう人は4割に満たない（表序-10）．「自己責任」が強調される社会において，資産の格差は人生の最後の段階での生き方の格差となる．自身や家族の事故であれ，病気であれ，勤め先の倒産であれ，地震・風水害などの天災であれ，何らかの事情で一度その「責任」を負えなくなってしまった人には，生涯それがついて回るのである．

高齢者であろうが，若年層であろうが，収入や資産のみならず生活のあら

22

表序-10 老後の備えとしての現在の資産や貯蓄の充足度

(%)

	日本	アメリカ	ドイツ	スウェーデン
社会保障で基本的な生活は満たされているので，資産保有の必要性がない	1.3	2.7	14.3	6.7
十分だと思う	10.4	30.8	32.7	29.0
まあ十分だと思う	27.0	38.0	33.6	43.7
やや足りないと思う	34.9	13.1	12.6	14.3
まったく足りないと思う	22.1	11.8	5.4	4.6
わからない	4.3	3.7	1.4	1.7
無回答	—	—	—	—

(出典)　内閣府「平成27年度第8回高齢者の生活と意識に関する国際比較調査結果」．

ゆる側面で，格差が拡大し，深刻化している．われわれが暮らす日本の社会とは，そのような社会なのである．

2. 協同組合という視点

　こうした格差社会の諸問題に対して，本書は「協同組合」が有効な処方箋を用意することができるのだと論じようとするものである．協同組合の事業と運動のなかには，格差社会を乗り越えるためのヒントが数多く秘められている．われわれはそう主張するのであるが，協同組合の役職員など関係者を除けば，多くの人はわれわれのそうした主張をいぶかしく思うであろう．

　協同組合には，消費者が集まる生活協同組合（生協）や，農業者がつくる農業協同組合（農協），漁業者による漁業協同組合（漁協）などいくつかの種類があるが，こうした組織が格差社会の抱える社会問題に向き合ったり，それを解決したりできるとは，どういうことなのか．

　確かに生協はいいものを安く消費者に売ろうと努力しているかもしれないが，それはスーパーマーケットも同じであり，その商売で格差社会を乗り越えるというのは理解できない．農協に至っては，農業者に販売する肥料の価格が他業者に比べて割高であるとか，金融や保険（共済）の手数料稼ぎばかりに熱心で日本農業の発展にとってはむしろ足枷となっているとか，規制改

革の議論のなかで政府やメディアの集中攻撃を浴びている．そんな経済組織に格差問題の解決など到底期待できない……．多くの人々は協同組合に対してほとんど知識も関心もないだろうが，せいぜいのところ抱くイメージといえば，そのようなものであろう．日本社会において，協同組合はその存在意義をほとんど理解されていないのである．

　たとえば，全労済協会による「勤労者の生活意識と協同組合に関する調査」（2016年10月実施）では，「次のうち，社会の問題の解決や暮らしの向上に熱心に取り組んでいる団体はどれだと思いますか．あてはまるものを3つまでお選びください」という設問において，「協同組合」を選択した回答者はもっとも少なく，わずか5.8%という惨憺たる結果となっている．地方自治体の47.5%や国・政府の40.3%に遠く及ばないばかりか，NPO法人（18.9%），大手企業（16.9%），町内会・自治会（10.7%），中小企業（10.0%），労働組合（8.8%），財団・社団法人（7.2%）といった他の全ての選択肢を下回る低い評価しか得られなかったのが，協同組合なのである（表序-11）．

　格差の克服を論じようとする本書が，そのような協同組合をなぜテーマとしようというのか．

　それは，産業革命を経て競争社会が確立するなかで，「格差」という「競争」の弊害にいち早く目を向け，それを「協同」によって克服しようとした人々によって始められた協同組合の事業と運動が，今日においてもその有効性を失っておらず，大きな可能性を秘めているという思いを，われわれ執筆者一同が現在の協同組合を調査・研究するなかで等しく共有することができたからである．

　18世紀末から19世紀初めにかけて，イギリスは「産業革命」を経験した．工業技術が躍進し，生産力が飛躍的に伸びるとともに，社会はその姿を一変させたのである．世界中から集まる富を独占し，貴族以上に豊かな生活を謳歌するごく少数の人々（いわゆる資本家階級）と，工場に雇われて際限なく働かされながら生活が一向に豊かにならない多数の人々（いわゆる労働者階

表序-11 社会の問題の解決や暮らしの向上に熱心に
取り組んでいる団体

	度数	％
国・政府	1,925	40.3
地方自治体	2,272	47.5
大手企業	808	16.9
中小企業	480	10.0
財団・社団法人	345	7.2
協同組合	276	5.8
労働組合	421	8.8
NPO 法人	905	18.9
町内会・自治会	510	10.7
その他	394	8.2
全体	4,781	100.0

（出典）大高（2017）．

級）とに，産業都市のコミュニティは二分された．農村部の地主階級の平均
寿命が50歳ほどであったこの時代，マンチェスターやリバプールといった
産業革命の中心都市に住む労働者の平均寿命は10代後半，20歳未満であ
ったから，寿命においても3倍もの開きがある究極の格差社会がイギリス
に到来したのである．

　最先進国に住みながらその利益を享受することが全くできず，前世代に比
べて生活状態がむしろ後退してしまったという当時の人々は，こうした状況
に対していかなる対処をしたのだろうか．

　彼らは，生活の糧を得る職場で，そして生活の場である街のなかで，新た
に彼らに襲いかかった競争経済という原理に反抗した．自らの腕と熟練を頼
りとした自主独立の生産者から，工場で雇われて機械設備に従属する存在へ
と没落した労働者たちは，工場において「機械打ち壊し運動（ラダイト運
動）」を展開したし，世の中のルールが貧しい者に著しく不利になっている
のはそれを決める政治権力を富める者が独占しているからだと考えた運動家
たちは，財産に関係なく全ての成年男子に選挙権を与えることを求めて署名
やデモなど多彩な活動を展開する「チャーティスト運動」に結集する．

さらには，この競争社会という弱肉強食の世の中に絶望し，そこから地理的に，あるいは精神的に避難し，関係を隔絶することで新たな世界に生きようとした人々もいた．移民によって植民地に活路を求めた人々や，宗教にすがって現世ではなく精神世界で安楽を得ようとした人々である．

この時期に誕生した協同組合の運動は，抵抗と避難という2つの要素を兼ね備えた運動である．協同組合の思想・運動家たちは，競争を万能とみなす社会に正面から立ち向かい，その根本原理を批判するとともに，それに代わる選択肢を現世のイギリス社会のなかに実際につくりあげ，そこに人々を迎え入れようとしたのである．

封建社会の遺物であるさまざまな経済上の規制を撤廃して皆が自由に競争する経済社会をつくりあげれば，それは社会全体の富の量を増大させ，そこに多少の不平等が生じたとしても，競争がないがために貧しい社会では到底得られないような豊かさを全員が享受できる．これがアダム・スミス以来の古典経済学の基本的な考えであり，19世紀以降のイギリスなど経済先進社会において社会の基本原理とされた経済哲学である．しかし，そこで実際に生まれた競争社会は予想をはるかに超える恐ろしい格差社会だった．そのことにいち早く気づいた協同主義の思想家ロバート・オウエンや彼に追随するオウエン派の運動家たちは，世間にはびこる「競争が豊かさをもたらす」という考え方自体が誤っているのだとして，自由競争社会に真っ向から対峙する協同社会，相互扶助経済の建設に乗り出した．協同組合運動の誕生である．

協同組合は，まじめに働いてもろくな生活ができない社会，何ひとつ落ち度がなくても運が悪ければ失業して働くこともできず，まともに食べることさえおぼつかなくなる経済に見切りをつけ，働く者が正当に報われるような新社会を建設しようという運動として始まった．つまり，その究極的な目標は，現下の競争システムとは異なった働き方を社会のなかで確立し広めていくことであり，そのためにはまず協同の力で，自分たち自身で食品など生活物資を確保する「協同の店」をつくろうという戦略が練られたのである．

働く者たちが出資金を拠出し，それを元手に協同店という事業を始める．

この店ではその顧客も出資した自分たち自身であって，誰か第三者に商品を売ることで儲けを得ようとする営利目的の店舗ではない．出資組合員が組織して運営にも自ら参画する非営利の事業体，すなわち協同組合がこうして立ち上げられ，店の発展とともに事業が生産部面にも拡大される．その工場がめざすのもまた利潤ではなく「労働が正当に報いられること」なのであるから，そこでは新たな働き方，労働システムの模索が重ねられてゆく．

1844年にイングランド北部の街ロッチデールで設立された協同組合「ロッチデール公正先駆者組合」が歩んだのは，このような道であった．彼らは先行する数多くの協同組合の失敗を教訓としながら事業の拡大に徐々に成功し，組合員の「食」と「職」に大きな変化をもたらした．いま世界に存在する各種協同組合は10億人以上の組合員を抱え，292兆円にも及ぶ事業高を誇っているが，このロッチデールの先駆者組合こそがそうした協同組合の基礎を形づくった直接の源なのである[6]．

つまり，19世紀に新たに生まれた格差社会に対して生活や労働という視点から異議を唱え，その抜本的変革を成し遂げることで競争経済に代わる協同経済を樹立しようとしたのが，ロッチデールに代表される協同組合という組織・運動・事業なのである．そうであるならば，いま日本に再びやってきた，おぞましき格差社会に対して，21世紀の協同組合は何をしようとしているのか，それはどんな可能性をもっているのか，確かめ，検討する価値は大いにあるというべきだろう．

---

6) ロッチデール公正先駆者組合の大成功を導いた同組合の基本となる哲学・運営原理は「ロッチデール原則」と呼ばれ，世界中の協同組合が結集する「国際協同組合同盟」によって1937年に定式化された．この原則は世界中のあらゆる協同組合がもっとも基本とすべき原理とされて約30年ごとに見直しが行われ，今日では1995年に改訂された原則が「協同組合原則」という名称で受け入れられている．協同組合の理念と歴史については，全労済協会監修の2冊『協同組合を学ぶ』(2012)『協同組合 未来への選択』(2014)（いずれも日本経済評論社刊）を参照のこと．

3. 日本の協同組合

　ところが現実には，格差社会の再来で協同組合の出番がもう一度やってき
たと考える人々は決して多くない．先にみたアンケートの結果からも，すく
なくとも日本では，それははっきりしている．なぜだろうか．

　もう一度「勤労者の生活意識と協同組合に関する調査」をみてみると，協
同組合が「非営利」の「組合員組織」であり，営利企業とは異なって「相互
扶助」の社会をつくるという目的から設立され，組合員の「自治」によって
活動しているということが，一般の人々にはほとんど理解されていないよう
だということに気づかされる．

　このアンケート調査では「『協同組合』はどのような団体だと思うか」と
いう問いを設け，「行政機関のひとつである」「半官半民の団体である」「民
間の営利団体のひとつである」「民間の非営利団体である」「その他」「わか
らない」から１つを選ぶように求めているが，「わからない」という回答が
最多の33%で，その次に多いのが「民間の営利団体のひとつである」とい
うものだった（28.3%）．協同組合が民間の非営利組織だと正しく理解して
いるのは18.2%，6人に1人強しかいないのである（表序-12）．

　ことあるごとに協同組合と営利企業との違いを強調し，協同組合には独自
の存在意義があるのだと内外に説いてきた協同組合関係者には衝撃ともいえ
る結果であろうが，協同組合が営利企業と同一視されるという状況は，19
世紀に生まれ，20世紀に大発展を遂げた協同組合が，組織を広げ，規模を
拡大するなかで，その外形と性格を徐々に変えていったことの必然的な結果
でもある．

　社会の少数派として格差社会に挑み，その改善に取り組むことで広汎な支
持を獲得した協同組合運動は，21世紀のいまでは全世界で10億人以上の
組合員を獲得するに至っている．とくに発展途上国においては，株式会社等
の営利企業には期待できない「地域の持続的開発」に資する経済事業体とし

表序-12 協同組合はどのような団体だと思うか（アンケート結果の経年変化）

（単位：%）

	2016 年	2013 年	2011 年
行政機関のひとつである	5.4	4.0	3.6
半官半民の団体である	15.0	15.8	14.7
民間の営利団体のひとつである	28.3	43.9	43.5
民間の非営利団体である	18.2	34.3	36.2
その他	0.1	2.1	1.9
わからない	33.0	—	—
全体	100.0	100.0	100.0

注）「わからない」という選択肢は 2016 年調査から新たに設けられたものである.
（出典）　大高（2017）.

て，協同組合に寄せられる期待がますます高まっているのである．しかし，その反面，先進諸国においては，おしなべて協同組合は曲がり角に立っていると評され，批判されているという現実がある．

　20 世紀後半から，成熟した先進経済のなかで発達してきた協同組合の多くで，その「企業化」が問題となっている．自らが組合員組織であり，社会的な目標を追求する事業体であるということが忘れられているのではないか．熱心な組合員や研究者から寄せられるそうした声に，ますます激化する営利企業との市場競争に追われる協同組合の経営陣は，十分に応えることができていない．

　協同組合の発達は，克服対象である競争経済の進歩をももたらした．目先の利潤だけを考えて不正な経済活動を行っていては協同組合に勝てないことを理解した市場と営利企業は，その事業レベルを向上させざるを得なかったのである．それは協同組合と営利企業が同一線上で競合を繰り広げる世界が到来したことを意味する．たとえば小売市場でいえば，安心・安全という品質と信頼面で他社に追いつかれてきた生協が，そうした業者との価格競争の世界に否応なく巻き込まれる．それは生協にも，企業が行うような合理化を迫る世界であった．こうして協同組合の企業化がいっそう進行する．日本など先進国の協同組合は，大きく発達したが故のジレンマに陥っているのであ

る.

　ここであらためて，その姿を概観しておこう.

　日本の「消費生活協同組合（生協）」は，その大多数が「日本生活協同組合連合会（日本生協連，日生協）」に加入し，2,900万人近くの消費者組合員に対して，食品をはじめとする消費物資の供給，冠婚葬祭等の消費生活関連事業，助け合いの保障である共済，医療や福祉分野でのサービス提供等々，地域や職場や大学・学校で多彩な事業活動を展開している．消費生活協同組合法（生協法）を根拠法として，厚生労働省に管轄される生協は，他の協同組合のような信用事業（金融業務）を行うことが法的に許されていないが，それ以外のあらゆる側面から組合員の生活をサポートしているのである（図序-12）.

　一方，農村部を中心に農業者と地域住民の生活を支えるのが「農業協同組合（農協）」である．「聖域なき規制改革」として農業への競争原理の導入と農協の解体が目論まれるなかでターゲットにされた「全農」とは農協の経済事業を統括する「全国農業協同組合連合会」，「全中」とは全国の農協に対する政策的な調整・指導機関「全国農業協同組合中央会」である．こうした全国連合会の下で659の農協に456万人の農業に従事する組合員が組織されている．日本農業は農協なくしては語れないが，生協と同じく農協も，農産物の集荷・出荷や肥料・資材の購買を行う経済事業だけでなく，医療サービスを提供する厚生事業，金融業務を営む信用事業，助け合い保障の共済事業など多面的な事業展開を図り，農村生活を総合的に支える「地域協同組合」化しているのが特徴である．近年は農業者以外の地域住民も「准組合員」として迎え入れ，共済や信用部門の利用者数では准組合員が多数派を占めるという農協も数多く出現している．経済事業のみならず地域住民の生活をトータルで支えようという農協は「総合農協」と呼ばれ，「JA」の愛称が広く用いられている（図序-13）.

　こうした生協と農協とが，その事業高，組合員数，影響力などからして日本の協同組合界の2大勢力といえるが，日本国内にはその他にもさまざま

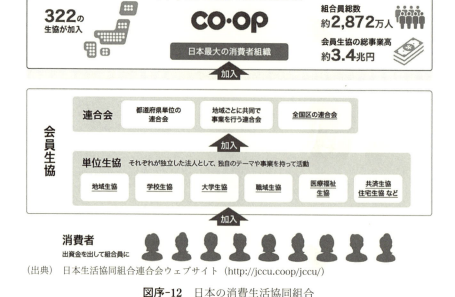

図序-12 日本の消費生活協同組合

な協同組合が存在する．漁業に従事する人々は「漁業協同組合（漁協）」を結成して漁民の利益となるように水産物市場や漁港の整備に努めているし，森林所有者は「森林組合」によって森林資源の保全を図っている．融資や預貯金など銀行に似た金融業務を営む「労働金庫」「信用金庫」「信用組合」なども協同組合的な理念と組織形態を採用して「協同組織金融機関」と呼ばれている．さらに協同組合としての法的な整備が遅れているとはいえ，働く人々が自分たち自身の手で働く場を確保しようという「労働者協同組合（ワーカーズコープ，ワーカーズコレクティブ）」も社会福祉法人等々の法人格を工夫して取得するなど勢力を広げているし，エネルギー問題や環境問題，食の地産地消など新たな社会問題に取り組む専門的協同組合の立ち上げも企てられている．

　一般の人々が想像するよりも協同組合ははるかに広く，大きく，社会経済のさまざまな分野に展開している事業・運動体である．日本国内には協同組

序章 「格差」と「協同」　　31

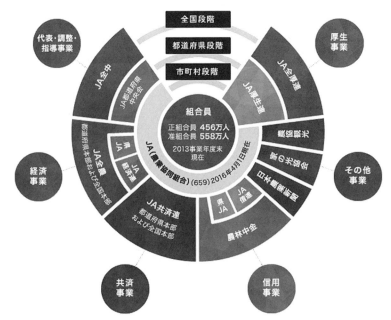

（出典）　全国農業協同組合中央会ウェブサイト（http://www.zenchu-ja.or.jp/about/organization）

図序-13　日本の農業協同組合

合の施設が 3 万 5,600 か所あり，組合員は総計 6,500 万人，全世帯の 37%が生協を利用し，国民の 4 人に 1 人が協同組合の共済に加入，国内の預貯金額の 4 分の 1 が協同組合に預けられ，農林漁業生産額の半分が協同組合を通して販売されている．協同組合陣営の事業高を全てまとめれば，約 16 兆円に達するという[7]．これだけの実績と資源を擁する協同組合の潜在力は，20 世紀末に新たに登場してきた非営利組織である NPO と比較しても，はるかに大きなものであるといえるだろう．

　国際協同組合同盟に代表される世界の協同組合運動は，その力の潜在的な可能性を国際機関に訴えることに成功している．国連総会によって 2012 年

---

7)　国際協同組合年記念協同組合全国協議会作成のリーフレット（2017 年）による．

表序-13　日本の主

	主な連合会	組合員数(人)		組合(団体)等数		役職員数(人)	
農業協同組合 (2015年度)	全国農業協同 組合連合会	正組合員 (団体・個人)	443万3,389	単位組合 (総合農協のみ) ※全国農業協同組 合中央会調べ (2017年7月1日)	652	役員 (連合会を含まず)	1万8,139
		准組合員 (団体・個人)	593万6,783			職員 (連合会を含まず)	20万4,516
漁業協同組合 (沿海地区出資漁 業協同組合のみ) (2015年度)	全国漁業協同 組合連合会	正組合員	14万6,437	組合	960	常勤役員 (常勤理事・常勤監事)	438
		准組合員	16万4,411			職員	1万1,714
森林組合 (2015年度)	全国森林組合 連合会	組合員	153万	単位組合	629	役員 (連合会を含まず)	9,132
						専従職員 (連合会を含まず)	6,846
消費生活 協同組合	日本生活協同 組合連合会 (2015年度)	組合員 (購買, 医療, 共済・住宅)	2,819万	調査協力生協	568	正規役職員 (地域生協のみ, 調査生協数122, 2016年度推計)	2万7,692
	全労済 (2016年度)	組合員 ※『共済年鑑2017 年版』, 2016年, 日本共済協会	1,390万	会員	58	常勤役職員 (2017年5月末)	3,485
	大学生活 協同組合	会員生協組合員 数合計 (2016年9月末)	154万4,426	会員生協 (2017年3月末)	218	連合会常勤役職 員数(ブロック職員 (地域の支部)41名 含む)(2016年度末)	84
労働者 協同組合	日本労協連 (2015年度)	組合員	6万	加盟組織	24	就労組合員	1万4,000
		就労組合員	1万4,000				
	ワーカーズ・コレ クティブネット ワークジャパン	組合員 (2015年3月末)	9,877	単位組合	395	運営委員 (2017年6月末)	16
労働金庫 (2017年3月末)	労働金庫連合会	団体会員	5万2,544	金庫	13	常勤役職員	1万693
		間接構成員	1,066万5,735	店舗	633		
信用金庫 (2017年5月末)	信金中央金庫	会員	927万1,033	信用金庫	264	常勤役員	2,201
				店舗	7,364	職員	11万3,101
中小企業組合	信用組合 (2017年3月末)	組合員	393万9,303	信用組合	151	常勤役員	766
				店舗	1,679	職員	1万9,670

注1)　沿海地区出資協同組合：水産業協同組合法 (以下「水協法」という) 第18条第1項に規定する資格
　　　漁業協同組合」を除いたものをいう (「内水面地区漁業協同組合」とは, 水協法第18条第2項の規定
　　　または河川において水産動植物の採捕もしくは養殖をする者を主たる構成員とする組合をいう. 「業種
　　　定の種類の漁業を営む者に限る組合をいう).
注2)　日本生活協同組合連合会のデータは, 全国連合会, 都道府県生協連などは含まない. ただし, 大学
注3)　全労済は, 新しい愛称「こくみん共済coop」を定め, 2019年6月より活用を開始した.

な協同組合

出資金(円)		主な事業(円)		根拠法	出典・元データ
出資金 (回転出資金 を含まず)	1兆5,676億 6,000万	年間販売事業取扱高	4兆5,349億	農業協同組合法	政府統計e-stat 「平成27事業年度 総合農協一斉調 査結果(平成27年 度総合農協統計 表)」,農林水産省
		年間購買事業取扱高	2兆6,079億		
		年度末貯金残高 (譲渡性貯金含む) ※「農林漁業金融統 計」2016年3月末時 点,農林中金総研	95兆9,187億		
		年度末長期 共済保有高	273兆6,825億		
		年間短期共済 契約高(掛金)	5,078億		
出資金	2,070億 8,154万	年間販売事業高	1兆1,336億	水産業協同 組合法	政府統計e-stat 「水産業協同組合 統計表」平成27 年度,水産庁
		年間購買事業高	1,721億		
		年度末貯金残高	7,885億		
		年度末長期 共済保有高	2兆3,923億		
		年間短期 共済契約高	2兆848億		
払込済出資金	542億 7,000万	年間販売事業高	374億	森林組合法	「平成27年度森 林組合統計」,林 野庁
		年間購買事業高	92億		
		年間森林整備事業高	950億		
組合員出資金	7,812億 7,300万	年間総事業高	3兆4,448億		日本生協連調べ
出資金 (2017年5月末)	1,822億 3,964万	保有契約高	759兆8,280億	消費生活協同 組合法	全労済調べ
		受入共済掛金	5,861億		
会員生協出資金 合計 (2017年2月末)	29億 9,716万	会員生協合計 年間総事業高 (2016年度)	1,844億		大学生協連調べ
連合会出資金 (2016年9月末)	9億 6,612万	連合会年間総事業 高(2016年度)	400億		
― (非公開)	― (非公開)	年間総事業高	335億	ナシ	日本労協連調べ
組合員総数 出資金総額 (2015年3月末)	4億 8,884万	年間総事業高 (2015年3月末)	166億		ワーカーズ・コ レクティブネッ トワークジャパ ン調べ
出資金	955億 9,091万	預金残高 (譲渡性預金を含む)	19兆2,456億	労働金庫法	全国労働金庫協 会調べ
出資金	8,134億 9,600万	預金積金	139兆544億	信用金庫法	信金中央金庫 地域・中小企業研 究所調べ
出資金	4,333億	預金積金	19兆9,391億	中小企業等協 同組合法,協同組 合による金融事 業に関する法律 (協金法)	全国信用組合中 央協会調べ

を有する者で構成される漁業協同組合のうち,「内水面地区漁業協同組合」および「業種別
により漁業法第8条第3項に規定する内水面において漁業を営み,もしくはこれに従事し,
別漁業協同組合」とは,水協法第18条第4項の規定により組合員たる資格を有する者を特

生協連および医療福祉生協連の会員生協を含む.

が「国際協同組合年」に指定され，この年から世界各国で協同組合に関する新たな法整備や振興政策が実行されているし[8]，2016年にはユネスコによって，協同組合という組織をつくって自分たちの課題を解決するという人々の営みが「ユネスコ無形文化遺産」に指定された[9]．発展途上国においても，先進国においても，協同組合という方法を採用することで多くの社会問題を解決できるという理解が国際社会では確実に広まっているのである．

　そんななかで，残念ながらこの日本においては，国際年についても，ユネスコ文化遺産についても，政府やマスメディアの対応はきわめて冷淡，完全に無視したといっていいほどのものであった．「和食」や祭りの「鉾」がユネスコの文化遺産に指定されたことはマスコミによって大々的に報道されたから多くの日本人が知るところであろうが，同じ文化遺産として生協や農協における人々の実践も指定されていることを理解している人は，関係者以外皆無に近いのではないか．いくら協同組合陣営がアピールしても，新聞もテレビも一切取り上げてくれないのである．

　協同組合ならば格差が深刻化する社会の諸問題を解決するのに大いに貢献できるという認識は，日本国内ではまだまだ広まっていない．このままでは，

---

8) 　国際連合は1957年から「国際年」を制定して国際的に重要な課題への対策・取り組みを推進しているが，2009年12月の国連総会で，2012年を「国際協同組合年」とすることを宣言した．その目的は，(1) 協同組合についての社会的認知度を高める，(2) 協同組合の設立や発展を促進する，(3) 協同組合の設立や発展につながる政策を定めるよう政府や関係機関に働きかける，とされている．その背景には，「協同組合は，その様々な形態において，女性，若者，高齢者，障害者および先住民族を含むあらゆる人々の経済社会開発への最大限の参加を促し，経済社会開発の主たる要素となりつつあり，貧困の根絶に寄与するものである」という国連総会の認識がある．

9) 　国際連合教育科学文化機関（ユネスコ）は2016年，無形文化遺産保護条約第11回政府間委員会において，「協同組合において共通の利益を形にするという思想と実践」をユネスコ無形文化遺産として登録することを決定した．同委員会はその理由を，協同組合は「共通の利益と価値を通じてコミュニティづくりを行うことができる組織であり，雇用の創出や高齢者支援から都市の活性化や再生可能エネルギープロジェクトまで，さまざまな社会的な問題への創意工夫あふれる解決策を編み出している」からだとしている．

すでに数千万人を組織している協同組合の潜在力を発揮することなどできないだろう．それはあまりにももったいない話である．農協にしても生協にしても，既存の協同組合に問題が山積しているのは事実だが，先人たちはとにもかくにも，これだけ広がりのある，大きな運動と事業と組織とをわれわれに残してくれた．そのなかには，さまざまな可能性やヒントが埋もれている．

協同組合（co-operative society）は「組合」＝「ソサエティ」＝「社会・結社」である．他の企業と表面的には同じように，たとえば小売業を営んだり，金融業を展開したりしているが，あくまで人と人のつながり，多くの人々の結合体であるということが協同組合の本質であり特徴である．一般の営利企業も，会社（company）というように，もとは出資者仲間の集まりであったが，それは少数の人々が金銭的利益を求めてたまたま一緒になったというだけの話であり，現代ではその人々の姿さえも外からみえなくなり，まるで資本そのものが利潤を求めて自律的に動いているかのような存在となっている．

協同組合と一般企業とのもっとも大きな違いはここにある．人々のつながりをつくること自体が目的の1つとなっている協同組合においては，コミュニティのニーズに応えることがその使命の一部に容易になり得る．企業ではいわば余技の社会的貢献としてなされることを，協同組合はしばしば自らに課せられた使命としている．それによって事業体に利益がもたらされるか否かに関係なく，安心・安全な食品を消費者に供給することは戦後日本の生協の使命であり，必ず取り組まなければならない課題だった．そしていま，それと同じように，格差社会のさまざまな問題が協同組合の目の前に存在している．

「職」と「食」をはじめとする人々の格差社会における生活のありようをみて，協同組合という人々の結合体は何をすべきなのか．そこに，何が期待できるのか．「協同」の存在意義と可能性とをあらためて考え，読者に示すことが，本書の課題である．

参考文献・ウェブサイト

大高研道（2017）『勤労者の生活意識と協同組合に関する調査報告書〈2016 年版〉』
　　調査分析シリーズ 5，全労済協会.
橘木俊詔（2006）『格差社会－何が問題なのか』岩波新書.
中川雄一郎・杉本貴志編（2012）『協同組合を学ぶ』日本経済評論社.
中川雄一郎・杉本貴志編（2014）『協同組合　未来への選択』日本経済評論社.

国際協同組合年記念協同組合全国協議会（http://www.iyc2012japan.coop）.
全国農業協同組合中央会（http://www.zenchu-ja.or.jp）.
総務省統計局（http://www.stat.go.jp）.
日本生活協同組合連合会（http://jccu.coop）.
（以上，2017 年 10 月 4 日最終アクセス）

第 1 部　格差社会に挑む協同組合

第**1**章
働き方改革は福岡から
協同組合が挑戦する格差社会の「労働」

1. はじめに

　21世紀，日本の社会は変わった．「職」のあり方が根本から崩れ，変化したがために，子どもたちの「食」が脅かされかねないほどの格差社会が到来してしまった．自由競争経済を主導する為政者でさえ「自己責任」のひとことで片づけることができないほど，広く，深く，日本社会の格差は進んでいる．「規制緩和」の号令の下，若者をはじめとする多くの労働者の身分や働き方を根こそぎ破壊してきた当の政府が，いまや方向を一部修正し，「働き方改革」を唱えることを余儀なくされているのである．

　それならば，まずはお膝元の公務員について，働き方改革ができているのか．「税金で養われている公務員はこんなに恵まれている」という決まり文句で「公務員叩き」が相も変わらず繰り返されているが，そこには「官製ワーキングプア」という言葉が生み出されるほど厳しい労働の実態が存在する[1]．営利とは別の次元・論理で動いているはずの「官」の世界にも，職務上の身分格差とあたりまえの生活を許さないほどの貧困が生まれてしまった

のである.

　民間企業においても，社員の残業規制や過労死・過労自殺の予防にいかに取り組んでいるかを熱心にアピールする大企業がある一方で，根本にある「非正規労働をどうするのか」という問題については，解決の見通しさえ立っていないというのが現状であろう.

　「官」の世界にも，「民」の営利企業にも期待ができないとき，われわれが目を向けるのは「民間・非営利」の世界である.

　本章では，昭和の時代に当時の食品産業・流通業の「常識」を打ち破り，「赤くないウインナー・ソーセージ」という「非常識」な商品を開発することで，日本の社会に「食」の安心・安全を確立してきた消費生活協同組合（生協）が，「非正規労働の活用によりコストを削減する」という現在の流通業の「常識」にいかに立ち向かおうとしているのか，考察する．非営利の組合員組織であり流通事業体でもある生協が，流通業における「非常識」を再び追求することで，今度は「職」の安心・安全を打ち立てることができるのだろうか．九州・福岡の地で活動する生協の取り組みから考えてみたい.

2.　消費者組織と「労働」問題

　生協は消費者が組織する協同組合であり，消費生活のあらゆる側面から組合員をサポートする事業を展開しているが，その中心は何といっても消費者組合員への安心・安全な食品の供給，要するに小売流通業を通しての食生活の維持・向上である．したがって，生協が格差社会の諸問題にどう対処でき

---

　　1)　地方自治体や中央官庁，さらにそれらによって設立・組織された公共団体には，地方公務員や国家公務員という身分を持つ正規の職員とは別に，その半分以下の給料で身分保障もなく働く非正規の職員が大量に存在する．彼らはその劣悪な労働条件と生活環境から「官製ワーキングプア」と称され，民間企業の非正規社員と同様の存在として問題視されている．布施哲也（2008）『官製ワーキングプア—自治体の非正規雇用と民間委託』（七つ森書館），上林陽治（2013）『非正規公務員という問題—問われる公共サービスのあり方』（岩波ブックレット）などを参照.

るかを考えるとき，まず思い浮かぶのは，食品流通を担う事業体としての格差・貧困問題への対応であろう．

『朝日新聞』2017年7月9日付朝刊は，すべての品物を無料で供給する世界で初めてのスーパーマーケットがオーストラリアのシドニーにオープンしたことを報じている（写真）．市民団体「オズハーベスト」が運営するこの店は，期限切れが近い商品を大手スーパーなどから引き取り，無料で提供することで，食品ロスの削減や困窮者への支援をねらっているのだという．そのほかにも，フランスで大型スーパーマーケットが食品ロス（売れ残り）を困窮者団体に寄附することが義務づけられ，その廃棄が法律で禁止される

『朝日新聞』2017年7月9日付

（『毎日新聞』）2016 年 2 月 18 日付朝刊）など，先進国では流通業が困窮者の食を支援する取り組みが広がっている．日本国内においても「フードバンク」や「子ども食堂」などの形で市民活動による食の提供が各地で展開されており，生協もそれを支援している．食品流通を主要事業とする生協による貧困問題への取り組みとして，こうした食の支援活動はもっとも得意とする活動であるともいうことができるだろう[2]．

　しかしこれは，生活に困窮し，食にも事欠く人々に対する応急措置，緊急避難の方策としては非常に重要で不可欠な取り組みだと評価できるけれども，あくまで格差と貧困の問題に対する対症療法であり，その根治・根絶をもたらすものではありえないこともまた事実である．無料での提供とまでいかなくても，組合員世帯の所得低下への対応策として，供給品の売価を下げ，低価格化を進めることで組合員の生活を守るのだという低価格路線は，それだけでは格差社会の問題の根源的解決にはなり得ない．1990 年代末からの生協組合員の世帯年収の劇的な低下（図 1-1）は，より低価格な商品を組合員に届ける必要性を確かに示しているけれども，そうした低価格の追求だけでは格差も貧困も社会からなくならないのである．

　生協に求められるのは，そうした対症療法に加えて，その根源を正すこと，すなわち非正規労働のワーキングプアに代表される日本社会の雇用・労働問

---

2)　日本生協連の「『子どもの貧困』に関する研究会」は 2017 年 3 月に報告書を発表した．そのなかでは，フードバンクや子ども食堂の事例などを紹介しつつ，全国の生協に向けて，「組合員や役職員が子どもの貧困の現状や私たちの地域の状況を学び・知り，理解・共感を広げましょう，そして一人ひとりが身近な場所で活動に参加する機会をつくっていきましょう」，「地域で困っている子どもたちを支える取り組み，地域のつながりの中で子どもたちの育ちを見守る・支える取り組みに，生協も地域の一員として積極的に活動に参加していきましょう」，「地域の中に，行政，社会福祉協議会，その他の協同組合，市民活動団体（NPO など），学校，保育所，児童館，PTA や教育委員会，自治会などさまざまな組織や団体，個人で構成されたネットワーク（連絡会・協議会）とつながりを広げ，地域の総合力で子どもの育ちを支える取り組みを進めていきましょう」という呼びかけがなされている（日本生活協同組合連合会組織推進本部組合員活動部（2017）『「子どもの貧困」に関する研究会「貧困」の連鎖をなくしていくために生協ができること～子どもをひとりぼっちにしない地域づくり～』）．

第1章 働き方改革は福岡から

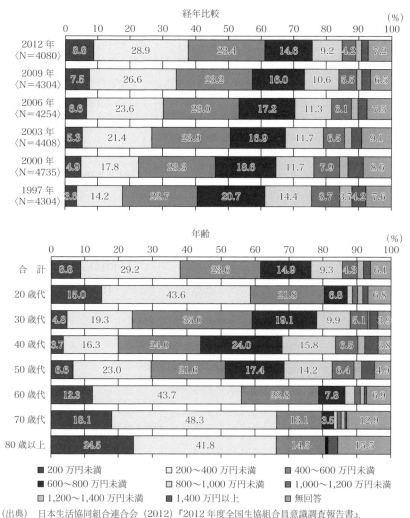

(出典) 日本生活協同組合連合会 (2012)『2012年度全国生協組合員意識調査報告書』.

図1-1 生協組合員の夫婦合わせた年収

題に対して，自らも労働者を抱える事業体として，雇用・労働の場から解決の方向性を示すことである．

　営利企業ではなく，非営利の事業体なのであるから，一般の企業ではなか

なか実行することができないような方策が協同組合には可能ではないのか．協同組合はこれまでの歴史のなかで，そうした期待を抱かせるような，さまざまな社会問題解決への貢献を果たしてきた．イギリスで生まれた生協運動は，独占企業の価格協定を粉砕し，消費者本位の世の中を実現したし，女性の参政権獲得にも強力な影響力を発揮し，子どもの教育・健康問題にも大きく貢献している．日本では，生協によって食品添加物の使用や表示において大きな改善がもたらされ，食の安心・安全が大きく前進したことは誰もが知るところである．

　しかし，雇用と労働の問題に関して，消費者の協同組合運動がいかなる可能性を秘めているのかは，そう簡単には述べることができない．20世紀にヨーロッパの先進諸国で大発展を遂げた消費者の協同組合運動が協同組合労働者に対して何を成し遂げたのかを問われても，その問いに答えられる人はなかなかいないだろう．第二次世界大戦後に労働時間の短縮や待遇の改善で大きな前進を成し遂げた西ヨーロッパ諸国の労働運動において，生協労働者がとくに大きな役割を果たすことも，生協での働き方がとくに注目されることもなかった．ヨーロッパの生協運動を動かしていたのは，むしろ流通における労働コストの削減を求める消費者という立場にある協同組合員であった．消費者組合員が主権者である協同組合において，もっぱら関心事とされるのは消費者組合員自らの消費生活とそれを大きく左右する商品の売価であって，店の売り子の生活ではないのである．

　そもそもは「労働者の解放」をめざして創始された運動である協同組合が，その大発展期である20世紀には協同組合労働者の問題を棚上げしたのであるが，そこにはイギリスをはじめとするヨーロッパの生協運動の「消費者の運動」としての純化と，その結果としての労働者問題を含む社会問題への関心の希薄化がある[3]．生協に集まった人々の視野と関心のなかから，協同組

---

　3)　もともと競争経済下で苦しむ労働者の解放をめざして創始された協同組合運動
　　は，消費者が組織する協同組合においても，自らが抱える労働者（協同組合労働
　　者）に対して労働者利潤分配制など先進的な取り組みを展開していた．「19世紀後

第1章 働き方改革は福岡から　　　45

合で働く人々が徐々に姿を消し，目前にある商品の価格がその大部分を占める
ようになる．流通のなかに置かれた消費者という存在は，それだけ価格と
コストに敏感にならざるを得ないものなのである．

　それは日本の流通と消費者についても同様であって，価格面での審判を消
費者から直接受けることとなる流通業では，コスト削減への意識が他産業以
上に強く，厳しいものとなりがちである．しかも，生産過程での創意工夫の
余地がある製造業と異なり，流通業でのコスト削減とは突き詰めれば労働コ
ストの削減でしかありえない．正規社員がやってきた仕事を人件費が安いパ
ート社員など非正規労働者に任せたり，販売ヘルパーなどの名称の下，取引
業者に役務の無償提供を不当に要求したりすることが次第に流通業の「常
識」となっていく．流通業（卸売・小売業）は，非正規労働者の率があらゆ
る産業のなかで飲食業に次いでもっとも大きな産業であり（図1-2），労働
条件が良くない産業の代表格として一般には認識されている．就職を控えた
学生からのアンケートによるランキングで「もっとも就職したくない業界」
としてしばしばあげられるのが流通業なのである．

　そうした流通業のなかで事業を展開する生協が，事業における競合上，他
の小売企業と同じ土俵の上に立たざるを得ないのは避けられないことであっ
たようにも思われる．事実，非営利の事業体といっても，生協で働く人々に
占める非正規労働者の率はきわめて高い．

　生協の店舗においては，責任者である店長以外，正規職員は1人もおらず，
現場の業務のほとんどすべてがパート職員とアルバイト職員で担われている
ということがごく一般化している．それどころか，店長の役目をパート職員

　半において，消費者協同組合運動の促進者のほとんどが消費者の役割以上に労働
者の役割に関心をもったことは意外な事実である」（ジョンストン・バーチャル
（1997）『コープ　ピープルズ・ビジネス』大月書店，135ページ）．ところが時代
の進展とともに，生協運動は次第に組合員主権＝消費者主権を主張する運動へ，
さらには消費者利益の向上を確保する中産階級の組織へと，その性格を変えてい
く．その詳細は，中川雄一郎・杉本貴志編『協同組合を学ぶ』（2012）日本経済評
論社，第2章などを参照．

○「飲食店，宿泊業」や「卸売・小売業」において，非正規雇用の労働者の割合が5割〜7割となっている．
○パート・アルバイトは「卸売・小売業」「飲食店，宿泊業」，派遣社員は「製造業」「金融・保険業」，契約社員は「情報通信業」「不動産業」における割合が高い．

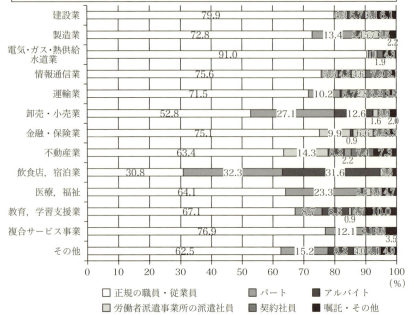

(資料出所) 総務省「H19就業構造基本調査」をもとに，「雇用者」の「総数」から「会社などの役員」を除いたものを100%とし，それぞれの雇用形態別に割合を算出．
(出典) 厚生労働省派遣・有期労働対策部企画課 (2012)『非正規雇用の現状』．

図1-2 正規雇用・非正規雇用の労働者の割合（%）

が務めるという「パート店長制」を採用している生協もある．生協には，こうした管理業務のパート化を，他の流通各社にむしろ先んじて行ってきたという歴史があるのである．

3. 組合員労働と非正規・外部労働

ただし，生協で働く非正規労働者＝パート労働者の多くには，一般の企業

の非正規労働者と完全には同一視できない，大きな相違点があった．それは，彼女たちはほとんどがその生協に出資している組合員でもあるということである．生協に理解を示して出資金を払い込み，その事業を利用することで生協に好感を抱いている主婦であれば，「どうせパートで働くのなら生協で」と職場に生協を選ぶのは自然の成り行きでもある．

これは株式会社であれば，その企業の店舗でパート労働に従事しているのは株主であるという状態であり，ここが協同組合の組織上きわめて特異な点である．組合員自身が協同組合における現場労働を担うという状況は，良くも悪くも，日本の生協の職場，生協における労務管理，そして生協界の労働運動に，複雑な影響を及ぼすこととなる．ときにはそれは通常の労使関係を越えた「美談」を生み出すであろうし，ときにはそれが正職員を含めた労働問題の存在を曇らせることにつながるかもしれない．

さらに戦後日本の生協において店舗事業以上に大きな位置を占めている無店舗の「共同購入」事業においては，生協における「組合員労働」の存在が決定的な役割を果たしてきた．

趣味の品物など特殊な商品を除けば，インターネットが全面的に発達する2000 年代以前には，無店舗の通信販売という業態は小売り流通においてマイナーな存在であった．消費者が日常消費するような食料品を店舗以外で購入するのは例外的なケースであり，「食べものは店で購入する」というのが常識である．それは，売る側の事情の反映でもあった．店舗を持たずに商品を販売しようとしたならば，カタログを配布するなどして商品情報を消費者に提供しなければならない．そして電話や郵便など何らかの手段で消費者からの注文を受けたならば，今度はその商品を消費者の手元に届けなければならない．不特定多数の消費者を相手にそんな商売をすることは，コスト的にとてもできないのである．

現在ではインターネットの発達によって，ようやく商品情報の提供については安価に世界に向けて情報を発信することも可能となったが，それでも注文者への配送という点で，アマゾン等の超大手業者であっても四苦八苦して

いるのが通販の世界である．徐々に広がりをみせているネットスーパーについても，皮肉なことに今後利用者が増えれば増えるほど，事業の継続が相当困難になるのではないかと予想される．多数の消費者から一斉に注文を受ける可能性を考えると，店舗型ネットスーパーで店舗が用意しなければならない配送の人手と体制は一店舗ではとても準備できないほど大規模なものにならざるを得ず，現行のような仕組みではとても対応できなくなるだろうと思われるのである．

　そんな無店舗事業をインターネットが発達する以前，いまから50年近く前に日本の生協が唯一大々的に成り立たせることができたのは，生協が組合員という存在を抱えていたから，つまり生協が組合員組織だったからである[4]．戦後日本の生協は，「組合員に立脚した無店舗事業」を構築することで，厳しい法的規制をはね退け，発展を遂げたのだった．

　1947年，生協の発展を恐れた業者・業界の意向を受けて，所轄官庁である厚生省，法案を上程する内閣，そしてそれを審議する国会議員は「消費生活協同組合法（生協法）」の条文のなかに，生協に対する異常ともいえるほど厳しい規制を盛り込んだ．その代表が，組合員以外の利用を一切許さない「員外利用規制」と，生協の事業区域を1つの都道府県内に限定する「県境規制」である[5]．この生協法によって，生協は広く一般客を呼び込むことも，

---

4)　生協の無店舗共同購入事業の発展は企業にも大きな影響を与え，これに刺激された会員制の無店舗配送ビジネスがいくつも立ち上げられた．しかし，そのなかで成功を収めることができたのは，地域的に限定されたものがほとんどである（比較的大規模なものとして旧オレンジライフ，阪急キッチンエールなど）．全国に展開する会員制食品宅配事業として生協と並んでしばしば言及されるのが「らでぃっしゅぼーや」であるが，同社はもともと1988年に「日本リサイクル運動市民の会」を母体に事業を開始したものである．これは，純然たる営利企業が消費者の食生活を無店舗で支えることの困難と，消費者の組織・運動体が持つ可能性を示しているともいえるだろう．ITの飛躍的な発展によって，企業がその壁を打ち破ることができるのか，ネットスーパー各社やオイシックスといった新規参入企業による宅配ビジネスの行方が注目される．オイシックスは2017年，社会的企業を標榜する「大地を守る会」と統合，これを子会社化している．

5)　これらの生協規制は基本的に現在も存続しているが，県境規制については，2007年の法改正で隣接する県まで事業範囲の拡大が認められている．

広域チェーンストア化することも許されないという，小売業としては致命的な規制を課せられたのであるが，この不当ともいえる規制をかいくぐる事業形態として全国の生協に広まったのが「班別共同購入」という，生協ならではのユニークな業態である．

　小売店舗を展開するにあたっては，員外利用規制や県境規制は大きな足枷となるが，無店舗事業をつくりあげるにあたっては，それは必ずしもそうではない．むしろ，限定された地域のなかで，加入手続きを済ませた組合員だけを対象にすることは，ターゲットを絞らなければカタログの配布もできない無店舗販売では必要不可欠なことであるともいえる．それでも残る最大の障害は，注文品を組合員宅にまで届けなければならないという配送の問題であるが，これも組合員という存在をうまく利用することでクリアできることに生協は気づいたのである．

　戦後日本の地域生協は，「班」という組合員の集合単位をつくり，これを運動上の基礎組織としていた．たとえば生協からの情報提供や，組合員からの意見の吸い上げは，5世帯なり10世帯なりの組合員からなる班を用いて行われていたのであるが，この班を無店舗事業に組み込み，活用することが1970年前後にいくつかの生協で目論まれる．つまり，組合員からの注文品を1軒1軒回って配送するのには大変な手間がかかるが，それを班毎に行えば，その手間は5分の1なり10分の1なりに劇的に軽減する．組合員は班に集まり，生協はそこにまとめて注文品を届け，あとの仕分け作業は組合員自身が行うのである（写真）．こうして「班別共同購入」というシステムが完成し，それはあっというまに全国の生協に広まった．

　このユニークな業態は，生協にとってきわめて利益がある業態であった．班別共同購入は店舗業態に比べて，設備費も人件費も商品のロス（売れ残り）もきわめて小さくできるから，生協事業における剰余金の稼ぎ頭となった．班に集まる組合員のボランティア労働に支えられて，1970年代以降，生協は事業高と組合員を拡大し，「日本型生協」として世界の協同組合界にその存在を広く知られるまでに成長を遂げたのである．

注文した品物を班で仕分けする組合員(1998年おおさかパルコープ)
(写真提供:生活協同組合おおさかパルコープ)

　これは肯定的に描写すれば，組合員自身が生協事業に積極的に参画し，その労働の一部を担うことで，生協組合員と生協職員とが「クルマの両輪」として共につくりあげる，生協ならではの，まさに協同組合らしい，画期的な業態であるということになるだろう．しかし逆にこれを批判的にみれば，生協は家庭に縛りつけられた「専業主婦」という存在をうまく利用し，しかも彼女たちの労働力を「無償」で使うことで無店舗事業を成り立たせているのであって，性別役割分業や女性労働に対する不当な低評価を無自覚に受け入れて当然視している，前近代的で問題あるシステムだということになる．組合員が協同組合の事業の一部を担うというユニークなシステムへの見方・評価は，視点によってさまざまであろう．
　組合員労働のみならず，専従職員の労働についても，この時期の生協においては「雇用労働者としての労働」と「生協運動者としての活動」とが混然一体となっており，それが企業の労働者にはない生協職員の特色だと強調される一方，たとえば無報酬での残業や休日出勤が当然視されるなど，問題が頻出していた．組合員は対価を得ることなく生協運動に従事しているではないかという理屈で，生協職員の労働者性，労働者としての当然の権利がおろ

そかにされがちであることが，組合員と職員がクルマの両輪としてつくりあげたといわれる「日本型生協」が潜在的・構造的にもっていた弱点である．

もちろん，規模が拡大し，社会的認知度も向上するなかで，生協の職場においても法に触れかねないような前近代的な労働環境は次第に一掃されていくことになる．また専業主婦である女性組合員たちに班での注文品の仕分けを委ねるという仕組みも，女性の社会進出によって在宅する専業主婦層が激減することで，多くの生協で維持し続けることが不可能となっていく．プライバシーと利便性を重視し，配送前にあらかじめセンターで個人ごとに注文品がまとめて包装される「個人別仕分け（個別ピッキング）」が採用されることにより，班で組合員たちがワイワイガヤガヤと注文品の仕分け作業を行うという光景は姿を消し，かつて交流とコミュニケーションと「組合員労働」の場であった班が形骸化していった．さらには，いっそのこと班を廃止して，個人宅に直接配送する「個配」を班別共同購入に代わる主力業態になんとか育て上げようと，全国の生協でさまざまな試行錯誤が重ねられる．

その結果として生協労働の世界に持ち込まれたのが，組合員労働に代わる，本来は生協の外部に存在した労働力である．

個配業態で組合員個々の自宅に配送するためには，班への配送に比べてはるかに多くの人員が必要になる．しかし，そうした人員を正規職員として雇用することは，他企業との競争がますます激化し，コストの圧縮を追求していた生協にはとても無理な話であった．社会的に認知され，それなりの存在となった生協には，雇用主としてのそれなりの責任が当然求められる．いったん新卒者を採用したからには，その職員を定年まで雇用し続けることが当然とされるし，昇給も講じなければならない．地域の生協においては，入職した若い職員のほとんどは，まずは組合員と最前線で接する配送業務につく．しかし配送業務はそれなりの肉体労働であって，年齢を重ねるにしたがって，やがては店舗，本部，管理等の他の仕事に回るというのが一般的である．つまり，個配の配送担当として膨大な数の要員が必要であるとしても，彼らを正規の職員として雇ってしまったら，将来その分の事務職や管理職ポストを

用意する必要が生じるだろう．生協の高度成長期には，事業と組織の拡大によって，そうした職務・役職を準備することもできたであろうが，個配業態の確立が課題となっていた1990年代，もはやそうした急成長は全く見込めない段階に生協は達していた．正職員が配送する体制で個配事業を展開することは不可能だと考えられたのである．

それでは，個配にも班別共同購入のように「組合員労働」を活用することはできないだろうか．1980年代末，男性ばかりでなく女性の配送担当（地域担当）が，コープこうべやコープとうきょうなど先進的生協で誕生した．それまで「男の仕事」とされていた配送業務が，施設や業務上のさまざまな配慮や工夫を施すことで女性でも可能なのだと実証されると，他の生協においても，配送業務をパート化できないかという考えが生まれる．組合員をパート職員として採用して生協で働いてもらうという方策は，それまでもっぱら店舗や後方部門で行われていたが，90年代には配送業務においても女性のパート職員を活用する生協が続々と出てくるのである．女性職員が1.5トンのトラックのハンドルを握るのは，生協においては現在ではめずらしくもなんともない，ありふれた光景となっているが，当初はいかにも生協らしい職場の風景だと話題にもなった．

しかし，トラックの運転にしろ，商品の荷下ろしにしろ，主婦のパートに配送業務を任せるというのは，そう簡単なことではない．一気に大量の配送担当者を確保することは，いくら女性の正職員やパート希望者を登用・活用するとしても不可能である．そこで考え出されたのが，「ジョイント・メイト」「ジョイント・サポート」といった名称で展開された，地域に暮らす組合員の有償ボランティア労働を活用した個配，いわゆる「メイト型の個配」である．

生協は，「メイト」などと称される有志の組合員宅に，その近辺の組合員たちが注文した品物を全て届ける．そして個々の組合員宅には，このメイトが時間の都合を聞いて注文品を届けるのである（図1-3）．生協としては，メイトに多少のお礼の金額を支払うだけで，配送の手間とコストを大きく節

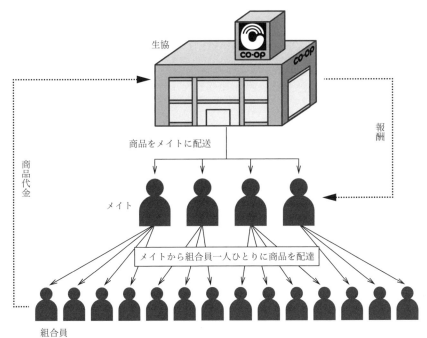

(出典)「個配事業とは何か」『生協運動』(1996) 6月号, 7頁.

図 1-3 メイト型個配の形態

約できるし,「組合員の助け合い」という協同組合の精神からしても,これはまさに生協らしい,生協にしかできない,事業のあり方ではないか.こうした謳い文句とともに,全国の生協でメイト型の個配が導入されるに至ったのである.

確かに理念的には,班仕分けでの組合員の共同作業と同じく,メイト型の個配も,まさに協同組合らしい組合員参画型事業のあり方を示すものとして興味深いものである.しかし,実際の事業展開のうえでは,プロの職員の仕事ではなく組合員のボランティア的な要素を帯びた活動に事業の最前線を任せることにはどうしても無理があった.メイトの需要と供給のバランス,その仕事の質の保証,メイトに対する報酬のあり方等々,さまざまな課題と教訓を抱えて,これからの生協の主力業態たる個配をメイトによってつくりあ

げようという動きは徐々に姿を消していった．かつて個配の試行段階では主流であり多数派であったメイト型の個配であるが，こうした形で個配業態を成り立たせている生協は，現在ほとんど見当たらない．

その代わりに，90年代末から急速に普及したのが「配送業務委託型の個配」である．生協の職員でも組合員でもなく，生協外部の企業（運送業界など）で雇用されている労働者に，個配の配送業務をそっくり委ねることで，ついに生活協同組合は個配を新たな主力業態として確立することができた．非正規の外部労働を活用すれば，1回につき500円程度の配送手数料を徴収することで個配業態が維持できる[6]．世紀の転換期，これに飛びついた生協が相次いで誕生したのである．

4. 委託労働と直接雇用

配送業務の一切を外部業者に委託する個配事業が全国の生協に広まる直接のきっかけをつくったのは，東京近辺の中小生協によって構成されていた「首都圏コープ事業連合（現パルシステム生協連合会）」である．日本生協連の2002年度第2回全国共同購入事業員会で報告された『個配を中心とする無店舗共同購入事業の課題と方向』（日本生活協同組合連合会事業支援本部発行．以下，『課題と方向』と呼ぶ）は，次のようにまとめている．

「いわば班共購〔班別の共同購入——引用者〕の補完物であった個配が急速に全国に広がる端緒は，首都圏コープ事業連合のパルシステムが大きな支持を受け，'98年には班共購を上回る構成比を実現した生協が複数

---

6) ほとんどの生協では，無料配送の共同購入とは違って個配利用者からは配送料を徴収したが，当初その金額は500円程度に設定する生協が多かった．今日ではその半額以下という生協が多いから，500円というのは相当高いというイメージを抱いてしまうが，当時は個配利用者の1人あたり月間利用金額が3万円を超える（1回あたり7500円以上）という生協が多かったから，この水準での配送料もなんとか受け入れられたのである．その後，生協は個配利用者の急増と，他企業との競争ならびに生協間競合の激化を経験し，配送料の値下げ競争をも展開することになる．それは配送コスト＝人件費をさらに縮減するという競争である．

うまれた事でした．この '98 年以降,『個配拡大は正当なニーズへの素直な対応』という認識が全国に広がりました．

　また事業的側面で班を突破できない最大の理由でもあったコスト面の壁と，班共購とは異質のマネジメントを求められる等の事業執行上の壁を，個配手数料と配送の業者委託という解決策で乗り越え，班共購と比べても損益的には大きな差のない事業として進める事が出来ることが明らかになりました」

『課題と方向』は，宅配事業において班にこだわるのはむしろ生協側の都合からではなかったかと反省し，徹底して組合員の立場に立つ必要性を強調する．そのうえで，共同購入でも留守が増えて組合員との対話が減り，生協によっては班の位置づけが変化し，組織者として位置づけられてきた地域担当の役割も変わり，個配になってたくさんの配送ポイントをこなすような効率化がさらに求められるようになった[7]という時代の変化を踏まえたうえで，配送の仕事が生協にとって「自前で行うべきコアの仕事」なのかどうかを判断しなくてはならないという．

　「コアであり，自前が基本だとするなら，フルタイマーかパートタイマー，正規労働か非正規労働かは別にしてもコストとマネジメントを含めた効率について，解決を図らなければなりません．その見こみが立たなければ，外部委託は経過措置や部分ではなく，制度として必須の行為となります」（『課題と方向』24 頁）．

　要するに，組合員と接する最前線のいちばん大切な仕事なのだから配送担当者は自前の正規職員でなければならないという考え方にこだわってはいられない現実があるということだが，組合員からみれば，正規職員だろうが外部委託の労働者であろうが，配達に来る人が自分にとっての生協の代表であるという点で変わりはない．したがって，委託先の企業とは「考え得るすべ

---

　7)　『課題と方向』では，班別共同購入に比べて個配では，2.36 倍ないし 2.55 倍の配送ポイントを回ることが同じ供給額を確保するためには必要となるという計算が示されている．

ての事項を契約の中に折りこむことが必要」であり，「生協と委託業者との間でのパートナーシップ（協同関係）作りが大切」である．「共同購入事業の目的と組合員・生活者，地域との関係について十分に理解し，その立場で業務を遂行し，マネジメントしてもらう関係作り」を，子会社・関連会社に委託する場合でも疎かにしてはならず，外部業者に委託する場合にはさらに重視すべきだとされている（『課題と方向』25〜26頁）．

『課題と方向』には，事業上の数値の向上を追求するのではなく組合員の願いに応えることが生協にはもっとも大切なのだという主張が繰り返されており，外部委託についても，効率性の追求という観点だけからその推進が主張されているわけではない．しかし，そこに組合員という視点はあっても，労働者側からの視点，あるいは労働者を使用する事業体の社会的責任という観点から委託の問題点を検討する記述は，ほとんど見当たらないのである．それは，2004年に労働者派遣法が改正されて派遣が許される業務が工場労働などに大幅に拡大され，派遣労働とその問題点が次々に報道されたり，2006年頃から大企業での「偽装請負」が続々と発覚し，委託労働が社会問題化したりしたのは，この報告書がまとめられた後のことであるという事情もあるのだろう．委託労働がその後抱えることとなる問題の深刻さを，委託型個配の黎明・発展期にあった生協の経営サイドがどの程度予知していたのか，『課題と方向』からは読み取れない．

それに対して，生協労働者によって組織される労働組合「全国生協労働組合連合会（生協労連）」の書記局がまとめた『委託（請負）契約・派遣労働契約への対処ガイドライン〈改訂版〉』(2007年．以下，『ガイドライン』と呼ぶ)は，当然のことながら労働者の立場から生協における配送労働の外部委託を批判的に検討している．かながわ生協労組が個配の委託労働者にアンケート調査をして明らかとなった，朝7時に出勤し，70〜80の拠点に配送して毎晩9〜10時に事務所に帰るという彼らの労働実態や，大半が20代で定着率も非常に低いという彼らが発する，残業代も有休も一時金も与えられないという悲痛な声を紹介したうえで，無店舗でも，店舗でも，物流でも，

業務を丸ごと委託する生協が急速に拡大しているとして，その問題点を指摘しているのである．

『ガイドライン』は，「たしかに委託や派遣による経営のコスト削減の追求は，競争が激化する流通業界の中で生協の存続・発展を考えた場合，ある程度避けて通れない部分もあります」（5頁）と一定の理解を示しつつも，業務において生協が直接指揮・命令できないこと，事業の継続に必要な技術や施設，知識・経験の蓄積ができないことなど，委託労働に頼る体制は生協とその組合員にも不利益をもたらすことがあり得ると指摘する．労働組合としては，生協の委託契約や実態が法に違反していないかチェックするとともに，委託労働者の雇用と労働条件を守る取り組みを進める必要があるという．パート職員など生協で働く非正規労働者を組織してきた経験をもとに，委託労働者の組織化にも踏み出すことを『ガイドライン』は訴えている．「委託で働くなかまの賃金・労働条件の向上という視点と，生協組合員への生協らしい接遇やサービスの提供の視点から，委託元である生協の労働組合としての役割を発揮しましょう」（7頁）というのである．

そして委託労働者の労働条件を守るための具体的なガイドラインとして，「生協都合による一方的な契約解除や打ちきりをさせない」「最低時給や地域水準を下回るような条件での契約はさせない」「委託企業の選択にあたっては『労働基準法や労働安全衛生法など，労働関連法規を遵守する企業』を選択の基準に設定させる」「労働組合をつくらせないような企業との契約は再検討させる」の4つを挙げている（15頁）．

業務委託とはいえないような仕事をさせていながら，それを偽って委託扱いする「偽装請負」の蔓延を防ぐため，委託・請負の契約では，委託元が委託先（請負側）の経営に対して口出しすることが法的に許されていない．それは労働条件についてもそうであって，仕事を請け負った企業がどんな労務管理をしていても，委託元がそれをあれこれいうことはできないのである．だからこそ労働組合としては同じ労働者として連帯する必要があると説くのであるが，裏を返せば，それは要するに委託元は雇用主であれば当然果たす

べき責任を委託先の労働者に対しては負う必要がない（負うことができない）ということである．生協の無店舗事業における委託についていえば，配送という仕事が肉体的・年齢的に困難となった労働者が，その後どのような扱いを委託先の企業で経験するのか，生協としては知ることができないし，それについてあれこれ介入し，発言することも許されない．「ディーセントワーク」を唱え，雇用における責任を他の営利企業以上に真っ当に果たすべきだとされる協同組合として，そのような委託という仕組みを受け入れることが本当に望ましいことなのだろうか．

全国の地域生協が一斉に委託型の個配システムを採用するなか，そんな考えにもとづいて，基幹業務である無店舗宅配事業においては外部の労働力に頼ることなく，あくまで直接雇用にこだわり，組合員と最前線で接する仕事に就く労働者への雇用責任を自組織で果たそうとする生協がある．福岡県を事業エリアとする「エフコープ生活協同組合」である．

エフコープ生協は 2006 年 8 月，新聞やテレビで「エフコープは非常識です．」という広告・CM を展開し，話題になった．周囲からは非常識扱いされたけれども，いつかはこれが常識になると信じて，添加物を控えた赤くないウインナー，磨いた気がしないような歯磨き粉，泥だらけで手間がかかるニンジンを，われわれはあえて供給してきたのだと訴える内容である．そうした商品政策と同様に，雇用・人事政策においても，今は非常識と思われるかもしれないが，いつかはそれが世間や他の企業にも認められる常識となるだろうという信念のもと，エフコープ生協は委託ではなく直接雇用にこだわった人事システムの改革に乗り出していく．

5. 福岡からの働き方改革

2016 年 10 月，エフコープ生協における新人事制度スタートのニュースが，生協界のみならず，地元九州を中心とするメディアで大きく報道され，注目された．全従業員を自ら雇用し，「65 歳定年制」と「同一労働同一賃金」を

標榜するエフコープの新たな人事制度が,「働き方改革」が喫緊の課題だといわれる日本社会に, きわめて先進的な事例だとして大きな驚きと期待をもって迎えられたのである. さらに翌 2017 年の 4 月には, 65 歳定年が「70 歳定年」に延長され, エフコープはあたかも生協界から始まる働き方改革の旗手であるかのように受け止められている.

価格競争に明け暮れる流通業という舞台で, 何よりも消費者組合員のために事業活動をする生協が, どのようにしてこうした先進的な雇用システムをつくりあげてきたのだろうか. そこには, 一朝一夕ではできない, そして決して順風満帆ではない, 労使双方による 10 年以上の努力の積み重ねがあった. 委託を拒否し, 自前の労働力で基幹事業をつくりあげてきたエフコープ生協による, 21 世紀になってからの人事政策の歩みを, まずは振り返ってみよう.

1990 年代末までのエフコープの人事制度は, 基本的に「正規職員」と, パートタイムで働く「パート職員」との 2 本立てだった. エフコープで共同購入の配送業務に女性のパート職員が初めて採用されたのが 1996 年である. また「アップルメイト」という名称で, メイト型の個配も 94 年に始まっていたが, これはあくまで共同購入の補完事業として位置づけられていた.

1990 年代後半, 他の多くの地域生協と同じくエフコープにおいても事業の成長が頭打ちとなり, 98 年には初めての経常赤字を記録する. こうした状況を受けて, 90 年代後半から 2000 年代初めにかけて, エフコープは雇用・人事を含む事業と組織の大改革を迫られるのであるが, そこで生まれたプラスの遺産が現在につながるエフコープの「基本理念」(1997 年) と「人事理念」(2001 年) であり, マイナスの遺産が 109 人に及ぶ多数の希望退職者 (2002 年) であった.

「ともに生き, ともにつくる, くらしと地域」というエフコープの基本理念, それをもとにした「個を認めあい, 個を磨きあい, 自律型人財へ」という職員の「個」を大切にする人事理念は, 21 世紀のエフコープの人事政策の根底をなす考え方であり, こうした理念があったからこそ, 他の生協がメ

イト型の個配から委託型の個配へと一斉に切り替えるなかで，エフコープは
その道を選択しなかったのだと解釈できる[8]．しかし，そうした理念は理念
として，現実はそう単純で美しいものではなかった．

エフコープに限らず，多くの地域生協が1980年代後半から90年代にか
けて，事業の急成長を受けての新卒者の大量採用，その後の伸びの停滞，そ
れを受けての採用の抑制，その結果としての職員のいびつな年齢構成，とい
う展開を経験したが，エフコープの場合，それは2002年にセカンド・キャ
リア支援制度（再就職支援制度）により大量の希望退職を募るという結果を
導いた．これは退職に至った109名の職員個人のみならず，生協全体にと
って，痛恨の出来事であったといえるだろう．職員の大量離職は大きな後遺
症をともなうものである．それまで業務を担っていた大勢の人材が突然いな
くなるのであるから，事業体としては早急にその穴埋めをしなければならな
い．そこでエフコープが新たに採用したのが，「エリアスタッフ」という非
正規身分であるがフルタイムで働く配送担当者だった．

「エリアスタッフ」は，おかしな表現ではあるが，いわば「フルタイムの
パート労働者」であって，月額の給料が14万3,800円とされていた．つま
りこの時点で，エフコープの配送拠点である支所には，同じ仕事をしている
のに雇用形態や給与・福利厚生等の待遇が大きく異なる3種類の労働者，
すなわち「正規職員」，時間給のパート職員である「コープスタッフ」，そし
て非正規の「エリアスタッフ」が並存していたのである．

エフコープは委託労働を導入することを拒否し，あくまで直接雇用にこだ

---

8) 「エフコープで現在，配送業務に委託社員はいません．この理由も人事理念にか
かわってくるのですが，梶浦理事長（当時，専務）から全職員に向けて発信され
た『（前略）確かに経営効率を考えれば配送業務を委託するという方法も考えられ
ますが，エフコープの基本理念「ともに生き，ともにつくる，くらしと地域」に
基づき，人を大切にしたい．そして，配達担当者は人と人をつなぐ協同の要であ
ると思います．それにかかわる職員は，一つの制度できちんと処遇すべきで，頑
張っている人がいれば，同じ土俵で処遇していきたいと考えています』を基にし
ています」（西田浩基（2009）「均等待遇社会の実現に向けたエフコープの人事制
度改定」『生協運営資料』No. 250，42ページ）．

わる道を選択したが，その体制の下で個配をコスト的に成り立たせる代償として，雇用形態間での「待遇格差」を一時的にせよ受け入れざるを得なかった．しかし，このような同一労働同一賃金とは真逆の現場が「荒れる」ことは想像に難くない．労働組合もこうした状況に危機感を抱き，正規職員とパート職員の双方を組合員とする労働組合として，パート職員や非正規職員の立場をより重視する労組活動の展開を図り，雇用形態で差をつけずに均等な待遇を保証する人事制度への改革を経営側に強く要求し続けた．そこで労使の合意点を探るなかで到達したのが，2008年4月の「フルタイムスタッフ」への統合である．

この時点でエフコープにおいてフルタイムで働く職員は，「経営スタッフ」と名付けられた正規職員と，エリアスタッフから名称が変わった非正規の「専門スタッフ」とに分かれていたが，それが「フルタイムスタッフ」として1本化される．つまりエフコープの人事システムは，この「フルタイムスタッフ」とパートタイムで働く「定時スタッフ」（コープスタッフから名称変更）との2本立てに簡略・明確化されるのである．「フルタイム」と「定時」という名称には，両者の違いはあくまで労働時間の長さだけだという意味が込められているのだろう．さらに2009年4月には，フルタイムと定時とで昇格要件を統一したり，両者の職責等級や賃金表を比例させたりすることで，雇用形態間の移行が容易にできるような制度改正が行われる．定時からフルタイムに，あるいはその逆に，自身の都合に合わせて職員が雇用形態を移行することが制度的に容易になったのである．

このようにして，エフコープの経営陣は経営状況をみながら，それが許す可能な範囲で，雇用形態に左右されない「均等待遇」の実現を一歩一歩追求していった．そして「国内で生じている『格差』社会解消に向けたとりくみの一環」として，また「配達業務の他企業への業務委託ではない，直雇用スタッフによる事業モデルへの挑戦」（エフコープ生協資料「経営スタッフと専門スタッフの人事制度の統合について（2008）」）として，新しい雇用モデルを追い求めてきたエフコープの現時点での到達点が，「同一労働同一賃

金」を掲げた 2016 年以降の新人事システムなのである．

　同一労働同一賃金という理念は，原理的にはほとんどの人が賛成する考え方だろう．同じ仕事をするならば，同じ待遇で報いるのが当然である．しかし，理念としての正当性は広く認められながらも，現実には日本の企業社会において，それはいつまでたっても広まらない．欧米ではあたりまえの制度が日本では取り入れられないのは，男女役割別分業に代表されるように，主として稼ぐ人とそうでない人とが家計のなかで，主たる戦力と補助的戦力とが企業のなかで，はっきり区別して存在してきたという歴史を受け継いで，現在のわれわれの生活や企業の経営が営まれているからである．

　突き詰めていえば，同一労働同一賃金制に移行するということは，これまで比較的優遇されてきた正規社員の待遇を下げ，これまで冷遇されてきた非正規社員の待遇を上げるということである．いくらそれが理念的に正しくても，旧制度の下でこれまで生活を築き上げてきた人々がそれをただちに受け入れられるかといえば，そういうわけにはいかない．比較的収入が高いサラリーマンであっても，月収やボーナスが削減されたことで住宅ローンを抱えた人々が一気に地獄に落とされたという話がバブル経済の崩壊後にあちこちで聞かれたが，同一労働同一賃金制の導入は，給与所得者の生活にそのような激変をもたらしかねないものである．エフコープ生協は，そうした混乱を避けながら理念を実現すべく，周到にシステムを設計していった．

　その概要を説明しよう．エフコープの雇用形態には，基本的には 3 つの種類があり，それらを区別するのは労働時間である．まず，週 15 時間未満の労働者は「アルバイター」と呼ばれる．学生のアルバイトや 3 か月以内の短期契約者もこれに分類され，2017 年 4 月現在，600 人がアルバイターとして雇用されている．つづいて，週 15 時間以上，35 時間未満の契約で働いている労働者が「定時スタッフ」である．定時スタッフとして 885 人がエフコープで働いている．そして他生協の正規職員にあたる，1 日に 7 時間 45 分，1 年 254 日勤務する職員は「フルタイムスタッフ」と呼ばれる．フルタイムスタッフは 1,125 人が在職している[9]．エフコープの同一労働同

一賃金制の対象となるのは，アルバイターを除いた定時スタッフとフルタイムスタッフ計およそ2,000名であり，両者ともにユニオンショップ制の労働組合（その職場で働くためには加入が義務づけられている労働組合）に加入し，福利厚生も同一制度が適用され，賃金も「同一賃金」の制度となっている．つまり両者の違いは，労働時間の違いだけということになる．

ただし，「仕事給」で文字通り同一労働同一賃金が支払われる諸外国と違って，エフコープのいう同一賃金は，生協と日本社会の実情に沿った内容となっている．

エフコープでは，フルタイムスタッフの賃金も定時スタッフの賃金も，主として「職能給」（能力の高さを評価して決められる給料）と「職務給」（仕事の大きさを評価して決められる給料）からなっており[10]，同一等級であれば時間換算した賃金が両者で同等となるように賃金表が設計されている．たとえば職能給1ランク1号の地区担当者はフルタイムスタッフであれば16万5,000円の月給となるが，これは時間単価にすれば1,009円であり，定時スタッフで職能給1ランク1号の地区担当者の時給1,054円と同等である．厳密には，正職員よりもパート職員の方がわずかながら職務給と職能給を合計した時給が高くなっているから，正規が優遇され非正規が犠牲となることが当然視される一般の企業では考えられないような賃金体系であるといってもいいだろう．

エフコープはこれをもって「同一労働同一賃金」と称しているのだが，「フルタイムスタッフと定時スタッフでは，賞与と退職金において違いを設けており，これらを加味した水準の差は，おおむね100：70」となるという．同一労働同一賃金を謳いながらボーナスや退職金でこのような差をつけるのは，「転勤を含む人事異動の範囲」が両者では異なっているからだと説明さ

---

9) そのほか，別カテゴリーで70人の「福祉事業専門スタッフ」が働いている．エフコープでは，業態ごとにもっともふさわしい雇用形態を選択して統一することを原則としており，最適の形態がなければ新たにそれを開発すべきだとしている．

10) これは59歳以下の職員の場合であり，60歳以上の職員は職務給のみとなっている．

れる（島崎安史（2016）「職員・経営・社会の『三方よし』を志向し同一労
働同一賃金の実現を目指す」『生協運営資料』No. 289, 6ページ）.

　これにはさまざまな評価があり得るだろうが, 現実を踏まえて, 実現可能
な範囲内で段階的に理想を追求していくエフコープ生協なりの工夫だと理解
することもできるだろう. こうしたさまざまな知恵を盛り込んで設計された
エフコープ流「同一労働同一賃金」による新人事制度は, 労働組合員の投票
で3分の2以上の賛成を得て導入された. パート労働者の時給にも仕事の
評価が加味されるといった具合に, 新制度はフルタイムスタッフにとっても,
定時スタッフにとっても, それなりの抵抗があり得る内容を含むものである
が, それにもかかわらず多数の賛成が得られたのは, 雇用形態の違いで仕事
への評価・報酬が異なるような格差社会のやり方を肯定することはできない
という労働者のきわめて常識的な思い・判断と, そうした思いを組織の方針
とするエフコープの基本理念があり, その上に組み立てられた制度だったか
らだろう.

　人事制度の一連の改革が進められるなかで, エフコープにおいては, 職場
での事故が減り, 組合員の満足度が上がり, 業績も向上して, 職員の年収も
上昇し続けている（表1-1, 表1-2, 図1-4, 表1-3）. 少なくともこれま
での実績値が示す限りでは, エフコープの同一労働同一賃金制は, フルタイ
ムスタッフの犠牲の上に定時スタッフの賃上げを行ってできあがったものだ
とはいえないのである.

表1-1　年度別労災発生件数

2005	2006	2007	2008	2009	2010	2011	2012	2013	2014	2015	2016
125	95	94	66	75	61	60	50	63	71	58	58

（出典）エフコープ生活協同組合人事部（2017）『エフコープ生活協同組合人事制度の概要』.

表1-2　年度別車両事故件数

2005	2006	2007	2008	2009	2010	2011	2012	2013	2014	2015	2016
208	212	195	147	163	157	155	139	156	147	168	159

（出典）エフコープ生活協同組合人事部（2017）『エフコープ生活協同組合人事制度の概要』.

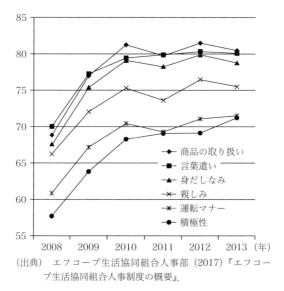

図 1-4　宅配利用者の満足度

表 1-3　損益構造とフルタイムスタッフの年収

(百万円)

	2009	2010	2011	2012	2013	2014	2015	2016
供給高	51,210	51,783	51,370	50,711	51,714	51,120	52,431	52,775
人件費	7,085	6,972	7,069	7,089	7,071	6,955	7,044	7,288
経常剰余	272	336	526	352	428	650	1,071	981
フルタイムスタッフ年収	100	100	101	102	102	103	106	110

注）　2009 年度を 100 とした数値.
(出典)　エフコープ生活協同組合人事部（2017）『エフコープ生活協同組合人事制度の概要』.

　はたしてこれがいつまで続くのか．新しい人事制度で高齢の雇用者も出てくるなかで，また事業連合など他生協との連携が人事を含めてますます進んでいくなかで，そして事業体として必然的に業績の浮き沈みを今後経験するなかで，新たな問題が発生することもあるだろう．職能給の査定が職員から納得されるものであり続けるためには，評価制度の不断の見直しと改良が求められることとなるだろう．先駆者に対する性急な評価は控えるべきだろう

が，多様なステークホルダー（利害関係者）を考慮して地域の持続的発展を図るべき21世紀の協同組合が「雇用」という面からどのようにその責任を果たし，貢献することができるのか，エフコープ生協の取り組みは生協ばかりでなく他の協同組合，さらには非営利組織，そして営利企業にも大いに参考となるものであろう．

　雇用問題に取り組む生協はエフコープだけではない．福岡の地でエフコープと激しく競合する「グリーンコープ」は，真っ当な雇用責任を果たそうというエフコープとは全く異なった形で格差社会における「労働」問題の解決をめざしている．グリーンコープは生協の仕事を担うワーカーズを組織し，その組合員労働を活用することで，生協事業の遂行における雇用関係そのものを廃絶することを考えているのである（第8章参照）．

　協同組合には組合員がいる．その力を用いて格差社会を乗り越えることができるのであれば，それもまた協同組合ならではの取り組みといえる．雇用責任を果たすのか，それとも雇用そのものを否定するのか．それぞれの形で格差社会を乗り越えようという両生協の労働現場から，目が離せない．

参考文献

香田晃ほか（1996）「特集　個配事業の取り組み」『生協運動』6月号．
島崎安史（2016）「職員・経営・社会の『三方よし』を志向し同一労働同一賃金の実現を目指す」『生協運営資料』No. 289.
西田浩基（2009）「均等待遇社会の実現に向けたエフコープの人事制度改定」『生協運営資料』No. 250.

第2章
日本の協同組織金融機関と金融排除

1. はじめに

　2016年に金融庁が刊行した「平成28事務年度　金融行政方針」では，「日本型金融排除」という言葉が使われ，注目を集めた．「金融行政方針」とは，金融機関を監督する金融庁が，金融行政が何をめざし，いかなる方針で行政を行っていくかを示すものである．そのなかで金融庁は，「日本型金融排除」を「十分な担保・保証のある先や，高い信用力のある企業以外に対する金融機関の取り組みが十分でないために，企業価値の向上が実現できず，金融機関自身もビジネスチャンスを逃している状況」[1]だとし，日本においてこうした状況が生じていないか実態把握を行うと述べた．

　金融排除とは，欧州委員会が2008年に刊行した「金融サービスの提供と金融排除の予防」というレポートで，1990年代にイギリスにおいて銀行支店が閉鎖された結果，銀行サービスへの物理的なアクセスが限定されたこと

---

1)　金融庁 (2016) 20頁.

について，初めて用いられた用語である．その後欧州を中心に，より幅広い概念としてとらえられるようになった．現在では，人々が，そのニーズに見合い，かつ自身が属している共同体で通常の社会生活を送ることを可能にする主流市場の金融商品やサービスにアクセスしたり，利用したりすることが困難な状態と認識されている（European Commission 2008）.

　金融排除は，「社会的排除」の1つの側面である．社会的排除とは，人々や地域が失業，スキル不足，低所得，不十分な住宅，犯罪の多発する環境，不健康や家庭崩壊等の問題に苦しんでいるときに起こり得ることを簡略化した言葉で，単なる貧困や低所得よりも広い概念を含む．したがって，金融排除は貧困と密接に関係しているが，単に貧しい人が金融商品を利用できないというだけでなく，より多様な側面を含む．たとえば，金融商品の利用条件が人々のニーズに不適切であることや，新規事業の開始の際にリスクが高いとみなされて融資を受けられないこと等も金融排除に含まれる．こうした文脈で，金融庁は，信用力の低い企業が十分な融資を受けられない状態を「日本型金融排除」と呼んだのである．

　この章では，金融における格差問題とは金融排除と同様であるとみなし，金融庁のいう日本型金融排除や，物理的な金融機関へのアクセス状況も含め，協同組織金融機関が排除の防止において果たしている役割について検討したい．

2.　日本の協同組織金融機関の概況

まず，日本の協同組織金融機関の概況をみておこう．

(1)　協同組織金融機関の種類

日本において銀行業を営む金融機関は，大きく，株式会社形態の銀行（都市銀行，地方銀行，第二地方銀行，ゆうちょ銀行，信託銀行等）と協同組織金融機関に分けることができる．協同組織金融機関には，信用金庫（以下，

第2章　日本の協同組織金融機関と金融排除　　69

表 2-1　協同組織金融機関の根拠法と監督機関

業態	根拠法	監督機関
信用金庫	信用金庫法	内閣総理大臣 （その権限は一部を除き金融庁長官に委任）
信用組合	中小企業等協同組合法 協同組合による金融事業に関する法律	
労働金庫	労働金庫法	厚生労働大臣と内閣総理大臣（内閣総理大臣の権限は一部を除き金融庁長官に委任）
農業協同組合	農業協同組合法	農林水産大臣と内閣総理大臣（内閣総理大臣の権限は一部を除き金融庁長官に委任）ただし，都道府県の区域を超えない区域を地区とする農業協同組合および漁業協同組合については，都道府県知事（ただし，組合の検査に関し，都道府県知事の要請があり，かつ，農林水産大臣および金融庁長官が必要があると認める場合には，農林水産大臣，金融庁長官および都道府県知事）
漁業協同組合	水産業協同組合法	

（出典）　各根拠法等を参考に筆者作成.

信金という），信用組合（信組），労働金庫（労金），農業協同組合（農協），漁業協同組合（漁協）という5種がある．各協同組織金融機関には，表2-1に示すように，それぞれの根拠法があり，各根拠法にそれぞれの組合員・会員の資格についての規定が置かれている．

　主な監督機関は，信金と信組に対しては内閣総理大臣であるが，労金は厚生労働大臣と内閣総理大臣，農協と漁協は農林水産大臣と内閣総理大臣（ただし，都道府県の区域を超えない区域を地区とする農協，漁協は都道府県知事）となっている．ただし，各機関の監督において，内閣総理大臣の権限のほとんどは金融庁長官に委任されている．

（2）　協同組織金融機関の成り立ち

　なぜ監督機関に違いがあるのかを含め，それぞれの協同組織金融機関の特徴を理解するには，歴史的な成り立ちをみることが役に立つ．

　協同組織金融機関の始まりは明治時代にさかのぼる．当時，資本主義が急速に発展するなかで大都市や大企業に資金が集まり，農業者や零細な商工業

者が困窮するといった問題が生じていた．銀行も創設されてはいたが，これらの人々が容易に利用できるものではなかった．そうした状況を改善すべく，ドイツをはじめとする欧州に広がった協同組合を参考に，1900 年に「産業組合法」が制定され，疲弊した地域の発展をめざす産業組合運動が盛んになった．

産業組合は，組合員の貯金を受け入れ貸付を行う信用事業，組合員が生産した産物を共同で販売する販売事業，組合員の生産に必要な資材等を供給する購買事業，組合員が単独では持てない生産施設等を共同で設置する利用事業の 4 つの事業を行うことができ，1906 年の法律の改正で信用事業と他事業との兼営も可能になった．同法は広く，農業者，商工業者，水産業者，消費者を対象としたものであったため，産業組合は，信組，信金，農協，漁協，生協のルーツとされている．とはいえ，現実には農村部での組合の設立が多かったようである．

その後 1917 年には，都市部で信組を振興するため，産業組合法の改正が行われ，信用事業以外との兼営はできないが組合員以外からの貯金の取り扱いを行うことを認める市街地信用組合制度が導入された．さらに 43 年には市街地信用組合は産業組合から分離され，「市街地信用組合法」が制定された．他方，戦時下では農業関係の産業組合が農業会に統合されるなど，産業組合は協同組合としての性格を失い，戦争に協力する組織に変質してしまった．

戦後になるとそうした組織は解散し，民主化政策のもと行政機関と GHQ の各所管部が折衝を行いながら，新たな協同組合のための法律を立案した．1947 年には「農業協同組合法」，48 年には「水産業協同組合法」，49 年には「中小企業等協同組合法」が制定された．中小企業等協同組合法は，信組だけでなく，商業，工業，鉱業，運送業，サービス業を行う事業者の協同組合なども対象としているため，金融事業に関しては別途「協同組合による金融事業に関する法律」が 49 年に制定された．

しかし，市街地信用組合が一定の地域内で組合員以外とも取引を行う地域

金融機関的な性格を持ちつつ発展したにもかかわらず，中小企業等協同組合法では同業者組合員との取引を中心とすることとされたため，信組のなかには制限が多いと感じる組合もあった．そうした内部からの要請もあり，別途「信用金庫法」が1951年に制定された．これにより，地域を基盤とする信組の多くは信金に転換し，同業者や同じ職業の人のための信組は信組として残った．

　他方，労金については，労働者自身が管理・運営する金融機関を設立しようという労働組合運動や，生協の円滑な運営のための金融機関を持とうという機運が高まり，1950年に「岡山県勤労者信用組合」が誕生した．これは生協がよびかけ，労働組合，中小企業者が連携して設立されたものであるが，生協には信用事業が認められていなかったため，中小企業等協同組合法に基づいていた．同年の兵庫での設立に続き，各県でも続々と勤労者信用組合が設立され，労働金庫法制定のための運動も起こり，53年に「労働金庫法」が制定された[2]．

　以上みてきたとおり，協同組織金融機関を規定する法律は，農業や漁業を所管する農林水産省，市街地信用組合を所管する旧大蔵省，労働者の問題を所管する旧労働省が中心となって制定されたという経緯があった．こうした歴史的な経緯があり，現在でもそれぞれの監督機関は異なっている[3]．ここまでやや詳しく各協同組織金融機関の成り立ちについて触れたのは，こうした歴史的な展開が，協同組織金融機関の現在のあり方にも大きな影響を与えているからである．

(3)　協同組織金融機関の組合員・会員

　それぞれの協同組織金融機関の根拠法には，組合員や会員についての資格が定められている．

---

　2)　協同組合の法律の歴史的な展開に関しては明田 (2012)，三村 (2014a) が詳しい．
　3)　1998年に金融監督庁が創設され，大蔵省から金融機関の検査・監督の機能を継承し，2000年に金融庁に改組された．

表 2-2　協同組織金融機関の組合員（会員）の概要

業態	組合員（会員）資格
信用金庫 （会員）	・地区内に事業所を有する者，または事業所の役員 ・地区内に住んでいる人，働いている人，その信用金庫の役員 ＊事業者の場合は，常時使用する従業員の数が 300 人以下または資本金（出資金）が 9 億円以下であること
信用組合 （組合員）	・地区内に事業を行う小規模の事業者，または事業所の役員 ・地区内に住んでいる人，働いている人，その信用組合の役員 ＊小規模の事業者は，従業員 300 人以下または資本金（出資金）が 3 億円以下の者（小売業，卸売業，サービス業の場合にはさらに小規模）
労働金庫 （会員）	・地区内に事務所がある労働組合，消費生活協同組合および同連合会，国家公務員・地方公務員の団体，健康保険組合および同連合会，地方公務員等の共済組合および同連合会，日本私立学校振興・共済事業団，福利共済活動等を目的とする団体（過半数が労働者）およびその連合団体 ・（議決権なし）定款に定めがある場合，地区内に住所を有する労働者及び地区内に存する事業場に使用される労働者
農業協同組合 （組合員）	・農業者 ・（議決権なし）地区内に住所を有する個人，当該農業協同組合から事業にかかる物資の供給を継続して受けている人，地区内の農業協同組合，農民が主たる構成員となっている団体等
漁業協同組合 （組合員）	・漁業者（従事日数が年間 90〜120 日間で定款で定める日数を超える漁民），地区内の漁業生産組合，地区内の漁業を営む法人（従業員数 300 人以下で使用漁船が合計 1500〜3 千トンまでの間で定款で定めるトン数以下） ・（議決権なし）正組合員の家族等，正組合員資格を満たさない漁業者，河川で水産動植物の採捕若しくは養殖をする者，地区内の水産加工業者・法人（従業員 300 人以下），漁業法人（従業員 300 人以下で，使用漁船が合計 3 千トン以下），地区内の遊漁船業者（従業員 50 人以下），地区内の組合

（出典）　各根拠法を参考に筆者作成.

　概要は表 2-2 に記載したが，簡略化すると，信金と信組は事業者，農協は農業者，漁協は漁業者が中心的な組合員・会員である（以下では会員も含めて，組合員と総称する場合もある）．信金の会員になることができる事業者は，従業員 300 人以下または資本金（出資金）が 9 億円以下，信組の組合員になることができる事業者は，従業員 300 人以下または資本金（出資金）が 3 億円以下[4]であり，信組の組合員の方がより零細な企業である．

　4）　従業員は，小売業を主とする事業者の場合は 50 人以下，卸売業またはサービス業の場合は 100 人以下，資本金（出資金）は小売業またはサービス業を主とする

労金の主要な会員は労働組合であり，労働組合に所属する労働者は間接会員と位置づけられる[5]．労金は，労働組合，消費生活協同組合，その他労働者の団体の行う福利共済活動のために金融の円滑を図り，労働者の経済的地位の向上に資することを目的としているからである．そのため，労金の場合は，預金の預入や借入といった取引のための手続きは労働組合を通じて行うのが一般的であり，他の協同組織金融機関に比べると取引を行うための店舗数が少ない．しかし，全ての労働者が労働組合に組織化されているわけではないため，個々の労働者も議決権を持たない会員になることが認められている．

農協，漁協では，農業者や漁業者ではない地域住民が組合員になることができる准組合員制度がある．これは，農村や漁村には都市部に比べて事業所や金融機関が少なく，地域住民が農漁協の事業やサービスを利用できないと生活に支障が生じるため，准組合員として組合の利用を認めたものである．ただし准組合員には，組合の意思決定に関与する議決権が付与されていない．また，農協と漁協は，銀行業務以外にも，農産物や水産物の販売等の経済事業や，農業，水産の技術・経営指導等を行う指導事業，共済事業を行っている．

協同組織金融機関は，基本的には組合員の相互扶助を旨とするため，組合員以外との取引に関しては制限が設けられており，おおむね組合員との預貯金，貸出金取引額の 20〜25％ までに制限されている[6]．

（4） 株式会社の銀行と比べた場合の違い

前述のとおり，協同組織金融機関は組合員との取引が中心であり，組合員の資格についての規定があることから，無制限に誰とでも取引することはで

　　事業者の場合は 5 千万円以下，卸売業の場合は 1 億円以下とされている．
　5）　生協は労金の会員たる資格を有しているため，労金会員の生協に属する組合員も間接組合員となれる．しかし，近年では生協向けの貸出金額はあまり多くなく，両者の関係は薄れつつあるとみられる．
　6）　信金の預金受け入れについては，例外的に会員以外の利用量に制限はない．

きない．また，協同組織金融機関は，相互扶助を旨とし営利を目的としないため，他の協同組合と同様，税制優遇措置を受けている．

さらに，協同組織金融機関は定款で地区を定める必要があり，その地区を基準として組合員・会員の資格を定め，それらの人々のために事業を実施している．そうした性格上，協同組織金融機関がもともとの地区から離れた地域で事業の拡大を図ることは事実上できない．近年では，とくに地方で人口減少が進んでいるため，地方銀行等のなかには本店所在地から離れた人口成長地域への出店を積極的に行うところもあるが，協同組織金融機関が組合員・会員のいない地域に出店する事例はないと考えられる．

これは，協同組織金融機関と銀行のガバナンスの違いも関係している．銀行の場合は，株主の利益を最大化するため，利益を上げられる機会がより多く存在する地域で営業したり，収益を上げられる業務を行ったりする．利用者が銀行の意思決定に直接関与できるわけではないため，自分が利用している店舗の統廃合についても，銀行が決定した後に知るほかはない．

一方，協同組織金融機関の場合は利潤の最大化が目的ではなく，出資者である組合員や会員のために業務を行っている．協同組織金融機関の組合員が，自分たちが利用する機会のない離れた場所への店舗の設置について同意することはないし，逆に営業コストがかさむ地域の店舗を閉鎖することについても，反対意見が多くなかなか進まないこともある．

ここで，協同組織金融機関の具体的なガバナンスについてみてみると，意思決定のための最高機関は，組合員や会員による総会である．総会は事業年度ごとに必ず1回は開催し，前年度の事業報告や決算書を承認したり，当年度の事業計画を決定したり，理事等の役員の選出を行ったりする．組合員や会員は，こうした意思決定において，出資の額によらず1人1票の議決権を行使する．労金においては，会員はあらかじめ当該会員を代表してその議決権を行使する代議員1人を定めることとされ，会員は代議員によって議決権を行使する．

いずれの協同組織金融機関においても，組合員・会員が一定数を超える組

第 2 章　日本の協同組織金融機関と金融排除　　75

合では，定款によって総会に代わり総代会を置くことを定めることができる．
組合員の選挙によって選ばれた総代が総代会に参加し，意思決定を行うとい
う仕組みである．

　ただし，組合員や総代自身が組合の業務執行にあたることは困難であるた
め，組合員のなかから一定数の理事を選出し，理事によって構成される理事
会に，業務執行に関する意思決定の権限を委ねている．いずれの協同組織金
融機関においても，理事の 3 分の 2 は組合員（准組合員を除く）でなけれ
ばならないとされている．

　このように，協同組織金融機関では，業務の執行に関する意思決定に利用
者でもある組合員・会員が深く関与しているため，組合員・会員のニーズを
業務に反映することができるのである．これは，金融機関として利用者のニ
ーズに沿った商品やサービスを提供しやすいというメリットにつながる．そ
の反面，先に述べたような不採算店舗の統合等について，組合員からの反対
が強く，実施が困難になることもある．

(5)　協同組織金融機関の金融市場における重要性

　表 2-3 には，各協同組織金融機関の組合数，店舗数，組合員数，預貯金，

表 2-3　協同組織金融機関の概要（2016 年 3 月末）

	単協数 （組合）	店舗数 （店）	組合員・ 会員数 （人）	預貯金 （億円）	貸出金 （億円）	1 店舗あたり 預貯金残高 （億円）
信用金庫	265	7,379	9,273,887	1,347,476	673,201	183
信用組合	153	1,695	3,924,341	195,608	102,887	115
労働金庫	13	639	150,227	187,912	119,576	294
農業協同組合	679	8,147	10,357,850	959,187	222,529	118
漁業協同組合	82	231	58,571	7,853	1,544	34
(参考)地方銀行	64	7,491	―	2,474,110	1,844,206	330

注 1)　農協，漁協の組合員数には准組合員を含む．
　　2)　農協の単協数，店舗数，組合員数は 2015 事業年度末データ．
　　3)　地方銀行の店舗数は，出張所を含む国内店舗数．預金，貸出金は国内店．
（出典）　信用金庫統計，全国信用組合主要勘定，労働金庫連合会ウェブサイト，農協残高試算表，漁
　　　　協残高試算表，全国銀行財務諸表分析，地方銀行平成 27 年度決算の概要をもとに筆者作成．

貸出金の残高をまとめた．協同組織金融機関の利用者には，農業者・漁業者や中小企業主，労働者，あるいは地域住民といった規模の小さい取引先が多いが，数多くの利用者に応対するため店舗網が密である．そのため，1店舗あたりの預貯金残高は，地方銀行が330億円であるのに対し，信金183億円，信組115億円，農協118億円，漁協34億円とかなり少ない．労金のみ294億円と他の協同組織金融機関を大きく上回っているが，前述のとおり，労金は労働組合を通じて業務を行うことが多いため店舗数が少ないのである．

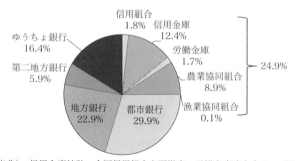

（出典）信用金庫統計，全国信用組合主要勘定，労働金庫連合会ウェブサイト，農協残高試算表，漁協残高試算表，日本銀行「民間金融機関の資産・負債等」，ゆうちょ銀行「貸借対照表」をもとに筆者作成．

図2-1　預金の金融機関別シェア（2016年3月末）

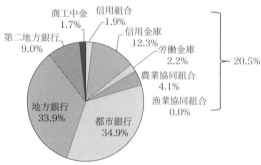

（出典）信用金庫統計，全国信用組合主要勘定，労働金庫連合会ウェブサイト，農協残高試算表，漁協残高試算表，日本銀行「民間金融機関の資産・負債等」，ゆうちょ銀行「貸借対照表」をもとに筆者作成．

図2-2　貸出金の金融機関別シェア（2016年3月末）

第 2 章　日本の協同組織金融機関と金融排除　　　77

　これらの協同組織金融機関が，日本の金融市場においてどれほどのシェア
を占めているかをみたものが次の図である．図 2-1 は，預金における協同
組織金融機関のシェアを示しており，5 業態を合計すると 24.9％を占めて
いる．貸出金については，預金よりもやや低い 20.5％であった（図 2-2）．
いずれについても，法人や地方公共団体との取引を含んだデータであり，協
同組織金融機関の取引先に多い個人のみに絞ったデータでみれば，シェアは
これよりも高くなるとみられる．

3.　金融排除と協同組織金融機関

　金融庁のいう日本型金融排除のみならず，金融機関への物理的なアクセス
や，手ごろな商品やサービスが利用できないといった，より幅広い金融排除
の問題に対して，協同組織金融機関はどのような役割を発揮しているのだろ
うか．この節では，①金融機関の店舗への物理的なアクセス，②企業向けの
融資，③個人向けの融資の 3 つの観点からみていきたい．

(1)　金融機関の店舗へのアクセス

　まず，金融機関の店舗の配置状況からみてみよう．ここで示すデータは，
2015 年 1 月 1 日現在に存在した 1,718 市町村と東京 23 区の合計 1,741 の
自治体における，都市銀行等の大手銀行，地方銀行・第二地銀，協同組織金
融機関（信金，信組，労金，農協）の店舗数である[7]．
　ゆうちょ銀行については，民営化はされたものの，窓口業務を営む郵便局
の設置について，日本郵便株式会社法施行規則（平成 19 年総務省令第 37
号）により，「いずれの市町村（特別区を含む）においても，一以上の郵便

---

　7)　大手銀行は，都市銀行，信託銀行，新生銀行，あおぞら銀行．その他の金融機
　　　関も含め，全てのデータは全国銀行協会「金融機関・店舗情報（15 年 12 月現在）」
　　　に基づく．全国銀行協会のデータには，信漁連の代理店として漁業が運営してい
　　　る店舗データが含まれていないことから，漁協は除外した．

局を設置しなければならないものとする」と定められている．つまり，自ら店舗設置の基準を決定しているわけではないため，ここでの検討には加えない．

図2-3は，1,741の市区町村において，各業態の店舗の配置状況がどのようになっているかをみたものである．地銀・第二地銀と協同組織金融機関の店舗が存在している自治体がもっとも多い1,064で，全体の約6割を占める．地方では，こうしたパターンの金融機関店舗の配置が一般的であると考えられる．次いで多かったのは，大手銀行，地銀・第二地銀，協同組織金融機関のすべての店舗があるというケースで，全体の18.0%を占めた．こうしたケースは，都市部に多いとみられる．次に多かったのは，協同組織金融機関の店舗のみがあるケースであり，307の自治体が該当し全体の17.6%を占めた．このうち，120の市区町村（全体の6.9%）では，農協の店舗しか存在していない．市区町村のうち村は183あるが，このうちの78の村（42.6%）がこうしたケースに該当する．つまり，農村部ほど，ゆうちょ銀行以外の金融機関は農協だけという地域が多いのである．

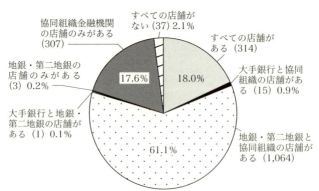

注）1,741の自治体（市町村と東京23区）への都銀，信託銀，新生銀，あおぞら銀，地銀，第二地銀，信金，信組，労金，農協の店舗配置状況．
（出典）全国銀行協会「金融機関・店舗情報（15年12月現在）」に基づき集計した結果から筆者作成．

図2-3　全市町村における金融機関店舗の配置状況

すべての金融機関の店舗がない（2.1％），地銀・第二地銀の店舗のみがある（0.2％），大手銀行と地銀・第二地銀の店舗がある（0.1％）を合計しても2.4％であり，協同組織金融機関の店舗がない自治体はきわめて少ない．

以上のような店舗の配置状況をみると，協同組織金融機関の店舗はほとんどの自治体に存在しており，2割弱の自治体には協同組織金融機関の店舗しか存在しない．とくに，農協は農村部に店舗を多く構えていることから，全体の6.9％の自治体では農協の金融店舗しかないことが分かる．

とはいえ，市町村合併が進んだこともあり，たとえ村のなかに金融機関の店舗があっても，そこから遠くに住んでいてなかなかアクセスできない人がいるケースも増えてきている．こうした事態に対応するため，農協では移動金融店舗の導入が活発化している．移動金融店舗は，金融業務の端末を搭載して地域を巡回し，貯金の受入や払出等のサービスの提供を行うものである．農協独自での導入事例も多いが，2016年度からは信農連や農林中央金庫が農協の導入・運行を支援する動きも始まり，16〜18年度の3カ年で約100台の移動金融店舗を導入する予定である．災害時には，移動金融店舗を被災地域に派遣し，資金の払出等を行うことも想定されている．

他方，まだ少数とみられるが，店舗に行く交通手段を持たない高齢者向けに送迎サービスを始める農協も出てきた[8]．金融商品やサービスへの物理的なアクセスにおいて，さまざまな工夫をこらしながら協同組織金融機関が重要な役割を果たしていることが分かる．

さらに，協同組織金融機関の店舗は，単に金融商品やサービスを提供する場としてだけでなく，人と人とのつながりの場としての機能を発揮していることが多い．

金融機関として「ホスピタリティ」を商標登録している東京の巣鴨信用金庫では，毎月4のつく営業日に，本店の3階を「おもてなし処」として無

---

8) 2016年6月21日付の河北新報では，宮城県の岩沼市農協が2016年7月から70歳以上の高齢者を対象に，自宅と農協本店との間の送迎サービスを開始することを伝えている．

料で開放している．同信金の地元の巣鴨は，4のつく日はとげぬき地蔵尊の縁日で賑わっており，その参拝客等にお茶やせんべいを出し，ゆっくり寛いでもらおうという取り組みである．1992年から始まった「おもてなし処」には，年を追うごとに来場者が増え，同信金ディスクロージャー誌によれば毎回2,000名もの人が来る．人とふれあうことができ，ひと息つける憩いの場としてリピーターが多いのだという．4のつく日のうち，月に1度は，「おたのしみ演芸会」として，落語や講談を楽しむ特別企画も行っている．

また，春と秋の年2回は，地域の取引先企業が食品や健康にかかわる地域の逸品を出展する「すがもビジネスフェア四の市」を開催している．一般に金融機関が行うビジネスフェアは，商品を売りたい企業と買いたい企業をマッチングするものが多いが，同フェアは個人が商品を買うことができるのが特徴である．毎回3,000名を超える来場者で賑わうイベントとなっており，取引先企業が製品等のマーケティングや情報発信を行う機会にもなっている．

一方農協では，支店を核に，組合員や地域の課題に向き合う協同活動に積極的に取り組むことを全国的に進めている．一例として，静岡県の南駿農協を挙げると，同農協では2011年度から「1支店1協同活動」[9]を実施している．これは支店職員が参加して策定する「支店行動計画」に基づき，支店の存在する地域の特色に合わせて，組合員や地域住民を巻き込みながら地域づくりの活動を行うというものである．具体的な活動内容については，同農協のウェブサイトに示されているが，支店の職員が組合員や地域住民とともにひまわり畑や菜の花畑をつくり，花を観賞する会を催したり，組合員等の助けを借りながら児童にサツマイモ等の農産物の作付けなどの農作業体験の機会を提供したりしている．先にみたように，とくに農村部において農協の店舗は金融店舗として重要な位置を占めているが，それに加えて，地域づくり活動の基礎単位としての意味合いを持つこともある．

以上のような事例からは，協同組織金融機関の店舗は，利用者に対して金

---

9) 2017年度より「地域ふれ愛活動」に名称変更．

融商品やサービスへの物理的なアクセスの向上に役立っているのみならず，人と人とのつながりを強めることにも貢献することがあると考えられる．

(2) 企業向けの融資

金融庁「27事務年度　金融レポート」は，人口動態等の変化を前提にすれば，預金を信用力に問題のない先への貸出に向けることから得られる預貸金利鞘では存続に十分な利益を得られない可能性があるため，今後地域金融機関は従来とは異なるビジネスモデルを追求すべきと述べている．追求すべき顧客密着型のビジネスモデルとは，地元の中小企業等の顧客基盤をよく理解することで，担保や保証に頼らず融資サービスを提供し，手厚い支援等により企業との信頼関係を構築し，貸出金利回りの低下を抑えつつ相応の利益を確保するものと示唆されている．

そして金融庁は，金融機関が取引先企業のニーズや課題に応じた融資やソリューションの提供等を行うことにより，取引先企業の成長や地域経済の活性化に貢献できているかなどに着目して金融機関との対話を進めるとしている．そうした点について，客観的に評価できる指標として，55項目から成る「金融仲介機能のベンチマーク」を提示した．

地域金融機関に対し，地域の中小企業向け融資を重視することは，2003年3月の「リレーションシップバンキングの機能強化に関するアクションプログラム」や，2005年3月の「地域密着型金融の機能強化の推進に関するアクションプログラム」により地域密着型金融推進計画を策定・公表することを求められたのと同一線上にある．つまり，中小企業向けの融資を拡大するための方針を繰り返し出さなければならないという現実があることを意味しており，それが冒頭で示した「日本型金融排除」と表現されているのである．

それでは，実際の金融機関の企業向けの貸出は，どのようになっているのだろうか．業態別の貸出先企業の特徴について，家森（2014）は，ある県の信用保証協会が2007年5月から09年6月までに保証承諾を行った貸出

表 2-4　各企業の顧客企業の財務状況

	資本金 (万円)	総資産 (万円)	売上高 (万円)	総資本経常利益率 (%)	流動化率
信用組合	500	5,907	9,145	0.41	1.040
信用金庫	550	6,513	11,693	0.64	1.290
第二地銀	1,000	10,885	18,542	0.71	1.360
地方銀行	1,000	13,177	21,290	0.76	1.340
都市銀行	1,000	22,772	32,217	0.85	1.420

注)　ある県の信用保証協会が 2007 年 5 月から 2009 年 6 月までの期間中に保証承諾をした企業の特徴を中位値によって評価したもの.
(出典)　家森 (2014) 23 頁の表より抜粋.

のデータを用いて評価を行っている[10].　貸出先の企業の中位値を業態別に計算すると,　総資産額は信組が 5,907 万円,　信金が 6,513 万円であるのに対し,　第二地銀は 1 億 885 万円,　地方銀行 1 億 3,177 万円,　都市銀行 2 億 2,772 万円と差がある (表 2-4).　売上高も同様であり,　信組や信金の貸出先は,　規模の小さい企業が多い.　また,　企業の収益力の指標である総資本経常利益率 (ROA) も,　信組がもっとも低く,　信金がそれに次いでいる.　表に示されている流動化率とは,　企業の短期の資金繰りの困難さを示すもので,　値が大きいほど 1 年以内に返済が困難になる可能性が低いことを示すが,　信組の融資先はわずかに 1 を上回る水準であり,　次いで信金が低いという結果であった.　家森によれば,　これらの結果は「信用保証の利用対象企業という比較的同質のサンプルについて比較しても,　金融 5 業態の顧客には大きな違いがある」[11]ことを表している.

　このように,　信組や信金がより条件の厳しい企業に対して融資を行うことができる第 1 の要因としては,　これらの協同組織金融機関は営利が目的ではなく,　相互扶助を主な目的とする金融機関だからだと筆者は考える.　融資

---

10)　同論文では,　保証協会が 2007 年 5 月から 2009 年 6 月までに保証承諾をした貸出のデータであるため,　リーマンショック後,　経済が急激に落ち込んだ時期を含む点と,　そもそもデータが信用保証制度を利用した企業に限定されている点で,　一般化できない要素を含んでいることに留意を促している.

11)　家森 (2014) 22 頁.

先の中小企業は信組や信金の組合員，会員であり，組合員，会員の利益にかなうことが協同組合の存在意義である．一方，株式会社の銀行は，株主の利益を追求するために，中小企業のなかでも貸倒れの可能性が高く，収益の上がらない企業との取引は避けようとすることになる．

とはいえ協同組織金融機関といえども，リスクの高い企業に対して融資を行い，それが貸倒れとなってしまえば，いくら非営利だといっても金融機関としての存続が危うくなってしまう．そのため，協同組織金融機関では，融資先の企業の事業がうまくいくように，有益な情報の提供や，経営についてのアドバイスを積極的に行っている．

一例を，全国信用組合中央協会の「地域密着型金融の取組みについて（平成27年度）」等を参考にみてみたい．新潟県の塩沢信用組合は職員数56人（2017年4月末現在）の小規模な信組であるが，2012年から地元企業の新規事業を支援している．同信組の古くからの取引先で井戸の掘削を行う建設会社が，敷地内で掘り当てた温泉の熱を生かしてマンゴーの栽培に取り組み始めた．これに対して，同信組は農業ハウスの設備資金を融資するだけでなく，理事長以下4人から成る支援チームにより，「ゆきぐに温泉マンゴープロジェクト」として幅広い支援を行っている．具体的には，生産技術の確立からどのような販売体制を構築するかといった戦略づくり，同信組の取引先へのダイレクトメールの送付，番組企画書を作成して地元テレビ局に持ち込むなどの広告宣伝や，人材の確保，投資計画策定に対する支援を行っている．同信組がこうした支援を行うなかで，マンゴーの売り上げは徐々に増加し，順調に収益事業としての道筋を見出している．

また，信金のなかでも2015年度末の預金積金残高が全国で2番目に多い城南信用金庫は，「お客様応援企業」というビジョンを掲げており，2015年6月に本店内に「城南なんでも相談プラザ」を開設した．同プラザは，取引先企業の売上増強や販路拡大，創業・起業，技術開発，事業承継・M＆A，税務・法律等，顧客のさまざまな相談にワンストップで対応するためのものである．企業経営サポート部の役職員と，中小企業診断士等の専門

家チームのメンバー 30 名が，無料で相談に応じている．専門家チームのなかには，製造業の技術や生産管理等に精通した外部の人材もいて，より専門的な観点から企業の課題を解決することに努めている．

　同信金の吉原元理事長は，金融機関は，貸出先がないのであれば自分たちで貸出先をつくればよい．つまり，貸せないような状態の顧客に対しては，経営状態がよくなるように協力して貸せるようにすればよいのだと語る[12]．たとえば，情報の提供，コンサルティング，売り上げの拡大のための営業努力，新製品開発，人材教育，新しい発想のための異業種交流，産学官金連携等により，融資先を発展させることが必要なのだという．

　組合の規模の大小により，融資先の企業に対してコンサルティングを行うための専門的なチームを組む人的余力に差はあるであろうが，塩沢信用組合のような規模の小さい組合であっても，積極的に支援を行っていることが多い[13]．

（3）　手ごろな借入が利用できない人への対応

　企業と同様，個人のなかにも，手ごろな借入が利用できない人が存在している．その最たる例が，多重債務者である．多重債務者とは，複数の業者から借金をしていて，返済が困難になっている人をさす．個人が借入等を行う際には，システムに登録された過去の延滞，代位弁済等の情報をチェックされるため，多重債務者は資金繰りが難しくなると高利の闇金業者からの借入を行ってしまい，さらに状況が悪化するというケースが多い．

　労金では，「サラ金」と呼ばれる消費者金融会社から高利の借入を行った人による自殺や心中などが相次いだことを受けて，早くも 1980 年代にはサ

12）　本研究会では，2016 年 9 月に吉原元理事長から城南信金の取り組みについて講演をしていただいた．

13）　家森（2014）では，企業に対して実施したアンケートにおいて，借入残高 1 位の金融機関からこれまでに受けた有用な助言や情報の内容について質問した結果を示している．信組は 18 の選択肢のうち 9 の選択肢において，有用な助言や情報を受けた金融機関としての選択割合がもっとも高い．

ラ金対策を開始した．こうした対策を行ったのは，サラ金利用者の8割が労働者や家庭の主婦であり，各地の労金の窓口でサラ金に関する相談が増加したことから，労働者福祉運動の一環として対応する必要性を感じたからであった．

1983年に実施したサラ金対策キャンペーン月間には，啓蒙を主とする予防活動，相談活動，被害者救済活動などを実施した．船後（1986）によれば，キャンペーン月間中の4か月に電話相談をしてきた者のうち87.8％は労働組合加入者以外の労働者であった．また，サラ金からの借換えのための資金の融資件数は3,453件，融資総額は約113億円となった[14]．労働者福祉中央協議会（中央労福協）は，労金からの提起により，大蔵大臣への業者規制の強化，金利引下げ，公的相談機関の設置促進等を内容とする申し入れも行っている．

こうした取り組みがあっても国内の多重債務問題は解決せず，全国信用情報センター連合会（現日本信用情報機構）によれば，5件以上無担保無保証借入の残高がある人の数は，2007年3月には171万人に達した（金融庁，消費者庁，内閣府（自殺対策推進室）2016）．こうした問題を解決し貸金業務を適正化することを目的に，消費者金融などの貸金業者の業務等について定める貸金業法の改正が07年1月から段階的に行われた（10年6月に完全施行）．具体的には，多重債務の原因となる高金利の是正や，借りすぎ防止のため，年収の3分の1を超える借入を禁止する総量規制の導入等が行われた．

こうした動きと軌を一にして，労金では，生活応援運動の一環として2007年から多重債務者の救済に取り組んでいる．それまでも各地の労金では，生活応援運動として独自の取り組みを行っていたが，07年10月からは，全国共通で『多重債務対策特別強化月間』を設定している．さらに，09年度からは，①返済計画見直し特別相談会の開催，②就職安定資金融資制度，

14）　船後（1986）34頁．

③高金利からの借換え～第 2 次気づきキャンペーンの 3 本柱を重点課題と
している.

4. 金融排除防止への貢献と今後の課題

ここまで, 協同組織金融機関の組合員・会員の特徴や, それらが日本国内
の預金, 貸出金において一定のシェアを有していることをみてきた. また,
国内のゆうちょ銀行を除く民間金融機関の店舗網の状況をみると, 2 割弱の
自治体には協同組織金融機関の店舗しか存在していない. さらに, 協同組織
金融機関は, より小規模で経営状況が厳しい企業や, 多重債務を抱えている
人に対して, 相談や指導も含め積極的に対応をしていることがわかった.

そしてこれらの取り組みに共通しているのは, 協同組織金融機関は, 単に
商品やサービスを提供するだけでなく, 人と人とのつながりを重視し, その
なかで困難に直面している人や企業がいれば支援する, という相互扶助の精
神に根差した業務を行っていることである. 本章で取り上げた, ①金融機関
の店舗への物理的なアクセス, ②企業向けの融資, ③個人向けの融資の 3
つの観点において, 協同組織金融機関は人々に寄り添いながら金融排除の防
止に大きな役割を果たしていることがわかる. しかし, 金融をめぐる環境は
常に変化していることを踏まえると, 今後いくつかの課題が生じてくること
が想定される.

堀江 (2015) は, 人口減少が金融機関の営業基盤に与える影響を推計し
ている. 国立社会保障・人口問題研究所の「日本の地域別将来推計人口 (平
成 25 (2013) 年 3 月推計)」に基づき, 2040 年の金融機関の営業区域内の
人口を業態別に推計したところ, 農協管内の人口変化率が-25.4％ともっと
も大きく, 次いで郵便局-24.1％, 信組-19.8％, 信金-18.5％, 労金-15.5％,
地銀-12.4％, 第二地銀-12.2％, 都銀-7.6％という結果となった[15]. とく

---

15) 堀江 (2015) 267-270 頁.

に農村部では都市部よりも人口減少がより早く進展すると予想され，それに
ともない協同組織金融機関でも店舗網を維持することが難しくなり，店舗へ
の物理的なアクセスが困難になる地域が増えることが懸念される．

　他方，中小企業向けの貸出について，先にみたとおり協同組織金融機関で
は，取引先の経営状態を発展させるような支援を行うことによって，取引先
が借入金を滞りなく返済できるように努めているケースが多い．しかし，そ
うした状況があるにもかかわらず，金融庁の「平成28事務年度　金融行政
方針」では日本型金融排除があると指摘されている．実際，金融機関の預金
残高に対する貸出金の残高，つまり預貸率は長期的に低下する傾向にある．
2000年度末と15年度末の預貸率を業態別にみると，都銀は100.6％から
57.3％へ，地銀76.0％から74.4％，第二地銀82.0％から75.8％，信金
63.8％から50.0％，信組は74.0％から52.6％，農協29.8％から21.5％へ
と低下しており，協同組織金融機関も例外ではない[16]．

　その背景には，経済が停滞するなかで企業の資金需要が縮小してきている
こともあるが，金融庁がルール重視の事後チェック型行政の方針をとり，厳
格な個別資産査定や法令遵守状況の確認を中心とする検査・監督を行ってい
たことも影響していたとみられる．こうした検査・監督に対応するため，金
融機関は，借り手の事業内容よりも担保・保証の有無や，将来の経営の持続
可能性よりも過去の経営の結果であるバランスシートの健全性を重視せざる
を得なくなっていた．

　こうした課題に対し，金融庁は前述の「金融行政方針」のなかで，従来の
ような検査・監督手法の見直しを検討することを表明している．今後は，良
質な金融サービスの提供，将来に向けたビジネスモデルの持続可能性，真に
重要な問題への対応ができているかを重視することを金融庁の検査・監督の
基本的な考え方として検討するとしている．このような方針が実現されれば，
金融機関がより柔軟に中小企業向け貸出を行う環境が整うことが期待される

---

　16)　全国労働金庫経営分析表によれば，労金の預貸率は2000年度末63.3％，
　　　2015年度末63.6％であり，ほとんど変化していない．

一方で，金融庁の新しい方針に対応している姿勢をみせるため，地銀や第二地銀が協同組織金融機関の融資先である比較的優良な中小企業の融資を獲得しようとして競争が激化する可能性も考えられる．

すでに，2014年4月の日本銀行「金融システムレポート」では，地方銀行や第二地方銀行の多くは，貸出の量を確保・拡大するため，本拠地以外での貸出を増加させる動きを進めているが，進出を受ける側の金融機関は優良な貸出先のシェアが低下することにともない，信用リスクが高まる可能性があることを指摘している．正常先債権比率などでみると，進出を受ける側の信金の貸出資産内容は，他の業態に比べ改善が遅れている姿がうかがわれるとしている．このことからは，地域内での中小企業向けの投融資に注目が集まるようになれば，協同組織金融機関の優良取引先を地銀や第二地銀に奪われる恐れもあると考えられる．

さらに，日本国内において生活保護受給者が増加するなど，多重債務を抱えているわけではないが借入を行うことが困難な状況にある人が増えてきているといった問題がある．こうした生活困窮者への対応については，第3章で検討するが，ここでは何か問題が生じれば生活困窮に陥る可能性がある，金融資産を全くもたない層が近年急増していることを指摘しておきたい．

金融広報中央委員会が実施する「家計の金融行動に関する世論調査［二人以上世帯］」によれば，運用のため，または将来に備えて蓄えている金融資産を保有しない世帯の割合は，2007年の20.6%から16年には30.9%に上昇した．年齢層により割合には差があり，とくに20歳代は16年に45.3%と高い水準となった．資金循環統計によれば，株価の影響で家計の保有する金融資産残高は時期によって増減することはあるものの，長期的にみれば増加傾向であるなかで，金融資産を保有する層と保有しない層の二分化が進展しているとみられる．

協同組織金融機関ではかつて，組合員や会員の資産形成のため，少しずつでも貯蓄をする習慣を身につけるよう，貯金箱の配布や，貯蓄奨励のための運動を積極的に行っていた．現在再び金融資産の保有状況に格差が生じてい

ることを勘案すると，協同組織金融機関はいま一度若い世代に向けて貯蓄奨励運動を展開していく必要があるのではないだろうか．

参考文献・資料

明田作（2010）『農業協同組合法』経済法令．

明田作（2012）「協同組合法の系譜と将来展望」『農林金融』2012年2月号．

大川内篤（2011）「改正貸金業法の完全施行をめぐる論点―多重債務問題と消費者金融業界の現状と課題」『調査と情報―ISSUE BRIEF NUMBER―』699（2011.2.10.）．

小原鐵五郎監修，柏木栄江・野本敬市監修（1986）『信用金庫読本〈第5版〉』きんざい．

金融広報中央委員会（2016）「家計の金融行動に関する世論調査［二人以上世帯］」．

金融庁（2016）「平成27事務年度　金融レポート」．

金融庁（2016）「平成28事務年度　金融行政方針」．

巣鴨信用金庫創合企画部（2007）『ホスピタリティ　CS向上をめざす巣鴨信用金庫の挑戦』．

中小企業庁編（2016）『中小企業白書　未来を拓く　稼ぐ力』．

筒井義郎・植村修一編（2007）『リレーションシップバンキングと地域金融』日本経済新聞出版社．

日本銀行（2014）「金融システムレポート」2014年4月．

野田博也（2012）「金融排除の概念」『愛知県立大学教育福祉学部論集』第61号．

船後正道監修，近藤進編（1986）『労働金庫読本』きんざい．

堀江康熙（2015）『日本の地域金融機関経営　営業地盤変化への対応』勁草書房．

松岡公明，小林元，西井賢悟（2013）『支店協同活動で元気なJAづくり』．

三村聡（2013）「岡山の地で生まれた労働金庫（1）」『岡山大学経済学会雑誌』第45巻3号．

三村聡（2014a）「岡山の地で生まれた労働金庫（2）」『岡山大学経済学会雑誌』第45巻4号．

三村聡（2014b）『労働金庫―勤労者自主福祉金融の歴史・理念・未来』きんざい．

村本孜（2015）『信用金庫論―制度論としての整理』きんざい．

家森信善（2014）「信用組合の協同組合性と金融機関性について」『神戸大学経済経営研究所ディスカッションペーパーシリーズ』．

European Commission（2008）*FINANCIAL SERVICES PROVISION AND PREVENTION OF FINANCIAL EXCLUSION.*

巣鴨信用金庫ウェブサイト（http://www.sugamo.co.jp/）（2017年6月8日最終アクセス）

南駿農業協同組合ウェブサイト（http://www.ja-nansun.or.jp/）（2017年6月8日最終アクセス）

全国労働金庫協会ウェブサイト（http://all.rokin.or.jp/）（2017 年 6 月 8 日最終アクセス）

金融庁，消費者庁，内閣府（自殺対策推進室）(2016)「多重債務問題をめぐる現状について（関連指標）」多重債務問題及び消費者向け金融等に関する懇談会（第7回）配布資料.

全国信用組合中央協会「地域密着型金融の取組みについて（平成 27 年度）」52 頁.

農林中央金庫プレスリリース（2016)「ＪＡバンク自己改革における移動店舗の全国での導入について〜移動店舗の巡回による，地域の皆さまへの金融サービスの提供を通じ，地域に貢献〜」.

第3章
協同組合による生活困窮者支援

1. はじめに

　前章では，協同組織金融機関が金融排除の防止にどのような役割を果たしているかをみた．協同組織金融機関はもともと，一般の金融機関からサービスを受けることが難しかった人々が自らの金融機関を設立したのが始まりであり，その後も多重債務など社会環境の変化により新たに生じる組合員・会員のニーズに積極的に対応していることがわかった．

　国内では経済が停滞した状況が長引き，さらに少子高齢化の進展といった社会構造の変化のなかで，生活に困窮する人が増加するという問題が生じている．本章では，これに対して生協や協同組織金融機関といった協同組合がどのような対応を行っているか，国外での同様の動きも踏まえながらまとめてみたい．そして最後に，そうした動きは協同組合にとってどのような意味を持つのか，筆者なりの考えを述べてみたい．

2. 生活困窮者をめぐる状況

(1) 生活保護世帯の増加

　日本の生活保護受給世帯数は，増加の一途をたどっている．受給世帯の数は 1990 年度には 1 か月平均で 62.4 万世帯だったが，2005 年度には 100 万世帯を突破し，15 年 4 月には 161.3 万世帯となった（表 3-1）．

　生活保護受給世帯の構成比をみると，高齢化の進展につれ高齢者世帯の比率も高まっている．また，高齢者世帯，母子世帯，疾病・障害者世帯のどれにも該当しない，その他の世帯の構成比の上昇が著しい．その他の世帯は 20〜64 歳の就労も想定される稼働年齢層に該当するが，そうした世帯の受給が増えたのは，リーマンショックが雇用情勢に深刻な打撃を与えたことが主な要因と考えられる．

　後述するように生活困窮者には，生活保護受給に至る前段階の人も含むため，実際には表に示すよりも多くの人が生活困窮者に該当するであろう．

表 3-1　世帯類型別の保護世帯数と構成割合の推移

(単位：世帯，%)

	被保護世帯数		構成比	
	2007 年度	2015 年 4 月	2007 年度	2015 年 4 月
全体	1,102,945	1,613,400	100.0	100.0
高齢者世帯	497,665	792,209	45.1	49.1
母子世帯	92,910	104,241	8.4	6.5
疾病・障害者世帯	401,087	442,006	36.4	27.4
その他の世帯	111,282	274,944	10.1	17.0

注）「高齢者世帯」は，男女とも 65 歳以上の者のみで構成されている世帯か，これらに 18 歳未満の者が加わった世帯．母子世帯は，現に配偶者がいない 65 歳未満．障害者世帯は，世帯主が障害者・知的障害者等の心身上の障害のため働けない世帯．疾病者世帯は，世帯主が入院（介護老人保健施設入所を含む）しているが，在宅患者加算を受けている世帯，もしくは世帯主が疾病のため働けない世帯．その他の世帯は，それ以外の世帯．

(出典)　厚生労働省（2015）.

（2） 生活困窮者自立支援法の制定

生活保護受給者の増加を受け，生活保護に至る前の自立支援策の強化を図るとともに，生活保護から脱却した人が再び生活保護に頼ることのないようにすることが必要だとの認識が強まった．そこで，生活困窮者対策および生活保護制度の見直しを一体的に検討するため，2012 年 4 月に厚生労働省の社会保障審議会に「生活困窮者の生活支援の在り方に関する特別部会」が設置された．同部会は，12 回にわたる審議を経て 13 年 1 月に「社会保障審議会　生活困窮者の生活支援の在り方に関する特別部会報告書」を刊行した．

報告書には，新たな生活支援には生活困窮者が抱える複合的な問題に対応できる相談支援体制を整備することや，家計相談とセットになった貸付の導入等が盛り込まれ，これを踏まえて，生活保護法の一部改正法案と生活困窮者自立支援法案が 2013 年 12 月に成立した．同法は，15 年 4 月から施行されている．

法律の名称にも使われている「生活困窮者」がどのような人をさすのかについて，同法第 2 条第 1 項は「現に経済的に困窮し，最低限度の生活を維持することができなくなるおそれのある者」としている．また，2015 年 7月に厚生労働省が出した「生活困窮者自立支援制度について」という資料では，制度の対象を「現在生活保護を受給していないが，生活保護に至る可能性のある者で，自立が見込まれる者」としている．同時に参考として，非正規労働者や年収 200 万円以下の給与所得者，ニート（若年無業者）が増加していることを示しており，こうした層を念頭に置いている様子がうかがわれる．さらに，同資料の「対象者の考え方について」という項目では，「地域から孤立したままでは，課題の解決は困難となると考えられる」と記され，経済的な困窮状態だけでなく，社会的な孤立状態も問題として想定されていることがわかる．

この点について，奥田ほか（2014）は「経済的困窮と社会的孤立は，どちらかがどちらかを一方的に規定するといったものではなく，相互に関連しながら生活困窮状態を生み出している，と考えられる」[1]と述べている．

(3) 生活困窮者自立支援法に基づく事業

　生活困窮者自立支援法においては，福祉事務所設置自治体は，自立相談支援事業，住宅確保給付金の支給を行うことが必須とされている（表3-2）．自治体が任意に実施を決める事業としては，就労準備支援事業，一時生活支援事業，家計相談支援事業，学習支援事業がある．それ以外に，民間事業者が自主的な事業として生活困窮者就労訓練事業を行う場合，都道府県は事業者の申請を受け，それが一定の基準に該当するものであることを認定する．

　自立相談支援事業と家計相談支援事業の両方を行う自治体では，自立相談支援機関が相談を受けた場合，就労なども含めた総合的な対応を行うなかで継続的な家計相談支援が必要と判断すると，その利用を盛り込んだプランを作成する．他方，家計相談支援機関が直接相談を受けた場合も，原則として

表3-2　生活困窮者自立支援法における主な事業

事業名	位置づけ	事業の内容	実施主体
自立相談支援事業	自治体の必須事業	就労その他の自立に関する相談支援，事業利用のためのプラン作成	福祉事務所設置自治体（ただし，自治体直営の他，社会福祉協議会，社会福祉法人，NPO等への委託も可）
住宅確保給付金の支給		離職により住宅を失った生活困窮者等に対し，家賃相当の住居確保給付金（有期）を支給	
就労準備支援事業	自治体の任意事業	就労に必要な訓練を日常生活自立，社会生活自立段階から有期で実施	
一時生活支援事業		住居のない生活困窮者等に対して，一定期間宿泊場所や衣食を提供	
家計相談支援事業		家計に関する相談，家計管理に関する指導，貸付のあっせん等	
学習支援事業		生活困窮家庭の子どもへの学習支援	
生活困窮者就労訓練事業	民間事業者の自主事業	事業者が，生活困窮者に対し，就労の機会の提供を行うとともに，就労に必要な訓練等を行う事業を実施する場合，その申請に基づき一定の基準に該当する事業であることを都道府県知事，政令市長，中核市長が認定	民間事業者

（出典）厚生労働省（2015）を参考に筆者作成．

---

　　1)　奥田ほか（2014）17頁．

自立相談支援機関につないで生活全般にわたる課題の評価や分析を行い，その他の支援の必要性を検討することとなっている．従来は生活保護の受給に至る前の段階で支援につなぐ仕組みが欠如し，各分野の支援がばらばらに行われていたという課題を踏まえ，生活保護に至る前の包括的な支援体系を創設するというのが同法の主眼である．

　ここで，次節で紹介する協同組合の取り組みと深く関連する家計相談支援事業について，少し詳しくみておきたい．厚生労働省「家計相談支援事業の基本的な考え方」によれば，同事業は，家計に問題を抱える生活困窮者からの相談に応じ，相談者とともに家計の状況を明らかにして生活の再生に向けた意欲を引き出す．そのうえで，家計の視点から必要な情報提供や専門的な助言・指導等を行うことにより，相談者自身の家計を管理する力を高め，早期に生活を再生することを支援する取り組みのことを指す．主な支援内容としては，家計収支表の作成や出納管理といった家計管理に関する支援や，家賃や税金等の滞納解消・各種給付金制度の利用に向けた支援，債務整理に関する支援，貸付のあっせんなどが想定されている．

　貸付のあっせんも含めた相談事業を実施する背景として，前述の社会保障審議会の報告書では，生活困窮者に対する公的貸付の枠組みが十分でないこと，消費生活協同組合等の取り組みが効果を上げていることの2点を挙げている．つまり，市町村民税非課税の人向けには，社会福祉協議会が生活福祉資金貸付を行っているが，借入を行う世帯への相談支援体制が十分に整備されておらず，家計の再建に役立っていない，あるいは償還率が低いという問題があった．また，市町村民税が課税される人のなかにも，多重債務や過剰債務等により一般の金融機関からの借入ができず闇金融に手を出したりする人がいるが，こうした人に対する公的な貸付の枠組みは十分ではない．貸付のあっせんも含めた家計相談支援があれば生活を立て直せる世帯を放置せず，生活保護受給に至る前の段階で適切に対応することにより，生活保護受給世帯の増加に歯止めをかけることが期待されているのである．

　もう1つの消費生活協同組合等の取り組みが効果を上げているという点

については，次の節で詳しくみることとする．

3. 協同組合による生活困窮者支援

　この節ではまず，協同組合の取り組みを参考にして導入された家計相談支援の分野において，協同組合がどのような支援を行っているのかについてみていきたい．あわせて，就労支援や食料品の提供支援といった分野での協同組合の取り組みについても紹介する．

(1) 協同組合による家計相談支援と貸付

　生活困窮者自立支援法における各事業の実施にあたっては，モデル事業の効果や課題を十分に踏まえることが必要だとされ，2012 年度に生活困窮者支援プロセス，就労支援，家計相談支援，困窮した子ども・若者支援，地域サービス整備の分野でモデル事業に関する調査研究が行われた．家計相談支援についてもモデル事業に関する調査・研究のテーマの 1 つとなり，その研究会[2] の場で参考にされたのが，以下で紹介する消費者信用生活協同組合やグリーンコープの経験であった．

消費者信用生活協同組合

　消費者信用生活協同組合（以下，信用生協という）は，1969 年に相互扶助の理念を生かして，生活資金の貸付を行う生協として岩手県で設立された．中小企業，商店等の勤労者や一般消費者にとって市中の金融機関は縁遠い存在であり，小口高金利業者に依存せざるを得ない現状を変え，くらしの向上

---

2)　家計再建ローン研究会は，日本総合研究所が事務局を務め，グリーンコープ，信用金庫，信用組合，労働金庫，日本生活協同組合連合会，日本弁護士連合会からの参加者や研究者によって構成され，筆者も参加した．同総研は，「家計再建ローン研究会」での議論と，同総研の行った調査と参考に「我が国におけるマイクロファイナンス制度構築の可能性及び実践の在り方に関する調査・研究事業」をとりまとめている．

をめざすことが設立の目的であった．生協というと，消費者が食品等を共同購入するための協同組合というイメージがあるが，生協法上の「組合員の生活の共済を図る事業」として貸付の実施が可能であり，信用生協は債務についての相談や生活資金の貸付等を行う生協として設立された．当初は岩手県消費者信用生活協同組合という名称であったが，その後青森県にも相談事務所を設置し，2010年に現在の名称となった．

　1980年代前半には，信用生協はサラ金問題に対する啓発活動や相談会を，県内の自治体と提携して行っていた．87年に宮古市で被害者約230名，総額3億円にのぼる名義貸し事件が発生すると，その被害者救済のために自治体や地元金融機関と連携して緊急融資を行った．その枠組みをもとに，89年から弁護士会，自治体，地元金融機関と連携した消費者救済資金貸付制度が始まった．

　現在，岩手県内の34市町村と青森県，青森県内の40市町村と提携し，これら自治体が地元の金融機関に資金を預託すると，信用生協は預託金の4倍の協調融資を受ける．この資金を原資に，信用生協は借入希望者に対して貸付を行うという仕組みをとる（図3-1）．貸付の対象は，多重債務問題を抱え生活に支障をきたしているが債務を一本化することにより生活を立て直せる人であり，貸付金額は500万円以内，連帯保証人1人以上，期間は最長10年である．金利は変動金利であり，2017年5月25日現在年9.10％（県外居住者または，県内に勤務地がある人の場合10.95％）である．借入にあたっては信用生協への組合員加入が必要となる．

　図3-1からも読み取れるように，信用生協では単に貸付を行うだけではなく，生活再建ができるよう適切なアドバイスをし，具体的な解決策について相談に乗る．そして提携する弁護士や司法書士が債務整理や業者との交渉まで行うのが特徴である．また，病気や失業，ギャンブル依存症など債務整理だけでは債務の原因が解消できない場合は，関係機関との連携により解決まで支援を行う．

　自治体との提携による貸付以外にも，組合員からの出資等組合の資金を原

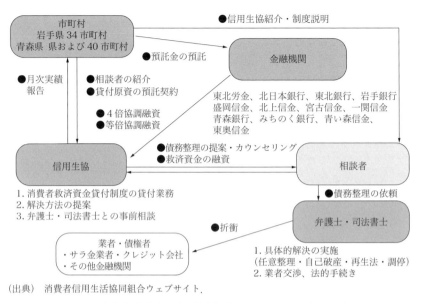

(出典) 消費者信用生活協同組合ウェブサイト.

図 3-1 消費者救済資金貸付制度（スイッチローン）の仕組み

資とする，冠婚葬祭，医療など生活改善向けのサポートローンや，教育ローンなどの商品も提供している．

　信用生協のウェブサイトによれば，「生協の貸付は手段であり，目的は生活の改善と向上であることから，貸付は家計の改善が見込まれる場合にのみ行い，個人への貸付ではなく家計への貸付を原則とし」ている．5か所の相談事務所で相談員が家計の改善や債務の返済についての相談に乗っており，面談での相談は年間約 2,500 件にのぼる．相談員が貸付では家計が改善されないと判断した場合は，他のセーフティネット貸付機関を紹介したり貸付以外の解決方法を提示したりしている．

　2012 年 7 月の「信用生協報告資料」によれば，貸金業法の改正やリーマンショック以降の景気低迷により，債務の相談が減少する一方で，くらしや生活資金に関する相談が増え，貸付の内容も生活資金向けが債務整理を上回るようになったとのことである．

第3章　協同組合による生活困窮者支援　　　99

信用生協の長年にわたる取り組みは，後述するようにグリーンコープが事業を始める際に参考にしている．

協同組織金融機関の取り組み

協同組織金融機関においては，労金が1980年代からサラ金問題など多重債務の問題に取り組んできたことを前章で述べたが，信金や信組のなかにも，多重債務者への相談や貸付に取り組んでいるところがある（表3-3）．

ここでは，こうした事例としてあまり取り上げられることがない，農協における多重債務者への対応について触れてみたい．

山形県の山形市農協では，2000年度から本格的に多重債務問題への対応を始めたが，そのきっかけは1993年頃に当時同農協の支店次長だった佐藤氏が，自動車ローンの返済が遅れた人と面談をしたことであった．次長は利用者から話を聞くなかで，農協の他にもクレジットカードのキャッシングやサラ金からの借入があることを把握したが，それらの債務を弁済するための貸付を農協が行うには至らなかった（佐藤2009）．しかし，農協から山形県労金（現東北労金）を紹介し，その利用者は労金から借入を受けることができた．

これをきっかけに，次長は労金から多重債務者の債務整理の手法を学び，徐々に農協でも貸付も含めて多重債務者の相談対応に取り組むようになった．多い時には家族も含めて20回以上の面談を重ね，多重債務に至った直接的・間接的な原因の確認，家計簿の作成，家計収支の見直しを行い，家族全

表3-3 家計再生支援に取り組む協同組織金融機関の例

種類	機関名
信用金庫	多摩，但陽，三条，尾西，遠賀，一関，伊達，奄美大島，南郷
信用組合	都留，いわき，飛騨，両備，笠岡，秋田県，長崎県民，北郡，青和，七島，塩沢，仙北，岡山商銀
労働金庫	全13金庫

（出典）日本総研（2013）79頁．

員で生活の立て直しに取り組んでもらうよう促している．任意整理となり貸付が必要な場合には，さらにきめ細かく生活の状況を確認して，生活の改善や再生を手助けしている．多重債務に至る要因として，当初はパチンコ等の遊興によるケースが多かったが，近年では教育費用に端を発するものが増えてきているとのことである．

その後2008年度には同農協の信用事業方針に，政府の多重債務問題改善プログラムに基づく相談業務に積極的に取り組むことを独自に盛り込んだ．同年には，労金のパンフレットの使用許可を得て，山形市農協版の多重債務者向けパンフレット「借金の解決は，必ずできます」も作成した．こうした取り組みもあり，同年度は年間の貸出件数が過去最多の23件となった．山形市農協における16年度末までの累計貸出件数は100件，貸出総額は4.5億円である[3]．

なお，山形市農協の住宅ローンのパンフレットの表紙には「本当は，ローンで家を建てることをすすめたくありません」と書かれている．これは，組合員や利用者の生活を守るという観点から，なるべく借入を減らし生活のゆとりをもってもらいたいとの意識の表れである．そのため，住宅ローンを貸し付ける際にも，人生設計を描いたうえで家を建てようとしているかを確認し，建物をシンプルかつコンパクトにしてコストを削減し，借入金額をなるべく少なくするようアドバイスをしている．多重債務者への対応は，利用者の生活全般に寄り添いサポートするという山形市農協の姿勢を象徴するものであると考えられる．

グリーンコープの生活再生事業

グリーンコープは，九州・中国・関西地方の14県に展開しているが，このうち福岡，熊本，大分，山口，長崎の5県で生活再生事業を行っている．生活再生事業は生活再生相談，生活再生貸付，金銭教育，悪徳商法の啓発等

3）　データは山形市農協提供．

の消費生活支援の4つからなり，相談や貸付に対応するため生活再生相談室を開設している．生活再生貸付には，①多重債務整理中で，債務整理では解決できない税金等の支払いのための滞納生活費支払貸付，②少額で法的整理による圧縮効果が期待できない債務の弁済のための貸付，③個人信用機関情報に事故履歴があり一般の銀行から借入ができない人への生活自立支援貸付，④債務はないが緊急の生活資金が必要な人への一時的生活資金貸付の4つがある．

　生活再生事業を行うようになったのは，1999年にホームレスの支援を行うNPO法人北九州ホームレス支援機構[4]から，ホームレス発生の一因として多重債務問題があることを学んだことがきっかけだという．そして，生協組合員にも商品代金の支払いが滞る人が存在し，職員にもサラ金利用経験者がいること等を把握し，多重債務やホームレス問題は自己責任だけでなく社会的な問題だという認識が生まれた．2004年からグリーンコープ生活協同組合ふくおか（以下，グリーンコープふくおか）で事業についての検討を始めたが，事業を始めるにあたっては，日本全体や福岡県の状況の調査，厚生労働省や県への相談，こうした事業に先行して取り組んでいる岩手県消費者信用生協（当時）からの助言を受けるなど，きめ細かい準備をしたうえで組合員との討議を行った．

　こうした過程を経て2006年8月からグリーンコープふくおかで事業が始まった．福岡県においては08年度から県との協働事業となったため，相談室が1か所から4か所に増え，組合員だけでなく組合員以外からの相談や貸付にも対応できるようになった．なお，08年度から事業を開始したグリーンコープくまもと，おおいたでも，翌年度からは熊本県，大分県との協働事業となっている．

　筆者らは，2016年10月にグリーンコープふくおかを訪問する機会を得たので，聞き取り調査の内容も踏まえて紹介したい[5]．

---

　4)　NPO法人北九州ホームレス支援機構は，2014年7月にNPO法人抱樸と名称変更した．

グリーンコープの生活再生相談室

訪問先の1つである福岡市の生活再生相談室(写真)は,博多駅からも近いビルの1室にある.ここに相談に来る人のほとんどは,電話でアポイントをとって訪れる.面談は個室で行い,相談カードに家族の状況や,相談したい内容,さらに債務がある人にはその一覧表も記載してもらう.家計収支表やライフイベント表も作成するが,家計管理をきちんとしていない人には,スーパーに1度行くといくらぐらい買物をするか,月に何回買物に行くか等を聞いて,おおまかに算出する.相談員がさまざまな情報を聞き出しながらキャッシュフロー表をつくり,削減できる支出項目を探して必要な支出額を見極めた後,それを払える収入をどう確保するかを相談する.この時,数字を用いてしっかり現状を把握したうえで,見通しを立てることが重要である.

こうした相談のなかで,貸付が必要だと判断した人については,貸付前に必ず家庭を訪問することにしているという.貸付後は返済が滞っていなくても欠かさず連絡するようにしており,なかでも問題が生じそうな人には給料日や児童扶養手当の支給日に必ず連絡を入れるようにしている.返済が遅れている人に対してはさらに手厚くフォローし,何らかの変化があった時には家計収支表やキャッシュフロー表をもう1度つくり直すようにしている.こうしたきめ細かい対応をしているため,貸出金が貸倒れに至る比率は1%

---

5) 2016年10月21日,22日にグリーンコープふくおかの唐人町キープステーション,福岡西支部,姪浜店,抱樸館福岡,ファイバーリサイクルセンター,青果リパックセンター,福岡県自立相談支援事務所,福岡生活再生相談窓口を訪問した.

以下という非常に低い水準だという.

　グリーンコープふくおかで事業を開始した 2006 年から 15 年度までの累計の実績は，電話を受けた件数が 2 万 710 件，そのうち家族も含めた面談に至ったのが 1 万 1,526 件であった．相談に乗った案件のうち 10.4 ％は面談だけで解決，32.7 ％は法律の専門家が相談対応，4.6 ％は他団体を紹介，33.0 ％は家族での話し合いを継続中，19.3 ％が未解決で終了となっている．また，貸付を希望した 7,506 件のうち，実際に貸付を実行したのは 1,379 件で，18.4 ％に対応している．累積の貸付金額は 8 億 321 万円であり，1 件あたりの貸付金額は 58 万円であった[6].

　相談に来る人の 8 割は多重債務の問題を抱えているが，借金の理由として生活費・教育費・税金・医療が占める割合が徐々に上昇している．債務整理で借金を片付けても，生活費の支払いに困り解決できない人が残るため，家計をトータルに見直し，親の介護や子どものひきこもりなど困窮に陥った要因の解決に取り組むことが重要になる.

　現状，訪問した福岡市の生活再生相談室への相談件数は，減少傾向にあるという．これは，生活困窮者自立支援法の施行により自治体が必須事業として自立相談支援事業を始めたため，そちらの相談事務所に行く人が増えたことによると考えられる．そのため，この相談室では，主に貸付が必要になるケースに対応しているとのことである.

　なお，自立相談支援事業や家計相談支援事業は，福祉事務所設置自治体が実施することとなっているが，社会福祉協議会等の団体に委託することも可能であり，グリーンコープは各県において自治体から事業を受託している．こうした受託事業では，グリーンコープの組合員に限らず，該当する自治体の居住者であれば誰でも相談や貸付を利用することが可能である.

　筆者らは，福岡県筑紫郡・糟屋郡からグリーンコープふくおかが業務を受託し開設している自立相談支援事務所も訪問した．この事務所では，必須事

---

　6)　データは行岡（2016）4 頁による.

業である自立相談支援事業と任意事業である家計相談支援事業とあわせて，福岡県が実施する子ども支援オフィスの業務も受託して実施している．3つの事業をあわせて行うことにより，家計に関する相談だけでなく，子どもの不登校や虐待，仕事の問題など，生活全般の困りごとに対する相談に対応している．

相談員には，40歳代から50歳代の実務経験者を配置しており，相談に来られない人を訪問したり，病院や弁護士事務所などに同行したりもしている．また，家計の相談に乗るなかで食べるにも事欠くような事情がわかった場合には，食料品の支給も行っている．グリーンコープでは，組合員に対して家庭で眠っている缶詰やいただきものの食品などを寄付してもらうよう呼びかけており，そうした食料品を食べ物に困っている人に提供している．

(2) グリーンコープにおけるホームレス支援，就労支援

グリーンコープは家計相談支援や貸付だけでなく，ホームレスへの支援や就労訓練など幅広く生活困窮者支援を行っており，図3-2はその全体像を示している．

グリーンコープでは，1994年に地域福祉のために組合員が月に100円を拠出する福祉活動組合員基金を創設した．その一部を，地域福祉に取り組む団体に助成する活動のなかで，北九州市でホームレス支援活動を行うNPO法人北九州ホームレス支援機構（現NPO法人抱樸）とのつきあいが始まった．同NPOからホームレス発生の一因が多重債務問題だということを学んだことが，グリーンコープが生活再生事業に取り組むきっかけとなったのは先に述べたとおりである．

さまざまな取り組みを行うにつれ，生活困窮者にとって住居は重要な問題だとの認識が生まれ，2010年に同NPOと協力して，福岡市東区多の津に建設したのが「抱樸館福岡」（以下，抱樸館）である．ホームレスが居住するということで，建設地探しは難航したが，多の津では地域住民の協力を受けることができた．運営は社会福祉法人グリーンコープが行い，NPO法人

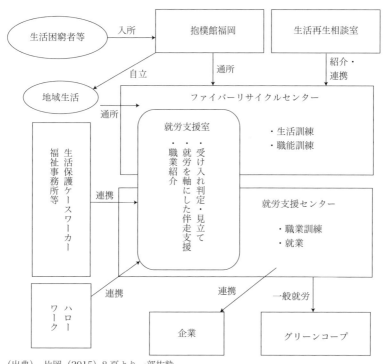

(出典) 片岡 (2015) 8 頁より一部抜粋.

図 3-2 グリーンコープの生活・職能・職業訓練と就労支援の全体像

抱樸が運営に協力している.

　抱樸館には 81 の居室(個室)があり,基本的な入居期間は 6 か月である.実際には,それより長く入居する人も短い人もいる.行政や本人からの相談を受け,複数回の面談を重ね,自立の意思等を確認したうえで入居に至る.入居者は朝食の後,皆で館内の清掃や,自由参加で地域の清掃を行ったりしている.入居中に職員と面談を重ね,抱樸館を出た後にどのようにくらしていくかを相談する.それに基づき,日中は作業所を見学したり,就労訓練に出かけたりする.とはいえ,入居者には高齢者や体の具合が悪い人が多いため,病院通いが必要な人も多い.通院や生活保護受給の手続き,障害手帳の申請の際には職員が必要に応じて付き添っている.館内ではレクリエーショ

ン活動や，施設の一部を開放して地域住民との交流も行われている．

　2010年5月の開所時から16年3月末までの入居者860人のうち，退去した後の生活場所は民間アパートが74.5%，グループホームなどの施設7.0%，入院4.5%，就職先の寮1.0%，帰郷1.6%，入居中に死亡0.5%，自主退去・無断退去・その他が10.9%となっている．抱樸館では退去した人を卒業生と呼ぶが，卒業生のうち600人以上の居宅先を把握している．それらの人には年4回のお便り送付，誕生日のバースデーコールを行うほか，日常的な連絡が取れていない人を直接訪問して退去後の近況を聞くこともある．抱樸館で開催する健康相談や料理教室，年に1度のお祭りにも招待している．卒業生のうち，より手厚いフォローが必要な人に関しては，その人の仕事先や周囲の人にも，何かあったら本人に代わって抱樸館に連絡するようにと伝えている．ホームレスになる人には身内との縁が薄れている人も多いため，退去後に亡くなった人のお葬式を抱樸館が行うこともあるのだという．

　抱樸館の運営は，費用面でかなり厳しいとのことである．抱樸館を支える会の賛助会員を募集しており，グリーンコープの組合員の場合は毎月の商品代金と一緒に250円引き落とす方法，もしくは年1回1口千円の賛助会費

グリーンコープが運営する抱樸館福岡

を引き落とす方法により賛助会費を集めている．組合員以外の個人や企業の賛助会員もいる．2015年度には7,843人から1,989万円の寄付を受けた．そのほか，グリーンコープの取引先が抱樸館の食材を提供してくれるケースもあり，食材の費用は以前の半分以下に引き下げることができた．

2016年3月までにグリーンコープの就労支援を希望した人は102人おり，うち半数以上が一般の企業や共同作業所などに就労した．しかし，就労した人も，生活保護を受けながらのことが多い．卒業生には高齢者や体調が悪い人が多く，生活保護を外れると医療費が有料になることが不安，高齢で長時間働けないといった事情があるからである．

就労訓練の場の1つであるファイバーリサイクルセンターは，衣料品等のリサイクル活動を行っている．同センターは，①国境を越えた子育て支援，②リサイクルの輪を広げる，③新しい雇用をつくり出すという3つの目的のため，2010年秋にオープンした．組合員等から集めた古着の一部は国内で販売するが，残りの約8割はパキスタンのカラチ市にある無料の学校「アル・カイールアカデミー」事業グループに輸出する．その組織がパキスタン国内の古着の卸売業者に転売して得た利益を，学校の先生の給料や給食費にあてるという仕組みをとる（第9章参照）．

ファイバーリサイクルセンターでは，週に3回，古着の分別作業を行う訓練生を受け入れている．支援員のサポートを受けながら作業を行うと，訓練生には謝金が支払われる．だいたい8～15名ぐらい登録していることが多く，筆者らのヒアリング時までに合計で112名の訓練生を受け入れた．一定の期間無断で休んだり遅れたりせず，支援員の指示を理解して一生懸命作業に取り組むことができる人は，次の段階として同じ敷地内にあるグリーンコープの青果リパックセンターでの訓練作業に進む．

リパックセンターは，産直青果の品を配送用に袋詰めする作業などを行う施設で，一般の従業員と連携しての作業も必要になるため，訓練者にはより一般就労に近いコミュニケーション能力が求められる．グリーンコープでは，上記の他にも，共同購入の配送センターや店舗での軽作業を通じた就労訓練

を行っており，こうした訓練を経て，グリーンコープにパート雇用されたり，一般の企業で働くようになる人もいる．

グリーンコープの資料「グリーンコープにとっての生活困窮者の支援」によれば，「困窮者支援はいいことをしようとか，かわいそうな人を助けようとかいう運動ではない．困窮者支援は自分たちの未来を準備していく運動」だとしている．生活再生相談室を開設して，「生活困窮の問題は他人ごとから自分ごとへと変わった」，「自助で解決できず，公助（制度）もない場合は，互助と共助の力で解決をめざすことが大きな効果を生むことを実証してきた」と総括している．

（3）　フードバンクに対する協同組合の取り組み

グリーンコープの相談支援事務所や抱樸館で，個人や食品企業から食料品を寄付してもらい，それを必要とする人々に提供したり抱樸館の食事のために使ったりしていることは先に紹介した．食は困窮者にとってもっとも緊急性が高い問題であるため，個人や企業から食料品を必要とする人に提供する活動を専門に行うフードバンクの設立も相次いでいる．農林水産省では「食品企業の製造工程で発生する規格外品などを引き取り，福祉施設等へ無料で提供するフードバンク」について，過去数回にわたり活動実態把握調査を行っている．2016年度の調査には74団体が協力しているが，その設立年次をみると2000年代後半から増えているようである．

なかには生協自身がフードバンク活動を直接行っているケースもある．たとえば，コープさっぽろは，2016年5月から宅配事業の過剰在庫品などを道内の児童養護施設に無償提供しており，さらに卸売業者とも協定を結び外部からも過剰在庫品を集めている．また，コープサンネット東北事業連合はコープフードバンクを設立し，取引先の食品企業等から無償提供を受けた余剰食品を福祉分野の施設・団体に寄贈している．生協自らフードバンクを運営する以外にも，ユーコープはフードバンクふじのくにへ，コープあいち，コープぎふ，コープみえは，セカンドハーベスト名古屋に食品の提供を行っ

ている.

　他方，群馬県の甘楽富岡農協は，取引先である西友と連携し，2015 年 3 月から販売対象にならない規格外の野菜をセカンドハーベスト・ジャパンに提供している．西友で販売する野菜と一緒に規格外の品も配送することにより，従来は鮮度の関係で提供が難しかった生鮮野菜も寄贈できることとなった．

　また，フードバンク埼玉は，埼玉県内の労働組合や中央労金，全労済埼玉県推進本部，埼玉生協，パルシステム埼玉等が構成員となっている埼玉労福協が運営している．同フードバンクの運営協議会は，埼玉労福協のほか，埼玉県生協連，JA 埼玉中央会，コープみらい，生活クラブ生協，パルシステム埼玉，ワーカーズコープ，NPO 埼玉ネット，医療生協さいたま，埼労連，連合埼玉が委員となっており，まさにオール協同組合といった様相を呈している．

（4）　欧州の協同組合銀行の取り組み

　ここで国外の事例として，筆者が調査を行ったことがあるフランスの協同組合銀行における生活困窮者の支援について紹介しておきたい．失業率が高く生活に困窮する人が増えていることに対応して，クレディ・アグリコルやケス・デパルニュといった協同組合銀行は，そうした人の相談に乗るための窓口を設けている．

　クレディ・アグリコルでは，フランス北東部で 1997 年にポワン・パスレル（直訳すると「架け橋の場」）と呼ばれる生活困窮者支援のための窓口を初めて設置した．失業，離婚，病気，配偶者との死別などによって生活面・経済面での問題を抱える人を放置したままでは，地域全体の発展はないと考えたからである．その後同様の取り組みが各地に広がり，2015 年末にはポワン・パスレルは 73 か所にまで増加した．

　運営方法は窓口によって違いがあるものの，おおよその仕組みは以下のとおりである．銀行の職員は，長期的に口座の残高が貸越だったり，公共料金

の引き落としができなくなったりしている顧客を見出すと声をかける．顧客が興味を示すと，支店職員を経由してアドバイザーは顧客との面談を設定する．面談では，顧客の抱える問題について詳しく話を聞いたうえで，アドバイザーが対応方法を検討する．電気やガスなどを長期的に滞納している場合は，アドバイザーが電力会社やガス会社にかけあって少しずつ返済できるよう交渉する．また，家賃を滞納しているケースでは，大家に分割返済をかけあうとともに，公的機関や民間支援団体から何らかの支援が受けられないかをチェックし，受けられるようであればその申請の手助けをする．必要であれば，銀行から少額の貸付も行う．

アドバイザーが相談者と面談して具体的な対応方針を決める際，必要に応じて一定期間ボランティアが支援することもある．たとえば，家計管理がうまくできない人には，銀行の元職員や組合員理事などのボランティアが定期的に面談し，家計簿をみながら支出の見直しなどのアドバイスをしたりする．筆者が話を聞いたボランティアの話では，生活に困っている人は周りに相談する相手がいないことも多く，信頼感が醸成されるにつれ，お金以外のことを相談されるようになることも多いという．

ポワン・パスレルでは，2014 年の 1 年間に 9,700 人の相談に乗り，7 割以上の人が相談前よりも生活が安定したと感じている．ポワン・パスレルにかかる費用は，運営方法によっても差があるとみられるが，経済面で問題を抱える顧客に対して，法的な整理が必要になる場合のコストを考えれば，それを未然に防止することによって，費用の一部は相殺されているという考え方もあるようである．

4. 協同組合による生活困窮者支援の意義と課題

ここまでみてきたことをまとめると，日本において，またフランスにおいても，増加する生活困窮者に対して協同組合が積極的に支援の手を差し伸べていることがわかる．各事例からは，生活困窮のきっかけがギャンブルや遊

興といった原因から，収入が減り生活費がまかなえなくなるといったものへと変遷していることがうかがわれる．それに対して協同組合は，画一的な対応ではなく，面談を重ね，それぞれの問題の解決の糸口を探し，相談者に寄り添い時間をかけて対応している．その場合，相談者個人ではなく家族も含めて相談に乗ることによって，孤立状態の解消を図っているケースも多い．

こうした活動が協同組合にとってどのような意義をもつのか，2つの観点から筆者なりの考えを述べて締めくくりとしたい．

1つは，支援を行う分野である．協同組織金融機関が多重債務者に貸付を行うことは，本業の一部として対応できる部分であろう．しかし，貸付を前提としない相談対応やそのための窓口設置は，本業を超える部分に取り組んでいると考えられる．生協が社会福祉法人やワーカーズコープを活用しながら，就労支援に取り組んでいることも，従来の業務を超え活動範囲を拡大しているとみることができるだろう．

これは，協同組合が組合員や地域に密着しているがゆえに，地域内で問題が生じていることを把握し，その解決に向けて動きだそうとする力をもっているからだと考えられる．歴史をたどれば，金融機関から借入ができない，日用品を公正に購入できないといった問題を解決するために設立された協同組合が，従来の業務を超える，より幅広い社会的排除の問題に対応するようになってきているとみることができる．そういう意味では，協同組合は複雑化する社会問題に的確に対応する力を持つ存在だといえよう．

2つ目はその対象についてである．協同組合は，同じような立場の人が相互に助け合うために組合員となって組合を設立したものである．しかし，前節で示した生活困窮者の支援の事例をみると，もともと組合員だった人が困難に直面した際に支援するだけでなく，非組合員にも支援を広げていることがわかる．

先に述べたように生活困窮者は社会的孤立の状態にあることが多く，同じ目的のもとに結集することが難しい状況である．また，社会情勢も変化しているため，当事者同士が相互扶助によって問題を解決することが難しくなっ

ている．たとえば，現在では多重債務者が集まり相互に資金を融通しようとしたとしても，そうしたことを事業として行うには多額の資本が必要となるなど，金融に関するさまざまな規制が存在し，新たな組織を設立することは到底できない．

　そのような状況のなか，協同組合が組合員以外にも目を向け困難に直面するようになったのは，生活困窮者を自分たちの部外者とみるのではなく，同じ地域にくらす仲間としてみる共感の念があるからと考えられる．先にも引用したが，グリーンコープはそうした状況について，「生活困窮の問題は他人ごとから自分ごとへと変わった」と述べている．社会的孤立状態にある生活困窮者に協同組合が寄り添うことによって，孤立状態が解消され，経済的な困窮から脱する糸口が見出されていると考えられる．

　ここで協同組合にとって課題になるのは，員外利用規制の問題である．日本においては協同組合には員外利用規制があり，組合員以外に事業利用させることができなかったり，利用できてもその量に制限があったりする．グリーンコープの場合も，組合員以外への相談対応や貸付ができるようになったのは，県との協働事業となったからである．他方，先に事例として挙げたフランスの協同組合銀行の場合は，員外利用規制がないため，そうした問題は生じない．

　今後より多くの協同組合が生活困窮者の支援に取り組むようになった時には，抜本的な解決方法の検討が必要になるのではないか．そしてより長期的には，日本の協同組合のなかにも，組合員の相互扶助を基盤とするものから，組合員以外も含めた助け合いに射程を広げ，複合化・総合化した事業を行うものが出てくるのではないだろうか．

　最後に，協同組合が生活困窮者支援を行う場合は，組合員の自発的な意思や合意のもとで行うべきであり，周囲から強制すべきではないと筆者が考えていることを付け加えておきたい．公的な支援を行う余裕がないから協同組合に支援を押しつけることがあってはならないし，逆に法的な問題がないにもかかわらず活動を阻害するような政治的な動きもあってはならない．生活

困窮者の増大という大きな社会問題への対応には，協同組合の組合員が問題を認識し，それを解決しようという意思を持つことが重要だと考えられる．

参考文献・資料

奥田知志，稲月正，垣田裕介，堤圭史郎（2014）『生活困窮者への伴走型支援－経済的困窮と社会的孤立に対応するトータルサポート』明石書店．

佐藤安裕（2009）「いまこそ協同組合の出番－JA山形市の多重債務相談」経営実務2009年5月号．

重頭ユカリ（2013）「フランスの協同組合銀行の生活困窮者への相談対応―クレディ・アグリコルのポワン・パスレルを中心に」農林金融2013年12月号．

社会保障審議会（2013）「生活困窮者の生活支援の在り方に関する特別部会」．

鈴木利徳（2003）「岩手県消費者信用生協の事例紹介―多重債務者救済資金融資を中心とする活動」金融市場2003年4月号．

日本総研（2013）『我が国におけるマイクロファイナンス制度構築の可能性及び実践の在り方に関する調査・研究事業』平成24年度セーフティネット支援対策等事業費補助金社会福祉推進事業．

グリーンコープウェブサイト（https://www.greencoop.or.jp/）（2017年6月12日最終アクセス）

消費者信用生活協同組合ウェブサイト（http://www.cfc-ss.coop/）（2017年6月12日最終アクセス）

農林水産省ウェブサイト　フードバンクの紹介
（http://www.maff.go.jp/j/shokusan/recycle/syoku_loss/img/170412.html）
（2017年5月29日最終アクセス）

片岡宏明（2015）「誰もが就労しやすい支援の構築と社会の実現を目指して」第2回生活困窮者自立支援全国研究交流大会資料．

厚生労働省（2015）「生活困窮者自立支援制度について」．

厚生労働省（2015）「家計相談支援事業の基本的な考え方」．

消費者信用生活協同組合（2012）「信用生協報告資料」家計再建ローン研究会　第1回研究会資料．

行岡みち子（2016）「グリーンコープにとっての生活困窮者の支援」グリーンコープ基礎研修資料．

第4章
格差社会における共済の可能性

1. はじめに

　「たすけあいの共済と企業の商品である保険とは全く異なるものである」
と，共済関係者は長らく主張してきた．しかし保険業法改正など，両者を同
じ扱いにする考え方が台頭してきている．商品内容・保障額ともに「共済の
保険化」あるいは「保険の共済化」というべき現象が起こっており，共済と
保険の差異が，近年ますます小さくなっているといえる．

　また，「相互扶助」についての考え方など，共済加入者の意識にも変化が
みられ，協同組合やたすけあいの概念に価値や共感を持つ人が，従前と比べ
て少なくなってきている．多くの点で共済と保険の同質化が進むことにより，
いわゆる「共済らしさ」を十分に発揮できなくなれば，共済と保険のイコー
ル・フッティング[1]の議論を進めることにもなりかねない．保険と同一視さ

---

1)　大辞林第3版によると，「競争を行う際の諸条件を平等にすること．たとえば、
　　同一産業の中のある企業だけに認められた優遇措置を廃止するなど」と定義され
　　ている．日本では，共済の監督官庁や根拠法が団体によりさまざまに分かれており，

116

れることにより，共済は独自の存在意義を見失いつつあり，現在，危機的な状況を迎えている．本章では，共済が今後もその独自性・優位性を維持するために，いかなる対応や戦略が求められるかについて言及する．

2. 共済と保険の共通点と相違点：入口・出口の観点から

保障内容がシンプルでわかりやすいことは，共済の特徴であるととらえられてきたし，消費者に強く望まれてきたことでもあった．しかし「共済の保険化」あるいは「保険の共済化」のなかで，「共済らしさ」が徐々に薄らいでいるということは否めないだろう．何を「共済らしさ」と考えるのかについて，確定した概念があるわけではない．しかし，共済と保険を両者の差異が顕著になっていると思われる入口・出口の観点から検討することで，「共済らしさ」というものがおのずと明らかになると考える．以下では，共済・保険の加入時（入口）と支払査定時（出口）について論じる．

（1） 加入時（入口）における共済と保険の共通点と相違点
共通点

加入時（入口）における共済と保険の共通点は，同じ技術を基礎におくことである．共済（保険）に加入する際に，加入者は共済掛金（保険料）を支払い，もしもの際には共済金（保険金）が支払われる．共済掛金および保険料の計算は，「大数の法則」，「収支相等の原則」，「給付反対給付均等の原則」に基づいている．これらを共済技術（保険技術）という．

まず「大数の法則」を簡単に説明する．たとえば10円硬貨を投げて手で受け止める際，表が出るか裏が出るかは，何も細工等をしていなければ2分の1の確率となる．しかし10回ほどの少ない回数を投げる場合には，表

監督基準などにも相違があるが，生命保険会社・損害保険会社と同様な条件での運営を求める動きがある．また，金融庁における一元的な監督などを求める意見も出ている．

第4章 格差社会における共済の可能性 117

と裏が出る確率が同じとはならず，偏りが出る可能性がある．200回投げるなどある程度回数を増やしていくと，ほぼ1対1の確率になる．また，ある特定の人が明日，交通事故に遭って亡くなるかどうかは誰にもわからないが，過去の膨大なデータからどのくらいの確率でそのようなことが発生するかを予測・計算することはできる．そのような考え方を大数の法則といい，共済も保険もこれをベースに成り立っている．

続いて「収支相等の原則」について説明する．契約者の1人ひとりが支払う共済掛金もしくは保険料の合計額と，契約者やその家族に支払われる共済金や保険金の合計額が同じになるように共済掛金，保険料は計算される．これを収支相等の原則という．

最後に「給付反対給付均等の原則」について説明する．たとえば，木造の建物は非木造の建物よりも燃えやすいので，火災共済（火災保険）では，木造の建物の方が共済掛金（保険料）は高くなる．また年齢を重ねると病気になる確率や亡くなる確率が高まるので，医療共済（医療保険）や生命共済（生命保険）の共済掛金（保険料）が高くなっていく．つまりリスクが高い場合は高い共済掛金（保険料）を支払い，リスクが低い場合は低い共済掛金（保険料）を支払うという考え方である．この考え方は一般に「保険原理」と称され，民間の保険や共済において核となるものである．

共済（保険）は契約を結ぶにあたり，共済者（保険者）はその申し込みに関する危険度の大きさを測定・評価し，契約承諾の可否および条件を決定する．この一連の過程をアンダーライティングという．共済（保険）市場において「情報の非対称性（asymmetric information）[2]」が存在する場合，リスクの類別を適正に行わない共済（保険）市場には「逆選択（adverse selection）」が生じるとされるため，その防止のためにもアンダーライティングの適正な

---

2) 買い手と売り手など，取引を行う2者の間に情報の格差がある状況を，経済学の用語で「情報の非対称性」という．一般的には，消費者よりも企業のほうが情報や交渉力をもつことを意味する．しかし，共済（保険）市場の「逆選択」を説明する際には，逆の意味で使われる．

実施が望ましい.

　共済(保険)の仕組みでは, 一般的に危険度が高いほど共済金(保険金)請求の可能性が増し, 受益の機会が多くなる. そのため危険度が高い場合, 意識的あるいは無意識的に共済(保険)加入や契約金額の増額を行う傾向が高くなる. これを「逆選択」という. たとえば家族歴等により罹患のリスクが高いと自覚すると, がん保険に入るインセンティブが働くということである. また地震リスクが高い地域ほど, 地震保険の加入率が高くなることも指摘されている. 主観的な危険度がある程度高くなければ, 共済(保険)加入のインセンティブも存在しないため, 逆選択は消費者の合理的で賢明な経済行動と考えることもできる.

　一方, 共済者(保険者)が, 保有する危険選択情報を利用して, 低リスクの場合のみ申込者に加入を認めることをクリームスキミングという. この場合, 高リスク者が共済掛金(保険料)の高騰に対応できない等の要因で無共済者(無保険者)となることにより, 社会的費用が発生する可能性も生じる. 逆選択とクリームスキミングのいずれも, その影響が過度な場合には, 市場の失敗につながる.

相違点

　共済も保険も同じ技術に基づき, アンダーライティングを行っている. しかし一般的に, 共済は民間保険と比して緩やかなリスク区分をとり, 厳格な共済技術(保険技術)の適用をしないことがある. 共済には民間保険が追求する保険原理とは異なる, 互助や連帯といった価値基準が働いており, このことが共済と保険のアンダーライティングにおける相違につながると考えられる.

　リスクに応じた負担を課し, 保険原理を追求する姿勢をとるのか, それとも組合員間の連帯のような別の価値基準を有するのかということである. どちらの立場をとるかによって, 何を望ましい料率分類と考えるかも変わってくる.

第4章　格差社会における共済の可能性　　119

　共済の緩やかなリスク区分の例として，都道府県民共済グループの「生命共済」における「一律保障・一律掛金」がある．年齢により保障内容は何段階かに分かれるが，それぞれの年齢群団内では性別を問わず「一律保障・一律掛金」が実現されている．全労済の「こくみん共済」においても，一部の商品を除き，各タイプの掛金は年齢・性別を問わず一律である．

　日本における火災保険の料率は，保険会社による違いはあるが，木造や鉄筋など建物の構造によりおおむね4～5種類に分類される．その他，所在地や必要額などの区分により保険料が計算される．一方で全労済の「火災共済」においては，建物の構造に関して「木造構造」，「鉄骨・耐火構造」，「マンション構造」の3区分と分類が少なくなっている．また，特筆すべき点として，所在地にかかわらず全国一律の掛金設定が挙げられる．これも共済が保険と比して，緩やかなリスク区分をとる事例の1つである．JA共済の「建物更正共済」や全労済の「自然災害共済」において，地震保障の掛金率が全国一律になっていることも，共済ならではの特徴といえる．民間の保険に加入することができない人に保障を提供していく姿勢・努力を続ける共済団体もあり，そこに共済の存在意義や使命，保険との差異，あるいは強みをみることができるかもしれない．

　リスク区分の緩和は，保障（補償）対象の拡大や外部不経済の減少など社会的な効用をもたらす．しかし過度に緩和が進めば，共済や民間保険制度そのものの否定につながる．したがって，統計的な信頼性とともに社会的合意も得られるようなアンダーライティングのあり方を検討する姿勢が共済団体・保険会社に求められるだろう．

　アンダーライティングにおいては，リスク細分化をどこまで行うことが妥当かつ合理的であるかという問題が常に存在する．また，アンダーライティングにおいて違いを設けることが，社会的にも共済数理（保険数理）上も公正とみなされる「区別」と，倫理上あるいは社会観念上，望ましくないもの，許されざるものとされる「差別」とは表裏一体である．その判断は，共済数理（保険数理）のみに基づくものではない．時代や社会環境，法律，国民性

や文化・慣習，人びとの価値観や共済（保険）制度への理解度ならびに許容度といったさまざまな要因によって変遷する．たとえば，現在の日本では一般的に用いられる男女別料率であるが，EU 域内では 2012 年 12 月 21 日以降の新契約について，全ての保険商品に男女同一料率が求められるようになった．近年では，年齢を料率に用いることに対しても反対する動きが国によっては出てきている．

　リスク分類は，いかに細分化しようとも，あくまでも確率によるものである．したがって特定の個人や団体等に対する正確かつ詳細な予測をすることは不可能である．その意味で，共済・保険制度はおのずと限界や不合理性を含有するといえる．共済・保険制度の抱える主な限界や不合理性としては，「内部補助（cross subsidization）」が挙げられる．リスクをどれほど細分化しても，共済掛金・保険料の負担にはある程度の不公平が存在する．つまり集団の同質性が何らかの理由により維持されない場合には，高リスク者の費用を低リスク者が負担するという構造が生まれる．これを「内部補助」といい，個人と集団との間で，そのような不公平の利害調整が図られる必要がある．

（2）　支払査定時（出口）における共済と保険の相違点

　「共済のほうが保険よりも支払がよい」と従来からいわれてきた．しかし不払い問題等により保険会社の経営努力が進み，その差が小さくなっているように思われる．一方で，新潟地震[3]や東日本大震災の際には見舞金が増額されるなど，共済ならではの対応もみられた．ここでは地震に関する共済と保険との支払を中心に，両者の相違点を考察する．

　地震・噴火・津波のリスクは，民間保険会社単独での対応が困難なリスクとされている．その理由として，損害がきわめて巨大となる可能性が高いこ

　3）　たとえば，全労済ウェブサイト（http://www.zenrosai.coop/zenrosai/profile/about/ayumi.html 2017 年 9 月 12 日閲覧）によると，1964 年に発生した新潟地震の際，新潟福対協と労済連は，総額で火災共済金の額に相当する見舞金の給付を行った．

と，さらに地震発生の予測は難しく，その周期も長期にわたるため大数の法則をきかせにくいこと，逆選択の存在などが指摘される．

地震保険は，自動車損害賠償責任保険と同様に，どの損害保険会社で加入しても補償内容や保険料が同じになる．それに比して共済は，火災共済金額に対する地震の保障内容や保障割合（たとえばJA共済では50%，全労済では30%，都道府県民共済は5%，JF共水連は25%）が団体により異なる．これは，共済団体ごとに経営体力の差があることや，組織構造の相違などが要因とされる．

地震保険と異なり，共済団体の保障には政府の後ろ盾がなく，独自の保障提供である．震災の際の支払体制も地震保険とは異なり，各団体で調べる必要がある．そのため，東日本大震災の際に支払うスピードは保険会社に遅れをとったが，生命共済と損害共済の加入内容を同時に確認できるという兼営の強みを持っているため，組合員へのフォローが迅速にできたという指摘もある．また，共済には原則として組合への加入と加入時の出資金支払が求められ，保障を提供する集団に居住地や職業など，ある程度の共通性が認められる点も保険との相違である．

地震保険には保険料控除があり，払い込んだ地震保険料がその年の契約者の所得から控除される．自宅や家財についてのJA共済の建物更正共済，全労済，コープ共済の自然災害共済の地震等部分に相当する共済掛金も，「地震保険料控除」の対象となる．しかし，都道府県民共済は対象となっていないなど，共済団体間においても相違がある．

見舞金は，組合員の生活再建を目的として積み立てる基金から支払われる．リスクに見合った共済掛金の支払はないため，組合員間の互助や連帯の概念なくして説明することのできないものである．しかしたとえば，震災における見舞金の支払によって割戻率が減る場合，その程度によっては組合員が何らかの不公平や不満を感じる可能性もある．とくに近年，保障内容と比して共済掛金が安いからといった機会主義的な理由で共済に加入する組合員が増加しているため，そのような可能性も高まっていると考えられる．

東日本大震災後，共済に加入している組合員が共済金を支払われることに対して，たとえば宅配や店舗での購買を利用しているが共済には加入していない組合員（当然ながら共済金が支払われない）が不公平感を持つ場合があったことが指摘された．また，各共済団体の保障内容の差，なかでも火災共済金額に対する地震保障の割合の差について，不公平感を覚える声が挙がったという．

　これらの発想自体が，協同組合の組合員ならではのものと考えることができるし，同じ協同組合だけではなく，異なる協同組合の組合員間にもある程度の仲間意識のようなものが存在することを指摘できるだろう．これらの事実は，縮小が進む国内の市場において，共済と保険が棲み分けを行うための参考材料になるといえる．

　また，押尾が「共済事業ではモラル・ハザード（道徳的危険）moral hazard の発生件数が生・損保事業よりはるかに低いことも，組合員同士の相互扶助である共済の優位性を示している．これは，共済が協同組合を基盤とし，すべての共済契約者は同時に共済者になるという特質に拠っている」[4]と指摘するように，モラル・ハザード[5]の少なさも従来，共済の優位性を示すものとして評価されてきた．今後その優位性を維持していくためにも，組合員間の良好な関係性の構築と維持，組合員の当事者意識の醸成が必要となってくるだろう．

---

　4)　押尾（2012）58 頁.
　5)　モラル・ハザードは，保険（共済）に加入することで，保険（共済）契約者の行動が意識的あるいは無意識的に変わり，結果として保険金（共済金）や給付金の請求が増えるような危険を意味する用語である．保険金取得を目論んでの放火や殺人など犯罪性の強いものを moral hazard（モラル・ハザード）とする一方，たとえば自動車保険に加入することで安心し，気が緩むことで，保険金や給付金の請求が増えるようなことを morale hazard（モラール・ハザード）として分ける場合もある．実務では，狭義のモラル・ハザードをモラルリスクと称して使用する場合が多い.

3.　「共済らしさ」を発揮するために求められること

(1)　「共済らしさ」を促進する要因

　「共済らしさ」を促進するうえで，共済団体に有利に働く要因がいくつか挙げられる．まず生命共済と損害共済の兼営によるクロスセリングが可能という点である．クロスセリングはクロスセルとも呼ばれ，大辞林第3版によると，「関連する商品・サービスを売ること．ある商品の購入者や購入希望者に対して，関連する別の商品も推薦して，販売に繋げること」とある．契約者のニーズやリスクに対する準備状況をより正確につかむことで，各人に適した商品の紹介やアフターサービスを提供する際の強みとなるだろう．また税制の優遇，組合員との関係性が密な場合があることなども共済団体の強みであると指摘できる．さらに近年では，顧客満足という観点においても共済団体の評価が高くなっている．

　「サービス産業生産性協議会 2016 年度 JCSI（日本版顧客満足度指数：Japanese Customer Satisfaction Index）調査結果」は，全32業種・421企業もしくはブランドを対象としており，サービスを多面的に評価するために顧客満足の原因・結果を含む6項目について調査，指数化したもので，2009年度から発表されている．6項目とは，①顧客満足，②顧客期待（企業・ブランドへの期待），③知覚品質（全体的な品質評価），④知覚価値（コスト・パフォーマンス），⑤推奨意向（他者への推奨意向），⑥ロイヤルティ（将来の再利用意向）である．

　これによると，コープ共済が生命保険業種の顧客満足指数で4年連続の1位，全業種では5位[6] という高い評価を得た．また都道府県民共済も，生命保険業種のなかで4年連続の2位となり，全業種中10位であった．3位の

---

　6)　顧客満足の総合順位およびその指数は，第1位「宝塚歌劇団」86.8，第2位「劇団四季」86.7，第3位「ヨドバシ.com」81.6，第4位「リッチモンドホテル」80.9，第5位「コープ共済」80.7 となっている．

表 4-1 生命保険業種の 2016 年度 JCSI 調査結果

順位	顧客満足	顧客期待	知覚品質	知覚価値	推奨意向	ロイヤルティ
1	コープ共済 (80.7)	コープ共済	コープ共済	コープ共済	コープ共済	都道府県民共済
2	都道府県民共済 (79.4)	アフラック	都道府県民共済	都道府県民共済	都道府県民共済	コープ共済
3	全労済 (75.0)	都道府県民共済	アフラック	全労済	アフラック	全労済
4	アフラック (73.2)	全労済／ソニー生命 (同点4位)	全労済	メットライフ生命	全労済	アフラック
5	メットライフ生命 (73.1)	メットライフ生命	アフラック	ソニー生命	ソニー生命
6	アクサ生命 (71.8)	アクサ生命	ソニー生命	アクサ生命	メットライフ生命	メットライフ生命
7	ソニー生命 (71.5)	メットライフ生命	アクサ生命	ソニー生命	アクサ生命	アクサ生命

(出典) 「サービス産業生産性協議会 2016 年度 JCSI 調査結果」より作成.

表 4-2 損害保険業種の 2016 年度 JCSI 調査結果

順位	顧客満足	顧客期待	知覚品質	知覚価値	推奨意向	ロイヤルティ
1	セゾン自動車火災【自】(75.2)	東京海上日動【自】	東京海上日動【自】	セゾン自動車火災【自】	ソニー損保【自】	東京海上日動【自】
2	ソニー損保【自】(74.2)	ソニー損保【自】	ソニー損保【自】	SBI 損保【自】	東京海上日動【自】	損保ジャパン日本興亜【住】
3	三井ダイレクト損保【自】(73.7)	三井住友海上【住】	損保ジャパン日本興亜【住】	三井ダイレクト損保【自】	セゾン自動車火災【自】	セゾン自動車火災【自】
4	東京海上日動【自】(73.3)	三井ダイレクト損保【自】	セゾン自動車火災【自】	損保ジャパン日本興亜【住】	損保ジャパン日本興亜【住】	全労済【自】
5	損保ジャパン日本興亜【住】(73.2)	損保ジャパン日本興亜【住】	三井ダイレクト損保【自】	ソニー損保【自】	三井ダイレクト損保【自】	全労済【住】／三井ダイレクト損保【自】(同点5位)
6	SBI 損保【自】(72.4)	セゾン自動車火災【自】	三井住友海上【住】	全労済【自】	三井住友海上【住】

注) 【自】は自動車保険, 【住】は住宅・火災保険.
(出典) 「サービス産業生産性協議会 2016 年度 JCSI 調査結果」より作成.

全労済を含め，生命保険業種の顧客満足指数の上位3位までを共済団体が占めていることは，消費者からの強い支持を示すものとして特筆に値する（表4-1）.

損害保険業種は，「自動車保険」と「住宅・火災保険」に分けて調査され，セゾン自動車火災保険（自動車保険）が初の顧客満足度指数1位となった．損害保険業種のランキング上位には，共済団体は全労済のみ入っている．生命保険業種と比較して，損害保険業種にはまだ共済団体の成長の余地があるかもしれない（表4-2）.

2016年度JCSI調査の対象となった全32業種中，顧客満足度で高い評価を受けた業種は，第1位エンタテインメント，第2位ビジネスホテル・旅行，第4位シティホテルの順であった．JCSI調査の結果は毎年大きな注目を受けるため，共済・保険団体が，業界内の競争や常識のみにとらわれず，業種全体としてのレベルを上げ，さらなる顧客満足向上をめざすことが期待される．

(2) 「共済らしさ」を阻害する要因

「共済らしさ」を説明する際に，健康上のリスクの高さなどで保険に加入できない場合にも，少額ではあるが保障を提供する共済団体の事例が多く挙げられる．坂井は，漁協共済の意義を以下のように論じている[7].

「漁協共済は現在，JA共済や労働者共済，民保などが実施している事業種目の主なものをほぼ実施している．そのなかで，漁協共済らしい特徴的な種目を挙げれば乗組員厚生共済（ノリコー）である．漁協乗組員などが不慮の事故によってこうむった死亡・傷害などを対象とする定期生命共済であるが，きわめて事故発生率が高く，保険会社もこの種のリスクは敬遠している．漁協共済があえて乗組員厚生共済に取り組んでいるのは，漁協がやらなければこのリスクは事実上"無保険"になってしまうからである」.

---

7) 坂井（2002）158頁.

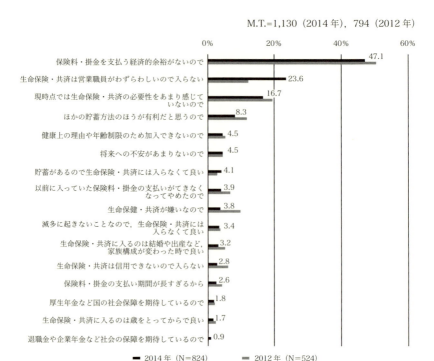

図 4-1　生命共済・生命保険に未加入の理由

またリスクの高さだけではなく，経済的な事情により保険に加入できない場合にむけて，割安な掛金の商品を提供する共済団体もある．「共済・保険に関する意識調査結果報告書〈2014年版〉[8]」によると，生命共済・生命保険の未加入者は，回答者全体の 20.4%（2012 年度版では 12.6%）にのぼる．生命共済・生命保険に未加入の理由としては，「保険料・掛金を支払う経済的余裕がないので」47.1%（2012 年度版では 50.6%）がもっとも多い（図 4-1）．同書によると，解約理由についても経済的な事情によるものが多いことが指摘されている．

---

8)　岡田（2015）．

第 4 章　格差社会における共済の可能性　　127

　このように，さまざまな意味で保障の範囲を広げて「共済らしさ」を追求
する動きがある．一方でそれを阻害する外的要因としては，保険とのイコー
ル・フッティングの要請への対応等が挙げられる．この影響により従来，
「共済らしさ」を追求し，良質な保障を提供してきた共済団体のなかには，
少額短期保険業者に移行できず，存在がなくなってしまった団体がある．当
時，保険とは本質的に異なるとされる共済の意義・役割について議論が活発
になり，イコール・フッティングに関する疑問なども多く指摘されたが，現
在はやや下火になってきている．

　「共済らしさ」を阻害する外的要因としては他にも，坂井がその著書で以
下のような指摘を行い，日本共済協会の意義について論じている[9]．

　　「わが国の協同組合保険——共済はご承知のように 4 つの協同組合法の
　　もとで，だいたい 5 つの行政庁の所管となっています．協同組合法に
　　基づく"保険"の法的，行政的体制がこのように細分されている例は海
　　外になく，たいへん珍しいことであります．〈中略〉

　　　協同組合というのは，生活者が共通の目的のために集まって協力する
　　組織です．それなのに共済という共通の目的からみた場合，わが国の協
　　同組合はいくつもの協同組合法，バラバラな行政所管という壁に阻まれ
　　てその『協同』が実行されていなかったのです．そのカベを越えること
　　が，共済協会のまずめざすところでした」．

　坂井が指摘するように，監督官庁や根拠法がバラバラであることは，日本
の各共済団体が協力して組合員により良い保障を届ける際の支障となってい
るかもしれない．日本共済協会は，研究会などを通じ，各団体間の人的交流
の機会を与え，共済や共済団体の意義や価値の向上に寄与している．

　他方，「共済らしさ」を阻害する内的要因としては，保険業界と比して後
発的なインターネットへの対応が挙げられる．インターネットへの対応が遅
れたことに関しては，契約者との距離がいろいろな面において近かったこと，

---

　9)　坂井 (2002) 270-271 頁．

いわゆるフェイストゥフェイスの関係性を重視したがゆえの結果という指摘もある．実際，今までは東日本大震災後の組合員から組合員への折り鶴や手紙の送付などに代表される手作り感や人の温もりなどが共済団体の内外から評価されてきたし，顧客満足度調査結果などをみても，誤った対応ではなかったと思われる．しかし，消費者の生活スタイルや価値観の変化などの環境変化がみられるなかで，インターネットなどによる即時性のあるサービスの提供も求められている．これについては，たとえば全労済の「こくみん共済」では，2018年よりウェブによる加入手続きの利便性が向上するなどの進展もみられる．

「共済らしさ」を阻害する別の内的要因として，連合会の存在が挙げられる．連合会との二重構造にはもちろんメリットもある．たとえば全労済の「火災共済」の料率は全国一律である．また，同じ商品が日本全国どこでも使えることや，事故時の対応などにスケールメリットが働くことにより，契約者に安心を与えるとともに経営上も安定する．講演会・学習会の開催などの組合員還元活動も積極的に行うことができるなど，連合会の存在には多くのメリットが挙げられる．一方で，各組織の独自性を出せないなどのデメリットも指摘されている．連合会に言及した保険研究者の文献はあまり多くないが，以下の2つを紹介したい．

岡田は，「3生協共済（全労済，全国生協連（都道府県民共済），日本生協連（コープ共済）──引用者注）は，保険会社と異なり，会員生協の連合会組織をとっている．したがって，共済事業を営むにあたって，地域または職域生協の主体的な役割が発揮されることが期待される一方，連合会と会員の生協の良好な関係が重要である」[10]と論じている．

また江澤は，「複数生協と連合会が共存するという状態は，1つの生協である場合と比べ，組織数が多い分，コスト（時間や費用）が余分にかかるのも事実である．現在の社会動向においては，特に人口（組合員）の広域移動

---

10) 岡田太（2008）「生協共済のビジネスモデル」（生協共済研究会・編著『生協の共済 今，問われていること』日本生活協同組合連合会出版部，127頁）．

が頻繁に発生し，組合員の正確な管理にも大きな支障を来たしている．共済加入組合員が都道府県本部を越えて移動した場合に，移動のたびに脱退手続きと加入手続きを繰り返し行わなければならない．この事務コストは，生協共済の組合員・契約者が享受するベネフィットを生じさせるものとは考えられない」[11]と論じている．

上記の2論文で指摘されていることなどに十分に留意しつつ，各組織が組合員ニーズに，より迅速かつ細やかに対応できれば，保険会社との差異や強みの創出につながるかもしれない．

4. おわりに

格差社会（経済面・健康面など）において，割安でシンプルな保障内容や，高リスクの場合でも加入が可能な商品を提供する共済団体への期待はますます大きくなっている．一方で，「共済らしさ」を阻害するような要因が共済団体の内外に存在しており，それらに適切に対処していくことが求められる．

情報格差，情報の非対称性の問題からも，共済のわかりやすさや生活に身近な存在であることは，他団体との競争において有利に働くだろう．一方で，社会環境や時代背景，人びとの価値観・暮らし方の変化のなかで，共済が従来持っていた強みが発揮しづらくなってきていることもまた事実である．

本間が，「伝統的保険学（保険本質論）では保険の本質を法的・技術的側面からとらえる傾向が強く，『保険＝保険技術＝共済』と理解しがちです．裏を返せば，保険を歴史的・社会的に理解する視点が弱く，その矛盾が，保険の理解とともに，共済の理解に集中的にあらわれています」[12]と指摘する現状においては，共済と保険のイコール・フッティングの議論が進むのは必

---

11) 江澤雅彦（2012）「共済と保険　その同質性と異質性—共済団体と組合員の関係性の観点から」（日本共済協会『日本共済協会　結成20周年・2012国際協同組合年　論文・講演集』，158頁）．
12) 本間照光（2011）「共済分科と研究運動—現実を変える歴史的・社会的力」『賃金と社会保障』第1542号，9頁．

然ともいえる.

　日本の共済は，その意義・役割の面でも，歴史的背景からも他国とは異なる独自の成長を遂げてきたが，近年における保険会社との競争のなかで，本来の姿を見失いつつあるようにもみえる．共済（保険）技術や表面的な相違のみに着眼するのではなく，歴史や文化にも改めて目を向ける必要があるだろう．また再三尽くされている議論ではあるが，今一度「共済とは何か」という原点に立ち返り，組合員をはじめとするステークホルダーにその意義・役割の理解を求める努力をしていかなければ，共済団体として社会的責任を果たす理由が希薄になり，共済の保険化がますます進むことが考えられる．

参考文献

江澤雅彦（2006）「医療保険をめぐるアンダーライティングの諸課題」堀田一吉編著『民間医療保険の戦略と課題』勁草書房.

岡田太（2015）「共済・保険に関する意識調査結果報告書〈2014年版〉」全労済協会.

押尾直志監修・共済研究会編（2007）『共済事業と日本社会—共済規制はなにをもたらすか』保険毎日新聞社.

押尾直志（2012）『現代共済論』日本経済評論社.

坂井幸二郎（2002）『共済事業の歴史』日本共済協会.

相馬健次（2013）『共済事業とはなにか—共済概念の探究』日本経済評論社.

冨永紅（2012）「共済の特徴と役割」『損害保険研究』第73巻第4号.

堀田一吉（2003）『保険理論と保険政策—原理と機能』東洋経済新報社.

本間照光（1992）『保険の社会学』勁草書房.

前川寛（1982）「保険の限界」『保険学雑誌』第496号.

宮地朋果（2008）「生協共済における環境変化と将来」生協共済研究会編著『生協の共済　今，問われていること』コープ出版.

宮地朋果（2011）「生協共済における優位性と独自性—共済サービスの付加価値」生協共済研究会編『21世紀の生協の共済に求められるもの』コープ出版.

第2部 「食」と「職」を守る協同組合

第5章
「食」を支える協同組合の現状と課題

1. はじめに

　1980年代までの日本社会は，分厚い中間層に支えられた比較的平等な社会であったといわれる．そうした実態は「一億総中流」と呼ばれた，消費者，そして労働者の「中流」意識に端的に表れている．しかし，90年代以降の経済環境の変化と，2000年代以降に顕著となった新自由主義的な風潮のなかで，日本社会から姿を消したと思われた「格差」や「貧困」が再びクローズアップされるようになっている．現在の格差や貧困をめぐる論点は，そもそも「格差とは何か」に始まり，「格差は是正されるべきなのか」，あるいは「なぜ格差や貧困が，現代社会において生じているのか」とさまざまだが，議論のなかで共有されているのは，日本において格差が広がっているという現状への理解である[1]．

　こうした平等な社会から格差が拡大した社会への変化は，生活と直結する

---

　1) 加賀美（2015）67頁．

協同組合である生協に大きな影響を及ぼしている．生協は 1970 年代から 80 年代にかけて，中間層の拡大や消費者の生活スタイルの変化，また「食」のニーズの変化をとらえることで急成長を遂げた．しかし，90 年代以降になると生協の成長速度は鈍化し，2000 年代以降は格差の拡大という環境変化から生じたさまざまな課題に生協は直面している．消費者が組織する協同組合である生協は，格差の広がる社会で何ができるのだろうか．あるいは何を期待されているのだろうか．

第 5 章では，格差社会におけるくらし，そのなかでも「食」に焦点を絞り，「食」を支える協同組合としての生協の役割と課題について検討する．

第 2 節では，「食」を支える協同組合としての生協の立ち位置や特殊性を概観する．次いで，第 3 節では生協の「食」をめぐる事業の特徴であるコープ商品と無店舗事業について整理し，第 4 節と第 5 節において両者の格差社会における役割と課題を論じる．

2. 「食」を支える生活協同組合の現在

流通の社会的役割は，生産過程と消費過程とを橋渡しすることである．そのため，生産側だけでなく，消費側のニーズにも可能な限り応えなければならない．日本の消費者は，「安心・安全は当然．低価格で品切れもない．さらに利便性にも優れたお店で楽しく買物がしたい」という高いサービス水準を求めているといわれる．こうした日本の消費者ニーズに対応するために形づくられた日本の流通システムは，多数の流通業者が介在する，複雑で長い構造を特徴としてきた．その構造から，日本の流通市場では欧米市場におけるウォルマートやカルフールのようなガリバー企業が生まれることがなく，全国展開するナショナル・チェーンや地場の中小企業を含めた，多数の流通業者が混在してきた．

しかし，経済のグローバル化や規制緩和が進み，1990 年代以降にかけて日本的と特徴づけられた流通構造が変化した．現在では売上高 8 兆円を超

第5章 「食」を支える協同組合の現状と課題　　135

すイオングループ，同じく6兆円を超えるセブン＆アイグループを双璧に，小売企業の大規模化が進んでいる．

　小売企業の大規模化という流れのなかで，生協はどのような立ち位置にいるのだろうか．地域生協を中心に，生協を1つのグループ（生協グループ）としてみてみると，生協グループは小売業として国内第3位の規模となる[2]．表5-1は小売企業の2016年の売上高と順位を示している．生協グループの

表5-1　日本の小売企業の売上高ランキング（2016年）

単位：百万円

順位	企業名	売上高
1	イオン（株）	8,176,732
2	（株）セブン＆アイ・ホールディングス	6,045,704
	生協グループ（※供給高）	2,979,986
3	（株）ファーストリテイリング	1,788,836
4	（株）ヤマダ電機	1,612,735
5	（株）三越伊勢丹ホールディングス	1,287,253
6	Ｊ．フロント　リテイリング（株）	1,163,564
7	ユニーグループ・ホールディングス（株）	1,038,733
8	（株）高島屋	929,587
9	エイチ・ツー・オー　リテイリング（株）	915,690
10	（株）ビックカメラ	779,081
11	（株）ドンキホーテホールディングス	759,592
12	（株）エディオン	692,087
13	（株）イズミ	668,783
14	ユナイテッド・スーパーマーケット・ホールディングス	663,798
15	（株）ケーズホールディングス	644,181
16	（株）ライフコーポレーション	629,985
17	（株）ローソン	583,452
18	（株）しまむら	547,022
19	（株）マツモトキヨシホールディングス	536,052
20	ウエルシアホールディングス（株）	528,402

（出典）　『日本経済新聞電子版』，企業情報データベース「eol」および日本生協連ウェブサイト（最終閲覧日2017年8月31日）をもとに筆者作成．

総供給高は約 2.9 兆円に達しており，他の大手小売企業と比較しても遜色ない規模にある．また，日本における生協の組合員総数は約 2,800 万人（2015年度），全国の世帯加入率は 37.7%（同）となっている[3]．こうした数値からは，生協がかつてイメージされていたような「一部の特別な人々によるもの」ではなく，日本にくらす多くの人々にとって，買物先としてごくあたりまえの選択肢になっている様子がみてとれる．

　なお，グループとしてみた生協は，総供給高約 2.9 兆円の大規模事業者となるが，生協は他の大手小売企業のように 1 つの組織，もしくは事業者同士が資本関係を持つわけではない．それにもかかわらず，「生協」と一括りにして理解されることが多いのはなぜか．背景には，協同組合に特有の複雑な組織構造がある．

　図 5-1 は，生協の組織構造を示している．図からは，生協が大きく 3 つの構造で形成されていることがみてとれる．

　基底となるのは各地の単位生協（以下，単協）である．単協は，消費者である組合員が加盟する各地域・職域の生協であり，たとえば，コープみらいやコープこうべなどが該当する．これら単協が，組合員が日常的に利用する購買事業や福祉事業などを営む主体である．

　2 つ目が，単協が購買事業で取り扱う商品の仕入先となる生協の全国連合会組織である，日本生協連である．日本生協連は生協のナショナルセンター（中央会）として，各種団体との交流や生協に関する情報や政策提言の発信といった役割を担っている．また，そうした機能だけでなく，加盟する単協（会員生協と呼ばれる）への商品供給等の事業活動や各種支援活動も行っている．

　最後が地域・事業別の連帯組織である連合会である．連合会には，都道府

---

2)　以下で取り上げる生協グループとは，消費生活協同組合法に基づいて設立された，商品供給事業を中心事業とする地域・職域・大学・学校生協の集合とする．

3)　日本生活協同組合連合会ウェブサイト（http://jccu.coop/about/statistics/）2017 年 5 月 1 日閲覧．

第 5 章 「食」を支える協同組合の現状と課題　　137

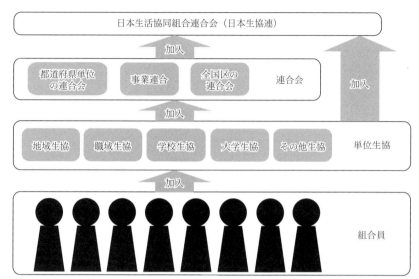

（出典）日本生協連ウェブサイト（最終覧日 2017 年 8 月 31 日）を参考に筆者作成.

図 5-1　日本の生協の組織図

　県単位の連合会と，全国区の連合会，事業連合がある．事業連合は地域の単協が加盟して，商品開発や仕入，決済システムなどを共同化することで，単協の水準を超えたスケール・メリットを発揮することを目的とした連帯組織である．2017 年時点，全国には 13 の事業連合が存在しており，各地域・各事業分野に合わせた事業展開を進めている．流通機能からは，単協が小売機能を担い，日本生協連と事業連合が卸機能を担っていると整理できよう．

　以上 3 つの主体によって，グループとしての生協は 3 層構造を成している．それぞれが独立した法人格を持ちながら，事業的には密接に連帯している点が「生協」と一括りにして理解される理由である．

　単位別に 2016 年度の事業高をみてみると，日本生協連の供給高は約 3,700 億円，国内最大の事業連合であるコープネット事業連合の供給高が約 3,500 億円，大規模単協であるコープみらいとコープこうべ，コープさっぽろの総事業高がそれぞれ 3,803 億円，2,401 億円，2,678 億円である．生協

の各事業単位の最大供給高は 2,000〜4,000 億円規模であり，これは食品小売企業でみると中堅規模である[4]．つまり，生協は 1 つの協同する組織としてみれば国内屈指の規模となるが，個々の主体の規模には大きな差がある．「生協」という枠のなかには，規模や事業内容，そして方針の異なる多様な生協が併存しているのである．

3.　日本における生協の発展過程と発展を支えた特徴

日本で現在に至る生協の設立が本格化したのは，戦後直後の 1940 年代からである．50 年代中頃から 70 年頃までに生協の拡大と設立が相次ぎ，70 年代から 80 年代にかけては組合員数・出資金・供給高が急伸する成長期を迎えた．この時期の急伸の主な要因は，時を同じくして生じた消費者の意識変化と，その変化を捉えた生協の事業における革新的な取り組みとの相互作用である．

生協が急伸を始めた 1970 年頃は，高度経済成長が終わりを迎えつつあった一方で，高度成長期の所得上昇を受けて中流意識が日本社会に広く定着し，家電や自動車などの耐久消費財の普及が進み，「モノの所有」から「他者との差異」に消費の意味を求める傾向が強まった時代である[5]．また，高度成長期後半から社会問題化したさまざまな公害，そして 70 年代に生じた 2 度のオイルショックは，安全・安心な商品を，安定して，安価で入手したいという消費者ニーズを顕在化させた．このような消費者の意識やニーズの変化が，消費者運動などを背景に事業展開を進めていた生協への共感を生み，この消費者からの共感が生協躍進の基本的な背景となった．

しかし，消費者の生協への共感だけが躍進の背景ではない．もう 1 つの

---

4)　たとえば，大手食品スーパーであるライフ・コーポレーションが約 5,300 億円，北海道が地盤の大手食品スーパーであるアークスが約 4,500 億円（ともに 2016 年度売上高）である．

5)　堀 (2013) 139-140 頁．

生協の飛躍的な成長の原動力となったのが，1960年代から生協が取り組み始めたユニークな事業であった．その取り組みは，生協のプライベート・ブランド商品であるコープ商品の開発と普及，そして無店舗事業の柱となった班別共同購入という新しい事業モデルの創造である．

（1）　コープ商品の開発と普及

コープ商品は，流通業者のブランドを意味するプライベート・ブランド（以下，PB）商品の1つである．コープ商品は，日本のPBの黎明期から現在に至るまでブランドを継続する稀有な存在である[6]．2000年代前半，コープ商品は日本生協連による開発商品分だけで約6,500品目に拡大するなど，現在では日本有数のPBとして，組合員に限らず広く消費者に認知されている[7]．

コープ商品の供給が始まったのは1960年のことであるが，PB商品が初めて日本で発売されたのも同時期だとされる．当時はメーカーによる小売価格統制が厳しく，いわゆる建値制やメーカー管理価格に生協は悩まされていた．供給価格を自分たちで決定する生協は，ときに大手メーカーから出荷停止措置を受けるなど，商品の仕入にすら苦しむことも少なくなかった．コープ商品の第1号となった「CO-OP生協バター」は，そうした状況に対応し，商品の安定供給を実現することをめざして開発された．その後，コープ商品は安定供給だけでなく，社会問題となっていた有害食品問題や公害問題の発生を受けて，不必要な食品添加物の削減や環境への配慮をその柱に据える．安全・安心や社会問題を意識した商品政策は，当時の消費者ニーズに合致し

---

6)　長期にわたってブランドを継続しているもう1つのPBは「無印良品」である．西友のPBとして1980年に誕生した無印良品は，89年には「良品計画」として製造小売業として独立し，現在では海外にも店舗網を広げる日本PB史における異端児である．無印良品の開発初期のコンセプトにおいて，先行したコープ商品は多くの示唆を与えた（萩原・加賀美 2014）．

7)　なお，2008年に中国製餃子中毒事件が発生してから，品目数の絞り込みが進められており，また後述するようにブランド体系の見直しも行われたことから，2016年時点で約4,000品目に減少している．

て，生協は急成長を遂げていく．

1970年代に入ると，組合員がコープ商品の開発に多様な形で関わるように
もなっていく．商品の試飲や試食，パッケージ作成，キャンペーン策定に
も組合員を巻き込むことで，コープ商品の魅力は大きく向上した．また実際
に消費する組合員のニーズを反映したことで強い訴求力と組合員からの愛着
を生み出した．こうして，発注が単品に集中する単品結集という競争優位を
コープ商品は生協にもたらした．

以上のように安全・安心を旗印とし，開発や普及過程に組合員の参加を得
たコープ商品は，生協を他の小売企業と区別するアイコンとしての役割を果
すとともに，組合員の生協に対する強い帰属意識を生み出すことで，1970
年代以降の生協の躍進を下支えしたのである．

（2）　班別共同購入という無店舗事業の創造

1970年代以降の生協躍進を支えたもう1つのユニークな取り組みが，
「班」による共同購入という事業モデルの創造である．

「班」とは，地域にくらす組合員の少人数単位の集まりのことである．戦
前の消費組合時代の経験を踏まえ，1956年に鶴岡生協（山形県）が組織し
たのが戦後における「班」の始まりとされる．地域にくらす組合員同士の集
まりである「班」は，地域に密着し，組合員を主役とした生協運動の基礎と
して高く評価され，60年には日本生協連総会で「班が生協運動の基礎であ
る」という決議がなされたことで，急速に全国に拡大していく．

この班組織を注文単位として，生協に商品を予約注文して，1週間後に生
協から商品が班に届けられるという事業が同時に全国に広がっていく．生協
の購買事業は図5-2のように分類することができるが，生協の特徴とされ
てきたのは無店舗事業であり，とりわけ班を単位とした共同購入である．こ
の班による共同購入，すなわち班別共同購入が70年代から80年代にかけ
ての生協躍進を支えたもう1つのユニークな取り組みである．

では，なぜ班別共同購入が生協の躍進を支えたのか．その理由は，当時勢

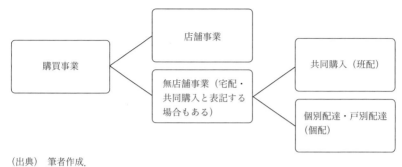

(出典) 筆者作成.

図 5-2 生協の購買事業の概念

力を伸ばしていたスーパーマーケット業態に代表される小売企業の店舗事業と異なる3つの強みが班別共同購入にあったからである.

　まず，班別共同購入は予約注文であるため，廃棄ロスや販売機会ロスを最小化できるという強みがある．店舗の場合は予測仕入が原則のため，過剰仕入による廃棄ロスや過少仕入による品切れという販売機会ロスが生じやすい．それに対して，班別共同購入は組合員が事前に必要な量を発注する予約注文であるため，廃棄・販売機会ロスを圧縮することが可能となる．

　2点目が，組合員の主体的な参加によって流通コストの節約が可能となる点である．班別共同購入の注文単位は，組合員の集まりである「班」である．そのため，生協は班ごとに商品を仕分けして配達すればよく，班に届いてから組合員が自分たちで個人分に仕分けする．つまり，1人ひとり，あるいは1軒単位にパッキングする必要がなく，全体の流通コストを節約することができた．

　3点目が，組合員の口コミの存在である．組合員の口コミは，小売企業にとっての販促活動を代替しただけでなく，組合員同士の交流が生協への信頼感を醸成することにつながった．食品宅配においては，商品が手元に届くまで品物を確認できないという事前選択の不安が事業展開のネックとなるが，これを組合員の口コミによって醸成された信頼感が和らげる役割を果たした．すなわち，本来は事業者が取り組むべき販売促進活動や信頼醸成のためのマ

ーケティング活動を組合員が担うことにより，マーケティング費用の節約や
より強い信頼感を構築することに成功し，困難だと考えられた食品宅配を広
く日本社会に普及させたのである．

　さらに当時は食品宅配の類似業態がほとんど存在していなかったこと，店
舗事業に比べて出店コストなどがかからないため比較的参入が容易だったこ
とも重なり，全国各地の生協は班別共同購入に相次いで乗り出していった．
その結果として，食品を消費者のもとまで届ける宅配，もしくは無店舗と呼
ばれる事業分野において，生協は近年に至るまで独占的なポジションを獲得
することに成功した．

4. 格差社会におけるコープ商品への期待と課題

　前節では，1970年代から生協が飛躍的に成長した原動力として，コープ
商品と無店舗事業における班別共同購入を取り上げた．しかし，90年代に
入るとそれまでの急成長は影を潜め，変化した環境に対応すべく事業の軌道
修正を生協は迫られることになった．2000年代には，さまざまな規制緩和
に代表される新自由主義的な経済政策や経済活動のいっそうのグローバル化，
そして格差の顕在化など，環境の変化はさらに大きいものとなり，新しい課
題が次々と生協の目の前に浮上している．こうした課題に生協はどのように
向き合い，対応しようとしているのだろうか．

　第4，5節では，引き続きコープ商品と無店舗事業という視角から，まず
は事業環境がどのように変化したのかを明らかにしたうえで，その変化に対
して生協はどのように対応しようとしてきたのかを整理しよう．

（1）　コープ商品が直面する小売企業PBとの競争

　現在，コープ商品が直面する課題の1つとして，激化した競争において
コープ商品の独自性を発揮することが，以前よりも困難になっていることが
挙げられる．背景にあるのは，小売企業のPB商品の伸張である．

第 5 章 「食」を支える協同組合の現状と課題　　143

　1990 年代後半から進んだ規制緩和の流れは，それまでの日本の流通システムを形づくってきたさまざまな制度的枠組みに変化をもたらした．2000 年には従来の日本的流通システムの象徴であった大規模小売店舗法（略称「大店法」）が撤廃され，小売企業の大規模化が急速に進んだ．小売企業の大規模化は，市場における価格・非価格の両面で競争を激化させた．競争に勝ち残るために小売企業が選択した方向性は，低価格を維持しながら，高品質かつ日本的な便利な売り方をも追求するというものであった．低価格販売と高い商品価値の両立という困難な課題をクリアするための方策として，小売企業が積極的に取り組んでいるのが PB 商品の拡大である[8]．なぜなら，PB はマーケティング・コストや製品開発コストが相対的に低く，かつ全量買取という取引形態から，品質を維持したまま低価格化を実現できるからである．同時に，小売企業の規模拡大は小売企業のバイイング・パワーを高め，従来は自社ブランドと競合するために PB 生産を行ってこなかった業界のトップメーカーによる PB 供給を実現させ，品質面も大きく向上させている．

　低価格で一定水準以上の品質という近年の PB 商品は市場でも高く評価されており，いまや小売企業の成長を左右する存在となっている．現在では，大手小売企業各社はより優れた PB 商品開発にしのぎを削り，その拡大をめざしている（表 5-2）．

　1990 年代までの PB 商品は「安かろう悪かろう」の代名詞として，消費低迷期にブームを迎え，景気の回復にともないブームも終わるという歴史を繰り返してきた．そうした歴史のなかで，安全・安心にこだわったコープ商品は，PB 商品としては例外的に高い信頼感とブランドを確立し，生協と小売企業との差別化に貢献してきた．ところが，2000 年代に入り，前述のように低価格かつ一定水準以上の品質の PB 商品を大手小売企業が展開するにつれて，コープ商品による差別化の程度が弱まりつつある．加えて，小売企業との価格競争に対抗すべく，日本生協連を中心にコープ商品の拡充が図ら

---

8)　仲上（2012）20 頁．

表 5-2　小売業各

企業名・グループ名	代表的な PB 名	PB 売上
		2014 年
セブン&アイ・ホールディングス	セブンプレミアム	8,150 億円
イオングループ	トップバリュ	7,799 億円
ユニーグループ・ホールディングス	Style ONE （スタイルワン）	1,120 億円
ファミリーマート	ファミリーマート コレクション	1,100 億円
西友	みなさまのお墨付き	－
日本流通産業（ニチリウ）	くらしモア	1,300 億円
シジシージャパン	CGC	2,943 億円
日本生活協同組合連合会	CO・OP	4,055 億円

（出典）　東洋経済新報社『会社四季報 業界地図』各年版および各社ウエブサイトより筆

れてきたが，その過程で牛肉コロッケの原料偽装事件（07 年）[9] や中国製餃子中毒事件（08 年）[10] といった問題を起こし，コープ商品に対する信頼感を大きく毀損する事態となった．

---

9)　食品加工卸売会社のミートホープ社が生産した「CO・OP 牛肉コロッケ」に豚肉が混入されていた事件．
10)　2008 年，冷凍食品である「CO・OP 手作り餃子」に農薬が混入され，多数の健康被害が発生した事件．

第 5 章　「食」を支える協同組合の現状と課題　　　145

社の PB の状況

高実績 2015 年	販売する主なグループ企業名	備考
1 兆 10 億円	セブン-イレブン・ジャパン イトーヨーカ堂 ヨークベニマル そごう・西武	約 3,300 品目
7,637 億円	イオンリテール（ジャスコ） ダイエー マックスバリュ各社 マルエツ マルナカ ミニストップ	約 6,000 品目
1,220 億円	ユニー（アピタ/ピアゴ）	1,460 品目
1,300 億円	ファミリーマート サークル K サンクス	約 520 品目 2016 年 9 月にユニーと経営統合
－	西友	2008 年に米ウォルマートが完全子会社化．約 740 品目
1,300 億円	ライフコーポレーション オークワ イズミ	約 5,516 品目
－	三得 オギノ アークス	共同仕入れ組織（ボランタリーチェーン） 1,300 品目
4,116 億円	各単協 / 事業連合など	4,099 品目

者作成．

　これまで，コープ商品は生協らしさを体現し，安心・安全を核としたブランド・イメージでもって，生協と小売企業とを峻別する役割を果たしてきた．しかし，現在では安心・安全というブランド・イメージにおいて小売企業のPB 商品から猛追され，コープ商品を通じて生協としての差別化を実現することが困難になってきている．

（2）　規模拡大のなかで「生協らしさ」をどう体現するか

　小売企業との競争が激しさを増した 1990 年代以降，生協は競争に対応するため，そのあり方を変化させてきた．変化の 1 つが，事業連合の拡大と日本生協連への利用結集である．

　1980 年代以降に進んだ，生協の成長と組合員のくらしのニーズの多様化にともない，コープ商品の開発が日本生協連だけでなく，各地の事業連合や単協でも取り組まれるようになった．そのため，コープ商品は異なる法人格を持つ事業体（単位生協・事業連合・日本生協連）が，それぞれ開発した商品を，同じ「コープ」，あるいは "CO・OP"，"CO-OP"[11] というブランドで供給する状況になっていた．

　しかし，小売企業との競争に対抗するため，1990 年代から事業連合の結成と日本生協連への利用結集が進んでいく．現在では，独自の商品開発・供給を大々的に行う単協は一部に限られ，事業連合による開発・供給商品も決して多くはない．現状，日本生協連の開発・供給するコープ商品が，多くの単協の店舗や宅配の商品案内書に並ぶ PB 商品の大部分を占めている．

　こうした事業連合の結成と日本生協連への利用結集は，参加した生協にスケール・メリットをもたらし，コープ商品の価格競争力を高めた．だが，これまでのように「開発過程から自分たちが関わった商品」や「組合員の思いに応えてつくられた商品」という感覚を組合員が持ちにくくなるという側面もある．

　これを反映していると考えられるのが，コープ商品におけるロングセラー・ブランドの状況である．コープ商品の歴史を振り返ると，ロングセラーとなったいくつかの製品ブランドが存在する．たとえば，1969 年に発売された衣料用洗剤である「セフター」をはじめ，コープ商品として最大のヒットとなった人参果汁飲料の「ミックスキャロット」(81 年)，芯材なしのトイレットペーパー「コアノンロール」(83 年)，下ごしらえの手間を省いた

---

　11)　日本生協連では，1981 年に "CO-OP" から "CO・OP" にブランドを統一している．

第 5 章 「食」を支える協同組合の現状と課題

2016 年にリニューアルしたミックスキャロット
（日本生協連提供）

2013 年にパッケージをリニューアルしたコアノンロール
（日本生協連提供）

「大豆ドライパック缶」（87 年），簡易包装のティッシュである「グリーンキーパー」（90 年）など，20 年以上のロングセラーとなった商品がある．

しかし，1990 年代以降になると，こうしたロングセラー化した製品ブランドがみられなくなる．一連のロングセラー商品については，開発と普及と過程において，組合員がさまざまな形で関わってきたことが繰り返し語られてきた．こうした組合員の関与とそれに基づく強い愛着が，コープ商品におけるロングセラー・ブランドの背景にあったが，新しいロングセラー・ブランドがみられなくなっているという傾向は，それらが弱まっていることを示しているとも考えられる．

さらに生協は，どの組合員に向けて商品をつくるべきなのか，という問題にも直面している．現在，地域生協の組合員の世帯年収の平均が 400 万円を割り込むなど，組合員の経済面で 1980 年代までと変化が生じている．また，全国の生協の組織率は約 4 割に達したが，組合員の量的拡大は質的な多様性をもたらした．現在の組合員は，年齢だけでなく，同年代でも家計所得や就労形態，あるいは家族形態や生活価値観が異なるなど，その多様性が高まっている．さらに，以前からの生協組合員と新しく加入した組合員では，

生協に対する愛着の程度や理解も異なる．生協の利用方法も，店舗しか利用しない，あるいは無店舗しか利用しないといったように一律ではない．今では，「一般的な組合員」像を描くことはきわめて難しく，以前のように相対的に類似したニーズのもとで，1つのコープ商品への単品結集を期待することも厳しくなっている．

格差の顕在化や商品・事業ニーズの多様化は，一方では「コープ商品は高すぎる」という声と，他方に「高くてもよいからコープ商品は信頼できるものを」という声を生み，「生協らしい」コープ商品とはどうあるべきなのかについての回答を複雑なものにしている．

（3）　日本生協連のコープ商品におけるブランド刷新

このような，小売企業との競争と生協自身の拡大・多様化というコープ商品を取り巻く環境の変化をうけて，現在のコープ商品の大部分を開発・供給する日本生協連は，どのような取り組みを進めているのだろうか．

2000 年代以降，日本生協連を結集の場として全国の単協・事業連合・日本生協連が共同で開発して全国展開する「全国共同開発」が拡大し，利用結集も進んだことを受けて，06 年に日本生協連は新コープ商品政策をまとめた．そこでは，「安全性の確保」と「品質の確かさ」，そして「低価格の実現」の3つをコープ商品が満たすべき基本的価値と位置づけ，商品の特性に応じて追及するべき5つの付加価値があると整理している[12]．新コープ商品政策を受けて，複数のサブブランド・ラインが設けられるなど，商品力の面で他 PB やメーカーのブランドであるナショナル・ブランド（NB）との競争に向き合ってきた．

また，コープ商品第1号の発売から 55 年を迎えた 2015 年からは，ブランド刷新が始まっている．17 年現在，ブランド刷新に関しては「ふだんのくらし」を応援する普段使いの「CO・OP 商品」約 3,000 品目を基本とし

---

12)　付加価値については，2013 年に7つの付加価値へと見直しが行われた．

つつ，サブブランドとして原料や製造方法にこだわった「CO・OP クオリティ」と，子育て世代に向けた「CO・OP きらきらステップ」を導入し，多様化する組合員ニーズへの対応する体系となっている．また，普段使いの「CO・OP 商品」についても，健康配慮や国産素材，産地指定など，組合員の関心の高い要素をマークとして記載するなど，組合員目線のブランドづくりに取り組んでいる．

　また，商品の開発工程についても，コープ商品の開発体制を全国共同開発商品以外にも，エリアごとの事業連合と日本生協連が共同で開発しエリア単位で展開する「エリア共同開発商品」，日本生協連が開発主体となる「卸開発商品」に区分し，組合員の近くでの商品開発に取り組んでいる．同時に，生協らしく「組合員の声」を商品に反映するために，年間約 3 万 7,000 件にのぼる組合員の声を組合員に読み解いてもらう「くらしと商品コミュニケーター」や，日本生協連テストキッチン来館モニターや在宅モニターなどを実施している．集められた組合員の声は，生協内部に留めず，生産者と共有する取り組みもスタートした．

　一連の取り組みは，2000 年代以降の社会や生協自身の変化を踏まえつつ，コープ商品に関する組合員の声にしっかりと応えようとしたものである．ただ，改めてコープ商品が組合員の生協への愛着を高め，小売企業との差別化を実現するためには，さらなるブランド発信や組合員とのコミュニケーションの強化が重要となる．そうした際，組合員の主体性を軸とした商品開発により積極的に取り組むなど，コープ商品を通じて組合員と生協とをつなぐ挑戦がいっそう必要になるだろう．

（4）　自らの価値観を軸に，商品と組合員と向き合う生協

　第 2 節で論じたように，「生協」は単一の組織ではなく，多様な価値観を持った異なる生協がそれぞれ独自に活動している．そうしたなかには，組合員が多様化した現代だからこそ，自分たちの確固とした想いを軸にして，想いに共感する人たちが集った生協が少なからず存在する．そうした生協は，

現代という時代にどのように向き合っているのだろうか．ここでは，九州に本部を置くグリーンコープを取り上げてみたい．

　グリーンコープは1988年に九州・山口の25生協で結成された連合会である．結成後に単協の合流などがあったため，現在は九州・中国地方の14単協が会員となっている．商品の管理を担うのはグリーンコープ連合，共同購入や店舗事業を運営するのは単協である．2007年には，単協と連合によってグリーンコープ共同体が設立され，現在はこの3主体の下で事業と運動が進められている．

　グリーンコープと他の生協との大きな違いの1つが，商品に対する考え方である．グリーンコープでは，商品1つひとつを「命を育む食べもの」として位置づけ，経済活動としての「商品」ではなく，組合員の思いやこだわりに応えた「安全で信頼できる食べもの」であることを最優先している．

　そうした姿勢はグリーンコープの取り扱う商品に表れている．たとえば，グリーンコープでは加工食品や菓子を含めた食品には，不要な食品添加物は一切使わず，必要な添加物についても自主基準に基づいて安全性が確認されたもののみを使っている．また，食品の原料についても，加工過程で使用されるものを含めて，その産地を追跡できるようになっている．

　もう1つの特徴として，組合員が主役の商品づくりにこだわっている点が挙げられる．グリーンコープの商品開発は，開発あるいは改良する商品を選定するところから始まるが，その段階で理事などを含めた組合員が参加する市販品の調査・学習会を開催して，組合員目線で具体的な商品を決定している．これは職員主導ではなく，組合員の要望に応えた商品開発を実現するための1つの仕組みである[13]．

　安全と組合員出発というこだわりもあって，グリーンコープが自ら開発して供給するPBの品目数は2,265と決して多くはない．しかし，組合員の目

---

13)　職員による商品開発・改善も実施されるそうだが，供給実績には組合員が主体となったものと明確に差が出ることが多いという（2016年10月22日ヒアリング）．

線に立ち，安全を徹底して追及する姿勢は，組合員から強い支持を集めており，グリーンコープは事業を拡大させてきた．グリーンコープのあり方は，一般の人々がイメージする「生協」らしさを突き詰めることで，組合員からの強い愛着と主体性を引き出しているといえる．

他方，課題として考えられるのは，そうしたあり方のなかで拡大する組合員にどう向き合うのか，という点である．グリーンコープがより多くの組合員の思いに応えようとしたときには，多様化するくらしや生き方それぞれに対応する必要にも迫られるだろう．自分たちの価値観を大切にしながら，どのように共感の輪を広げるかが，グリーンコープの今後の課題である．

5. 格差社会における共同購入の課題と可能性

(1) 個配の成長と共同購入をめぐる競争環境の変化

1990年代以降にかけて，無店舗事業が直面した大きな変化は組合員のくらしの変化である．とくに顕著だったのは，女性の就労率の高まりによる組合員の典型であった子育て世代の専業主婦層の減少である．代表的な子育て世代として想定される25〜39歳の女性の平均就業率は，70年の約42％から2011年には約72％へ上昇した．専業主婦の減少という事態を受けて，平日昼間に商品が届く共同購入を利用することができる組合員が徐々に減少している．

また，組合員の生活価値観が変化した点も見逃せない．1970年代以降，人間関係を煩わしいと感じる層が増加してきた．そうした層はさまざまな活動を求められる班別共同購入を敬遠する傾向にある．つまり，「班活動に『関わりたくない』人と『関われない』人」[14] が組合員のなかで増えているというのが，現代の生協の直面する問題の1つである．

共同購入を利用したくない・できない組合員の増加という変化を受けて，

---

14) 道場（2014）174頁．

生協も新しい取り組みを模索し，現在では１つの対応策を展開している．それが1990年代以降に伸長した個別配達（以下，個配）である．

　個配とは，班別共同購入と異なり，手数料を支払う代わりに組合員１人でも利用できる商品の宅配システムである．生協を利用したいが共同購入は敬遠したい層，あるいは共同購入を利用できない層に対して，個配はうまくフィットした．その結果として，個配は1990年以降順調に拡大を続け，2006年には供給高で班別共同購入を上回るまでに成長した．

　しかし一方で，個配は生協に大きな課題を突きつけている．もともと個配の導入にあたっては，生協運動の核となる班組織の弱体化や，個配手数料という新しい組合員負担への理解，配達先増加や個人別仕分け作業の増加などによる事業効率の低下などが懸念された．程度の差こそあれ，こうした懸念は現実のものとなり，たとえば，個配手数料については，導入初期の金額から大幅に値下げが行われた．それ以外の部分についても，各地の生協は対応に追われている[15]．

　さらに個配の伸張が進んだことで生協の供給高は上昇してきたが，無店舗事業の利用状況をみてみると，別の課題も浮き彫りになる．その１つが，１人当たり利用高の減少傾向が続いていることである．高齢化や少子化の進行による家族構成と消費行動の変化，さらに格差社会化によって生協での購入量が減少を続けている．とくに組合員の高齢化は顕著である．2015年の生協組合員意識調査によれば，組合員の平均年齢は55.9歳となっている．一般的に消費支出に積極的なのは若年・子育て世代となるため，組合員の高齢化は利用高の低下をもたらしている．

　また，無店舗事業をめぐる外部競争環境に目を向けると，生協が優位性を持っていた食品の宅配に対する安心感においても，PB同様に大手小売企業が急速に追随しつつあり，食品のインターネット通販やネットスーパーが伸長している．これまでネットスーパーが採算ラインをクリアすることは困難

15）　たとえば，配送については本書第１章にて言及したとおり，労働問題としても浮上している．

とされていたが，消費者のネット通販慣れによる利用拡大などもあって，その規模が拡大しつつある．注文したその日のうちに配達されるネットスーパーの利便性は生協にはない強みであり，今後も伸長が続くものと思われる．ネットスーパー以外にも，オイシックス等の食材通販サービスの成長，アマゾンに代表されるネット通販大手の生鮮食品取扱も拡大している．

こうした競合業態の登場と普及に対して，生協は個配を含めたサービス競争と PB を中心とした低価格で対応せざるを得なくなりつつある．生協は無店舗という事業形態において，組合員からの高い信頼と個配という新しい事業システムを組み立てることで競争力を発揮してきたが，直近の事業環境の変化はさらなる革新を生協に迫っている．

（2） 地域の生活インフラとしての買物

これまで生協の強みとなってきた班別共同購入は，現在では強みを十全に発揮することが困難になっている．事業的には新しく個配という取り組みが現れたが，近年では大規模小売企業との激しい競争に直面している．

しかし，生協の無店舗事業には，現代でも組合員や社会からさまざまな期待が寄せられている．たとえば，「買物難民」として人口に膾炙した，日常の買物に何らかの不便を抱える人々の増加という問題がある．近隣商店や商店街の衰退と高齢化にともなう交通手段の欠如により，日常の買物が困難になってしまった人々にとって，商品を宅配してくれる共同購入や個配はなくてはならない存在である．現在では，小型のトラックに商品を積んで訪問販売する移動販売車を展開する生協も少なくない．移動販売車は黒字化が難しく，事業的にはまだ課題を抱えているが，それでも地域と組合員にとって必要なこととして，多くの生協が前向きに取り組んでいる．

また，生協は利用したいが，共働きのため受け取りができない，あるいは不在置きに使う保冷箱が保管できないなどの理由で宅配事業を利用しにくい組合員に対しては，営業時間内であればいつでも商品を受け取れる「ステーション」を設ける単協もある．ステーションは生協の店舗や支所が中心だが，

それ以外にも酒屋や花屋などの商店，あるいはガソリンスタンド，喫茶店等，地域の事業者にまで裾野を広げている単協もある．生協を利用できる条件を積極的に整えることで，日常の買物の多様性を生協は広げつつあるとも言えよう．

こうした事業的な面での貢献だけでなく，生協の共同購入や班活動が，地域の人間関係づくりに寄与していた面も再評価されつつある．班という生協の組織は，地域にくらす住民（組合員）ベースの組織であり，班と生協を通じた組合員同士のコミュニケーションが地域のつながりづくりに貢献していた面がある．たとえば，生協の組合員理事や班長，リーダー等の経験者が，地域の自治会活動にも積極的に参加しているケースは現在でも少なくない[16]．

問題は，班という人同士をつなげてきた仕組みを，現代の情勢に合わせてどのようにアレンジできるのか，という点にある．共同購入を利用したくない・できない人が増えるなかで，彼らに協同の機会をどのように提供し，その意義を理解してもらうのか．地域で活動する生協にとっての重要な課題である．

ただし，東日本大震災以降，以前よりも人と人のつながりを求める価値観が強くなっているという指摘や調査結果が出てきている[17]．地域において，長年にわたって「食」を支えた共同購入という仕組みを活かして，改めて「くらし」全体を支える仕組みに発展させることは，社会でも受け入れられる可能性を大いに秘めているといえる．

その際には職員の力を十分に生かすことが欠かせない．なぜなら，かつての班のつながりは，組合員だけで成立していたわけではなく，仲立ちとしての職員が深く関わってきたからである．組合員の日常のくらしに触れているからこそ，現在では地域自治体との間で結ばれた見守り協定などを引き受けることができている．職員の役割は今後ますます拡大していくと考えられる．たとえば，増加が見込まれる認知症傾向を，注文状況や日常のやり取りから

---

16) 加賀美 (2014) を参照されたい．
17) 三浦 (2012)，松下他 (2013) などを参照されたい．

発見するなど，組合員に向けてさらに一歩踏み込んだ関わりも期待されている．

6. おわりに

戦後直後から誕生した生協は，人々の「食」を支える協同組合としての役割を一貫して果たしながら，事業者として成長を遂げてきた．成長を可能としたのは，コープ商品に代表される安全・安心といった「食」へのこだわりや，班別共同購入という人のつながりを活かした仕組みを築き上げたことにある．コープ商品や共同購入が，生協を普通の小売企業と差別化し，日本における「食」の場面において，生協に特別な立ち位置を与えてきた．

しかし，社会環境や組合員のくらし，生協自体のあり方が変化するなかで，こうした生協としての特徴を体現する仕組みの維持や，それにともなう差別化を実現することが難しくなりつつある．

一方で，現在では協同組合による新しい「食」の支え方として，「夕食宅配」や「こども食堂」といった形で，高齢化社会と格差社会に果敢に向き合う事例も増えている．2007年にコープやまぐちが先陣を切った夕食宅配は，全国の事業規模で40億円を超えた．しかし，現在の配食市場全体は約800億円と試算され，今後も拡大が見込まれている．生協が活躍しうる余地は大きい．また，地域の子どもたちに，地域住民が食事を提供するこども食堂を行う生協もある．こども食堂は，経済的に苦しい世帯の増加にともない，子どもの食生活が悪化するなかで，地域における支えあいの1つの形として社会から注目を集めている．

夕食宅配やこども食堂といった新しい試みは，共同購入や商品とは異なる形で「食」を支えようとする，「生活」の協同組合としての「らしさ」の新しい発揮といえるのではないだろうか．生協に向けられる眼差しが，期待と厳しさを強めるなかで，消費者の協同組合としてのアイデンティティを保ちながら，自分たちの強みを活かした仕組みを築き上げ，社会における自らの

役割を示す事業に挑戦することが，今改めて求められている．

　日本生協連のコープ商品の写真および情報については，日本生協連渉外広報本部広報部と同資料室にご協力をいただいた．

参考文献

NHK放送文化研究所（2015）『現代日本人の意識構造［第八版］』NHK出版．

奥村陽一（2014）「現代の生協経営分析」『経済系：関東学院大学経済学会研究論集』第260集，20-44頁．

加賀美太記（2014）「「おしゃべりパーティ」によるコミュニティの再建：協同組合の「絆」づくりの試み』全国勤労者福祉・共済振興協会．

加賀美太記（2015）「格差社会の進展とマーケティングの変化」流通経済研究会監修，大野哲明・佐々木保幸・番場博之編『格差社会と現代流通』同文舘出版．

柏尾昌哉（1995）「資本主義社会と消費者問題」柏尾昌哉編『現代社会と消費者問題』大月書店，41-49頁．

川口清史・毛利敬典・若森資朗著，くらしと協同の研究所編（2005）『進化する共同購入：コミュニケーション，商品・品揃え，ビジネスモデル』コープ出版．

木立真直（2007）「協同組合と流通」加藤義忠・齋藤雅道・佐々木保幸編『現代流通入門』有斐閣，145-164頁．

木立真直（2010）「生協無店舗事業の深化と展開方向－業態・サプライチェーンの観点から」現代生協論編集委員会編『現代生協論の探求－新たなステップをめざして』コープ出版，225-264頁．

杉本貴志（2012）「日本における協同組合の歴史と理念」中川雄一郎・杉本貴志編『協同組合を学ぶ』日本経済評論社．

仲上哲（2012）『超世紀不況と日本の流通　小売商業の新たな戦略と役割』文理閣．

日本生活協同組合編著（2014）『［新版］生協ハンドブック』コープ出版．

日本生活協同組合連合会商品政策室（2014）『コープ商品物語2014』日本生活協同組合連合会．

萩原富三郎・加賀美太記（2014）「社会に問いを投げかける『無印良品』というあり方」『くらしと協同』14，3-10頁．

藤井喜継（2017）「CO・OP商品のブランド刷新の到達点と今後の課題」『生活協同組合研究』第496号，14-25頁．

堀眞由美（2013）「消費社会の変遷と消費行動の変容」『中央大学政策文化総合研究所年報』第17号，137-153頁．

松下東子・濱谷健史・日戸浩之・野村総合研究所（2013）『なぜ，日本人はモノを買わないのか？：1万人の時系列データでわかる日本の消費者』東洋経済新報社．

三浦展（2012）『第四の消費　つながりを生み出す社会へ』朝日新聞出版．

道場親信（2014）「『個人化』社会における〈つながり〉と協同組合運動－首都圏生活クラブ生協の取り組みから」長田攻一・田所承己編『〈つながる／つながらない〉の社会学－個人化する時代のコミュニティのかたち』弘文堂，162-189頁.

行岡良治・加賀美太記（2015）「『生命（いのち）に寄り添う』ために必要なことは何か：商品でなく，「食べもの」として」『くらしと協同』14，11-18頁.

若林靖永・樋口恵子（2015）『2050年　超高齢社会のコミュニティ構想』岩波書店.

若林靖永（2010）「生協商品事業の再構築」現代生協論編集委員会編『現代生協論の探求－新たなステップをめざして』コープ出版，267-288頁.

第6章
協同組合が創る農産物流通

1. 卸売市場流通と卸売市場外流通

　私たちが普段口にする米や野菜，果物といった農産物は，自分でつくらなくても，また近くでつくっている人がいなくても，スーパーやコンビニなどに行けば手軽に入手できる．では，私たちが生きていくうえで欠かせない農産物は，一体どのようなルートをたどって，生産者から消費者にまで行きつくのであろうか．

　図6-1は，農産物の流通経路を大きく4つに分類したものである[1]．経路aは生産者から卸売市場[2]を経由して実需者・消費者に流れるルートである．この場合の消費者は，大量に農産物を扱う外食産業や食品加工会社が多い．経路bは生産者から卸売市場を経由し，スーパーや八百屋などの小売業者を通じて実需者・消費者に届けられるルートである．個人消費者がスーパー

---

1)　農産物流通に関する詳細な説明は，藤島他（2012）を参照されたい．
2)　卸売市場は，卸売市場法に基づいて設置されているものであり，農林水産省が認可・監督する中央卸売市場，各地方自治体が認可・監督する地方卸売市場がある．

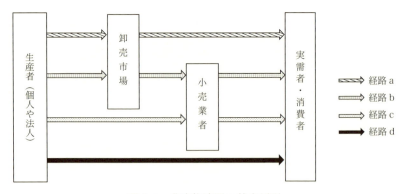

図 6-1 農産物流通の基本類型

などで購入する農産物は，このルートを通っているものが一般的である．経路 c のルートは，生産者から小売業者を経由して実需者・消費者に流れるケースであり，スーパーの産直コーナーなどがある．そして経路 d は，生産者から消費者に直接，農産物が行きわたるケースであり，朝市などの定期市，生産者が直接運営する農産物直売所，あるいはインターネット販売などがある．

経路 a や経路 b のように，卸売市場を経由して，生産者から消費者に届けられるルートは「卸売市場流通」（以下，市場流通）といい，経路 c や経路 d のように卸売市場を経由しないルートを「卸売市場外流通」（以下，市場外流通）という．卸売市場では，全国からたくさんの農産物が集荷され，せりや相対取引によって価格が決定される[3]．

卸売市場を経由することには，次のような利点がある．たとえば，生産者は自分のつくった農産物の売り手を探す必要がなく，価格を決定するための交渉にも時間を割かなくてよいことである．また，仲卸業者などの買い手にとっても，全国から欲しい農産物をつくっている生産者を探さずに，全国の

---

3) 米の場合は，相対取引や業者間取引で価格が決定されている．2004 年に改正食糧法が制定されたことにより，それまで国が管理していた米の流通は自由化され，米穀価格形成センターで価格が決定されていた．2011 年 3 月 31 日にセンターは解散し，現在の取引形態となった．

農産物を入手することができる．このように，卸売市場があることで，売り手および買い手の双方が，取引先を探したり，取引先の情報を集めたり，あるいは価格を交渉したりといった取引費用を抑えることができるのである．

では，市場流通ではどのような課題があるだろうか．まず，生産者にとっては，卸売市場に出荷するために，大きさや品質などについて大変厳しい規格に合う農産物をつくらなければならないうえ，自分で価格を決めることができないことがある．そのため，農薬を減らして健康や環境に配慮して育てられた農産物は，大きさや形，見かけが規格に合わず，収穫量が少ないことが多いため，高い価格での取引は望めないのである．加えて，生産者から消費者の間に多くの中間流通業者が介在しているため，手数料として中間マージンが取られてしまい，生産者の手取りは低く，消費者は高い価格で購入するということになってしまう．そのうえ，農産物や生産者・消費者の情報が双方向に伝達されにくくなり，情報の非対称性が大きくなる．

多くの売り手から多くの買い手に効率よく農産物を届けるために，卸売市場は重要な役割を担っており，私たちがさまざまな農産物を手軽に購入できるのは，卸売市場流通システムが発達したからであることは確かである．しかし一方で，評価基準が画一的であるため，健康や環境への配慮に代表されるような，生産者や消費者の時代に合った多様なニーズ（想い）に対応した取引を実現することは難しい側面もある．そのなかで発達してきたものが，卸売市場を介さない市場外流通である．その代表的なものに，生協の生協産直や，農協が設置している農産物直売所などがある．

2. 生協産直の変遷：生産者と消費者の協同

(1) 生協産直とは

生協産直は，消費者と生産者との直接の結びつきのなかで，食べ物をつくっていこうとするものであり（日本生活協同組合連合会 2009），産地直送や産地直結の略語ではないとする生協が多い．すなわち，農産物を生産者か

ら消費者に直接流すという単なる流通システムではなく，農産物を通じて消費者と生産者がつながり，食べ物やくらし，地域のことを考えたうえで取引を行おうとするものである．

多くの生協では，このような考え方を生協産直としてとらえているが，名称やめざすもの，産直商品の基準などはそれぞれの生協で異なっている．したがって，同じ生協産直という言葉を使っていても，具体的な内容は各生協ごとに決められており多様である．また，取り扱っている農産物の全てを生協産直で生産者から直接仕入れている生協もあれば，一部の農産物を生協産直の形態で取引している生協もあり，生協産直への力の入れ方もそれぞれの生協で異なっている．

(2) 生協産直のはじまり

そもそも生協産直は，どのような経緯で始まったのだろうか．杉本（2011）は，生協産直が始まった理由について，草創期の小さな生協が既存の業者から取引を拒否されたという受身の理由と，生協の理念や組合員の要求に応えるためにあえて市場流通に乗らない取引を模索したという積極的な理由があるとしている．

生協産直が始まった1960年代の日本は，高度経済成長期の真っただ中であり，農産物をより安定的に供給するために，農薬や化学肥料の使用，大型機械の導入が急速に普及し，市場流通が発展した時代であった．とくに農薬については，現在では使用が禁止されている毒性の強いものが使われており，河川の汚染といった環境問題も深刻化した．そうしたなか，都市部の消費者（とくに子どもがいる母親たち）が農薬を使用していない安全な食べ物を，そして誰がどのようにしてつくったのかがわかる安心できる食べ物を求めるようになる．

同時に，卸売市場を経由しないルートを生産者と築くことによって，中間マージンを抑えることも当時の産直の目的であった（大木2009）．安全な農産物を消費者に適正な価格で届けたいと思っている生産者と，安全な農産

物を適正な価格で購入したいと思っている消費者が，卸売市場を介さないルートで取引を始めたのである．このような動きは次第に拡大し，同じ考えの消費者グループができ，生産者と直接交渉し，安全な農産物を入手することが消費者運動の1つとして広がっていくことになった．

(3) 生協産直の展開と課題

1970年代になると，日本生協連と全農によって「協同組合間提携推進事務局会議」が設置され，これまで小さな団体が細々と産直に取り組んでいたものが，組織的な取引へと発展し面的に広がっていくことになる．80年代に入ると，高度経済成長を遂げて中産階級層が増加し，経済や生活の安定を求める市民も増え，安全で安心な食を手に入れる活動として生協産直が爆発的に伸展した（大木2009）．このとき，京都生協が表6-1の「産直三原則」を提案し，これが全国的に受け入れられるようになった．現在でもこの三原則を生協産直の基本とする生協は多い．

このように生協産直は消費者と生産者の運動として広がりをみせたのであるが，1990年代に入ると，円高不況などの社会的背景から産直を事業としてとらえるようになっていく．安定的で効率的な産直を進めるために広域産直といった生協側にとって都合のよい産地との取引が広がり，その品質保証として基準化や科学的安全・安心の追及が進められていくことになる．2000年には，「生協三原則」が原則として抽象度の高いものであることから，より生協産直を具体化するために「産直5基準」（表6-2）が提唱された．また，06年にはISO[4]やGAP[5]などの食品品質保証システムの世界的広がりに対応すべく，「農産物品質保証システム」が確立された．このシステムでは，事故やクレームを未然に防止するために，生産・流通・販売において

表6-1　産直三原則

① 生産地と生産者が明確であること
② 栽培・肥培（肥育）方法が明らかであること
③ 生産者と組合員が交流できること

表6-2　産直5基準

① 組合員の要求・要望を基本に，多面的な組合員参加を推進する．
② 生産地，生産者，生産・流通方法を明確にする．
③ 記録・点検・検査による検証システムを確立する．
④ 生産地・生産者団体との自立・対等を基礎としたパートナーシップを確立する．
⑤ 持続可能な生産と，環境に配慮した事業を推進する．

それぞれの規範[6]を設け，点検作業を実施している．

　以上のように，生協産直は安全安心を求めた消費者と安全な農産物を届けたい生産者の直接的取引であったものから，消費者（生協組合員）のニーズに応えるために，安価で便利で安全を追究した科学的根拠に基づいたものに変化してきているのである．

（4）　生産者からみた生協産直

　生協産直を生協側からとらえると，消費者（生協組合員）のニーズに合わせて変化していることがわかるが，この変化を生産者はどのようにとらえているのであろうか．ここでは，長年生協産直に関わってきた2つの生産者団体についてみていくこととする．

熊本県に位置する出荷組合の例

　出荷組合とは，複数の生産者が共同で販売・出荷する任意の組織のことであるが，この出荷組合は，農薬・化学肥料等による大量生産体制に疑問をも

　4）　国際標準化機構（International Organization for Standardization）は，国際的な標準である国際規格を策定するための非政府組織であり，工業製品，食品安全，農業，医療など多岐にわたる分野で2万以上の規格を定めている．

　5）　GAP（Good Agricultural Practice）は，適正農業規範といい，農薬や肥料の適正な散布，作業場の整理整頓の徹底，作業日誌や出荷記録の作成などが点検項目としてあり，農業生産時に生産者が点検することによって，商品のトレーサビリティ，環境保全，労働安全を確保するものである．

　6）　生産ではGAP，流通ではGDP（Good Distribution Practice），販売ではGRP（Good Retailing Practice）という規範を設けている．

った 5 名の生産者によって 1982 年に結成され，現在も関西方面の生協を中心に，生協産直が出荷の 90% を占めている．みかんやにんじん，だいこん，トマトなど数多くの野菜や果物を，約 50 名の生産者が大規模に生産している．2016 年 8 月のインタビュー調査によると，この出荷組合に加入している生

2 ha のハウスでトマトを栽培

産者は比較的年齢も若く，取引先が安定していることから後継者も育っているという．また，16 年 4 月に発生した熊本での大地震の際には，全国の生協から支援を受け，被害を受けた農地の農産物を全量生協に引き取ってもらえたことにより，生産者の被害を少しでも食い止めることができたという．これらの点から，生協産直によって築かれた生産者と生協の継続的な関係性が生産者を育成していることが見受けられるだろう．

　生協産直が始まったころは，生協と農産物の状況をみながら出荷量や価格を話し合って決め，全量取引を生協が約束してくれていたため，生産者も生計を安定させることができ，生産に集中できていたという．しかし，1990 年代以降は，生協からの厳しい要望も増えてきている．たとえば，隔週でトマトのセールをするため，第 1 週目は少ない量で出荷，第 2 週目はセールで売り切れないように多めの量で出荷というサイクルを 1 か月繰り返して欲しいというような要望である．農産物は自然の影響を大きく受けるものであり，人間の都合に合わせて出荷できるものではない．このような厳しい条件を，生産者と消費者が話し合うことでお互いの生活を支えてきたのが生協産直であったはずだが，その内容が時代の流れとともに変化しつつあることがうかがえる．

和歌山県に位置する農業協同組合の例[7]

　この農協は，信用事業を行わず，畜産，酪農，園芸といった特定の生産物の販売・購買事業のみを行う専門農協の1つである販売専門農協である．1983年に農民組合と農民組合産直センターが母体となって設立され，和歌山県全域を対象としている．農民組合は，農民の社会的・経済的地位の向上をめざして，農民が自主的に組織した組合のことであるが，この農民組合は76年に設立され，安全な農産物を求めていた組合員で組織される生協とみかんの生協産直を開始した．生協産直を開始した理由には，農産物流通が市場流通によって生産者と消費者の声が反映されなくなったことから，双方が求めているものを取引する手段として生協産直をとらえていたことがある．近年は，トマトや平種柿を中心に18生協と取引しており，農協設立以来，市場外流通に特化している．また，栽培している農産物のほとんどが，有機農業[8]や環境保全型農業[9]で生産されたものであり，農薬や化学肥料の削減，地域環境への負荷の軽減に長年取り組んできている．

　生協産直に取り組んだ当初や1980年代は，生協の職員や組合員と生産者が一緒になって，時には口論になりながらも，生産量や栽培方法，価格について決定していたという．このような話し合いのなかで，生産者と消費者が生活できる取引が成立していた．しかし，80年代後半以降，生協組合員の消費が低迷し，農産物価格が下落するなか，生協産直に取り組むことだけでは農家の経営とくらしを守ることに限界を感じるようになったという．

---

　7)　2013年6月2日，14年8月11日，16年8月19日に実施した筆者によるインタビュー調査より．

　8)　有機農業とは「化学的に合成された肥料及び農薬を使用しないこと並びに遺伝子組換え技術を利用しないことを基本として，農業生産に由来する環境への負荷をできる限り低減した農業生産の方法を用いて行われる農業」である（「有機農業の推進に関する法律」より）．

　9)　環境保全型農業とは「農業の持つ物質循環機能を生かし，生産性との調和などに留意しつつ，土づくり等を通じて化学肥料，農薬の使用等による環境負荷の軽減に配慮した持続的な農業」である．（農林水産省ウェブサイト「環境保全型農業関連情報」(http://www.maff.go.jp/seisan/kankyo/hozen_type/)より．2017年8月30日最終アクセス）．

2002年には，農協の事務所がある場所に，独自の農産物直売所を開設し，生協産直で取り扱ってもらえない商品を販売するようになった．

このように生協産直だけでは，生産者の生活を支えることができなくなってきているのではあるが，一方で若手生産者を育てるような取り組みもある．それ

農産物直売所の様子

は，「一株トマト」という企画で，一株に生るトマト（約4〜5 kg）を，500 gか700 gに分けて生協組合員に届けるという仕組みになっている．これは，「真っ赤に熟したトマトが食べたい」「昔，畑でもいで食べたような，味の濃いおいしいトマトが食べたい」という生協組合員の声に応える形で1984年に始まった生協産直の1つである．この取り組みに参加しているある生協では，2015年度において8万人以上（全組合員の約4人に1人）の組合員が一株トマトを注文しているという．この仕組みであれば，毎週安定した出荷が可能であり，価格が安定し，定期的に利用してくれる生協組合員に届けられることから，生産者にとっては経営を安定化させることができるのである．また，「生産者カード」という消費者から生産者に感想を記入して届けるものや，産地交流という形で生産者と生協組合員が交流する機会もあり，モノの取引だけでなく，気持ちの交流も含まれている点が特徴的である．このような安定的な取引と，気持ちの交流が保障されていることで，新規就農者も増えており，16年においては55名の生産者で20万4,000株のトマトを生産している．

以上みてきたように，生協産直が変化するにつれて，生産者側も生協産直の基準に対応させながら，生産者の生活を維持するために，生協産直以外のことにも取り組んでいることがわかる．生協産直が市場外流通でありながら

も，生産者と消費者に距離が生じており，生協組合員からは価格のみの評価になりつつある．そのような状況だからこそ，一株トマトのような企画が若手生産者を育成し，生協組合員の食を支える取り組みとして着目されているのである．このような取り組みが生協産直のメインストリームとなることが，今後の生協産直には求められるのではないだろうか．

(5) 生協産直の新たな動き

生協が大規模化し，生協組合員が安価な農産物を求めてきた結果，生協産直においても生産者と消費者の距離が大きくなってきた．しかし一方で，一株トマトの取り組みのように，生産者と消費者を生協や農協がつなぎ，お互いの状況を考えながら農産物の交換と気持ちの交流を同時に進めている取り組みも見受けられる．ここでは，生協産直の新たな動きとしていくつか事例を紹介する．

①独自ブランドの立ち上げ

宮城県に位置するみやぎ生活協同組合では，他の多くの小売店も「産直」に取り組み始めたことから，それらの「産直」とみやぎ生協の「産直」を区別するために，2011年9月から「めぐみ野」というブランドを立ち上げている．めぐみ野の定義は表6-3に示したとおりであり，生産者と消費者双方の視点が入っていることが特徴的である．めぐみ野は，この活動を通じて，消費者と生産者が互いに交流し，お互いのくらしと食生活の見直しを進め，生産と消費のあり方を検討し，共通の価値観を創り出すものであり，「産地直送」という中間流通排除ではなく，「産消直結活動」であるとしている．

表6-3 めぐみ野の定義

① 誰がどのように作ったのかがわかる安全・安心
② 味・鮮度・規格などのよりよい品質
③ 生産者と消費者双方にとっての適正な価格
④ 生産者と消費者の提携に基づく安定的な供給を実現するための事業と運動

(出典) 第35回宮城県めぐみ野交流集会資料より．

そこでは，消費者だけが自分たちの都合に合わせて食品を求めるのではなく，生産者と「交流」することで，お互いに納得し合いながら持続可能な適正価格を決めていくことがめざされている．

みやぎ生協の各店舗には，めぐみ野コーナーが設置されており，それぞれの店舗で提携農家が異なっている．毎月15日には，生産者に店舗に来てもらい，野菜の説明や調理方法について買物に来た組合員と交流する機会を設けている．めぐみ野商品が仕入れ商品よりも価格が高いこともあるが，生産者と交流したことがある組合員はめぐみ野商品を購入する傾向にあるという．店舗での陳列方法や，生産者との交流企画に関しては，店舗で設置している委員会のメンバーで決定している．この委員会には，生協組合員だけでなく，店舗に出荷している生産者，生協職員が加わっており，それぞれの立場を理解し合いながら生産者と消費者が互いに納得できる状況を生み出している．

②生協店舗におけるインショップ

生協店舗内に，地域内で生産された農産物を特設コーナーに陳列する生協も増えている．生産者が直接店舗に持ち込んで，自身で値段をつける場合もあれば，生協職員が調達し生協が価格を設定する場合など，各生協や店舗によって多少異なる点はあるが，地域の生産者の生活を支えるために，少量多品目でも引き取る姿勢は共通している．

たとえば，エフコープ生活協同組合では，地域内の生産者と提携し，地場野菜コーナーを設けている（写真）．価格は生産者自身が決めてバーコードを貼り，前日に収穫した農産物が翌朝店舗に並ぶという仕組みになっている．農産物がレジを通る

特設コーナーの様子

と生産者に報告メールが送られるため，品切れになったときは生産者が再び店舗に農産物を運搬することもできている．取引先となる生産者は，本部の商品部が農協に生産者を紹介してもらっているのだが，生協組合員でありかつ農協組合員でもある人を通して生産者や部会とつながるケースも多いという．生協組合員は鮮度がよく低価格であるため頻繁に購入しており，生産者は市場流通で出荷できなかった余剰農産物を引き取ってもらえるため，両者にとってメリットがあるということである[10]．

③支所での独自企画

1990年代に小さな生協が合併し，大規模化するなかで，小規模ながらもこだわって栽培している地域の生産者との取引では，十分な供給ができないようになってしまった．しかし近年は，1つの生協全体としては難しい取り組みを，支所単位や特定の地域で独自に取り組んでいるケースが登場している．

たとえば京都生活協同組合（以下，京都生協）の中丹支部では，福知山地域においてエコファーマー[11]に認定されている生産者10名程度がつくる農産物を，「福知山エコファーマーフレッシュBOX」として組合員に届ける企画に取り組んでいる．また，綾部市志賀郷町にある志賀郷特産加工センターで製造されている，志賀郷産の農産物を使った加工品についても，支部企画として取り扱っている．他にも，おおさかパルコープでは，生協産直商品のブロッコリーをつくる生産者と生協組合員が交流することで，通常の産直商品としては大きくて届けることができないブロッコリーを食べてもらいたい

---

10) 2016年10月21日に実施した全労済協会「協同組合研究会」のインタビュー調査より．

11) 1999年7月に制定された「持続性の高い農業生産方式の導入の促進に関する法律（持続農業法）」第4条に基づき，「持続性の高い農業生産方式の導入に関する計画」を都道府県知事に提出して，当該導入計画が適当である旨の認定を受けた農業者の愛称名．計画には，土作り技術，化学肥料の使用低減技術，化学合成農薬の低減技術の3つを必ず入れる必要がある．

という生産者の声を聞き，生協管内の特定の地域で，その大きなブロッコリーを販売することにつながった．今では，その生産者と生協組合員が家族のような関係になっているという．

このように，単協全体としては企画することが困難でも，支部単位や特定の地域で企画することによって，地域の生産者や加工会社を支えることに貢献している．

④買物が地域貢献になることを見える化

日々の生活のために買物をしない人はいないだろう．しかし，その買物が地域貢献につながること，逆に労働者を苦しめることにつながることを意識している人はいるだろうか．買物をすることによって地域貢献できることを見える化した取り組みをいくつかの生協が実施している．たとえば，休耕田で栽培した飼料米を餌として育てた鶏の卵を販売するものがある．京都生協では「さくらこめたまご」，コープしがでは「こめ育ちさくらたまご」，コープあいちでは「あいちの米たまご」という商品名で販売されている．

京都生協の「さくらこめたまご」[12] は，京都で育った純国産のさくらという品種の鶏が，京都の不作付地[13] を活用して生産された飼料米を食べて，京都で産んだ卵であり，この卵を購入することで京都府内の養鶏農家と稲作農家を支援することができる仕組みになっている．具体的には，飼料米を使用していない卵に比べて，価格を1個1円高く設定しており，このお金は養鶏農家や飼料生産農家に生産を維持してもらうために使用され，「応援金」と呼ばれている．生協組合員が「さくらこめたまご」を購入する主な理由として，「府内農業の振興・支援につながる」「耕作放棄地の減少に貢献できる」「養鶏農家・米農家の支援になる」があり（山野 2014），2014 年 11 月

---

12) この取り組みに関する詳細は福永（2011）を参照されたい．
13) 過去1年間全く作付けしなかったが，ここ数年の間に再び耕作する意思のある土地（農林水産省ウェブサイト「用語の解説」（http://www.maff.go.jp/j/wpaper/w_maff/h21_h/trend/part1/terminology.html/）より．2017 年 8 月 30 日最終アクセス）．一般的には休耕地ともいわれている．

から15年10月の1年間で約400万個が供給されている．

日々の買物が生産現場につながっていることを実感できるこのような取り組みは，今後の生協産直において重要になると考えられる．

⑤土曜日配送や加工品で全量取引を維持

九州に位置するグリーンコープでは，20年近く前から土曜日の配送を実施している．その理由は，取引先の養鶏農家や酪農家と話をしていると，卵や牛乳の生産に土日はなく，土日に取引がなくなってしまうと，市場価格に左右される卸売市場に出荷する必要が生じてしまうことがわかったためであるという．土曜日に配送を行えば，生産者は安定して出荷できるため，設備投資にも踏み込め，より経営を安定化させることが可能であることから，土曜日の配送を決めたそうだ．生協組合員にも，平日は働いていて荷受ができないが，土曜日であれば利用したいという人がおり，平日の半数程度の配送先を回っている．日曜日には配送がないが，生産者から全量取引を行い，ケーキなどの加工品として生協で販売している．

生産者にとって，生協が全量引き取ってくれることは，経営の安定化にも繋がることであり，グリーンコープの事例は他の生協にも参考になるのではないだろうか．

⑥その他の取り組み

①～⑤以外にも，生協が地域の農業に関与し，そこで生産した農産物を生協の共同購入や店舗で販売している事例も出てきている．その農場では障がい者を雇用しているケースもあり，地産地消を通して地域農業や地域福祉に貢献している．また，組合員が居住地域の農業が廃れていくのを目の前にするなかで，自分たちで耕すことはできないかと，若い主婦たちが農地を借りて作物を栽培しているケースも出てきている．

生協産直は時代とともに変容してきたが，生産者と消費者がお互いの立場を理解した上で取引を成立させることは今後よりいっそう重要になるだろう．

第6章　協同組合が創る農産物流通　　　　173

生産者と消費者の交流機会，消費者の農業に対する理解を高めるために，どのような仕組みが有効なのかを考えていく必要がある．

3.　協同組合と農産物直売所

(1)　JA における農産物直売所

JA[14] は，第二次世界大戦以降，国民に食料を安定的に供給するため，市場流通を販売事業の核として取り組んできた．市場流通では，より多くの農産物を効率よく供給するため，県内の各 JA が同じ規格で選別し，同じ商品名で，同じダンボール箱で出荷する．これによって小規模な農家であっても，他の農家（JA 組合員）と協力することで，価格交渉力がつき，有利な販売を実現することができていた．したがって，農産物直売所（以下，直売所）をはじめとする地産地消活動は，販売事業にとって利点のあるものではなく，むしろ JA の結集力を妨げる可能性のあるものとして，近年まで注目されてこなかった（三島 2005）．

しかし直売所での販売は，規格が厳しくなく，生産者自身が価格をつけられるなど，生産者すなわち組合員にとって利点が多いことから，1985 年に開催された第 17 回全国農協大会決議に「地場販売などを通じ，消費者の地域農業への関心と理解を深めていく」という一文が加えられた．その後 2000 年に開催された第 22 回 JA 全国大会において，「ファーマーズ・マーケット[15] 等を通した『地産地消』の取組み強化」が打ち出され，地産地消の推進が図られるようになった．そして，03 年に開催された JA 全国大会

---

14)　農協には，総合農協と専門農協がある．総合農協は，貯金や資金貸付業務を行う信用事業，野菜や米など農畜産物を扱う販売事業，肥料・農薬・生活用品等を扱う購買事業，保険業務を行う共済事業などを兼営している農協である．本章では JA を総合農協とする．

15)　JA では，農産物直売所（生産者が，卸売市場を通さずに新鮮な農産物を直接消費者に販売する施設）のうち，JA が運営するものを「JA ファーマーズ・マーケット」と呼んでいる．

JAの大規模直売所の様子

に向けて，全国農業協同組合中央会とJA地域特産加工・直売所全国連絡協議会は「JAファーマーズ・マーケット憲章」を公表した．この憲章には基本理念として，直売所の生産者にとっての利点だけでなく，消費者や地域社会全体への利点を掲げており，JAが地域に貢献することによって消費者を含めた地域住民の理解を深めることをめざしているのがわかる．

　また組合員のJA離れが進むなか，JAが直売所を運営することはJAの最重要事業である販売事業の再生を図り，JA離れを阻止する手段としても有効であると考えられた．このような背景から，農協の直売所数は2005年に1,043店舗であったものが，14年には2,000店舗以上，年間売上総額3,266億円に拡大している[16]．また，農協の直売所のうち，43.1％は年間売上が1億円以上の店舗となっており，他の組織が運営する直売所よりも規模が大きい傾向にある．

　JA以外が運営する直売所も増加してきたことから，直売所間での競争が激化し，それぞれの直売所では集客するための戦略を練っている．JAが運営する大型の直売所では，農家レストランや料理教室を併設しているところも多く，「ランドマークのような直売所」もある（毛賀澤2014）．他方，生産者で組織をつくり，生産者主体で小規模な直売所を運営しているJAも存在する．どちらの規模においても，直売所の経営を維持するために，直売所近辺の生産者からだけでなく，他の地域から仕入れている直売所が多いため，農協組合員である生産者としては，なるべく組合員の農産物が売れるように

16）農林水産省『平成26年度6次産業化総合調査報告』より．

工夫してほしい，という声も聞かれる．どのような規模の直売所が適しているのか，どれぐらい仕入れをするのかは，各直売所，地域や組合員の状況によって判断し組合員に納得してもらうことが必要であるだろう．

(2) 異なる協同組合の協同直売所

直売所は主に農産物を対象として発展してきているが，漁協と協同で農産物と海産物を販売するケースもある．農協と漁協の共同出資によって直売所を設立している事例として鳥羽マルシェがあり，第9章で取り上げている．それ以外にも，全国のJA直売所のなかで最大の売上高となっているJA糸島産直市場「伊都菜彩」（以下，伊都菜彩）が，直売所において地場産の農産物と海産物，両方の販売に取り組んでいる．

伊都菜彩は，JA糸島が2007年4月にオープンした，売り場面積約1,200m^{2}の直売所である．同年度の販売金額は18億7,000万円であったが，その後右肩上がりで増加し続けており，15年度には40億円を超えるに至っている．

農産物については，糸島市内の生産者約1,000名が出荷会員として登録しており，朝採り野菜を直売所に持ち込み，販売している．海産物は糸島市内の7つの漁協から，その日の朝に鮮魚が持ち込まれ店頭に並べられ，無料で調理をするサービスも提供されている．農産物・海産物以外にも，糸島産の牛肉や豚肉，鶏卵，牛乳，糸島産の原材料を使用した加工品が並んでおり，また，休憩コーナーを兼ねたイートインコーナーでは糸島産小麦を100％使用したうどんを食べることができるなど，ここに来れば糸島産の食品が何でも揃

伊都菜彩

うような場になっている．糸島産の商品には「マル糸」マークを付け，生産者も消費者も糸島産を意識することができ，「マル糸ブランド」を形成している様子がうかがえる．

多くの農産物直売所では，経営を安定させるために地場産以外の農産物を仕入れる傾向にあるが，伊都菜彩のように，地域の1次産業の生産者が協同することで，直売所全体を地域ブランド化することが売上を伸ばすことに繋がり，より地域に根付く直売所になるのではないだろうか．異種の協同組合が協同することによって可能となる興味深い事例であり，今後の展開に期待したい．

4. 進化する卸売市場外流通：協同組合の可能性

本章では，農産物流通において協同組合が関わってきた市場流通と市場外流通について，とくに市場外流通に焦点を当てながら，その変遷と近年の状況をみた．市場流通は食料をより多くの人に供給するうえでは重要であるし，生協産直や直売所といった市場外流通は生産者と消費者，それぞれのニーズをかなえやすく地域経済を共に維持・発展させていくことに大きな役割を果たす．

しかしながら，市場外流通が大規模化すると，生産者と消費者の距離は遠くなり，本来の意義を発揮できなくなってしまうことも念頭に置く必要があるだろう．市場流通・市場外流通あるいは，大規模・小規模のどちらかに偏るのではなく，バランスが大切であるといえる．生産者や消費者のニーズ，立場の違う人同士の理解の向上，地域の状況を踏まえながら，農産物を通して地域を盛り上げていくには，関わる人たちの「交流」が必要不可欠であり，協同組合という仕組みがそれを実現できる可能性を大いに秘めている．そのような「交流」を繰り返してできあがる農産物流通であれば，地域の人々の暮らしを支えるバランスのとれたものになっていくのではないだろうか．

参考文献

大木茂（2009）「産直と産直論のレビュー（上）―80 年代までの生協産直を中心に」
　　『生活協同組合研究』第 399 号，49-56 頁．

毛賀澤明宏（2014）「生産者の想いを伝える『産直新聞』」『くらしと協同』第 10 号，
　　38-43 頁．

杉本貴志（2011）「産直と地産地消―さまざまな理念，さまざまなあり方」『協う』
　　123 号，6-7 頁．

日本生活協同組合連合会（2009）『全国生協産直レポート』

福永晋介（2011）「生協の実践報告：飼料米・飼料稲の取り組みから見える食・農・
　　コミュニティーの再生―だから，私たちは応援しています」『協同組合経営研究
　　誌にじ』第 633 号，136-147 頁．

藤島廣二・宮部和幸・岩崎邦彦・安部新一（2012）『食料・農産物流通論』筑波書房．

三島徳三（2005）『地産地消と循環的農業』コモンズ．

山野薫（2014）「飼料米給与鶏卵の症特性とその評価に関する一考察―京都生協のさ
　　くらこめたまごの場合」『くらしと協同の研究所 Discussion Paper Series』17，
　　39-47 頁．

第7章
協同組合職員のモチベーション

1. 協同組合職員の特徴

(1) 協同組合の職員

　第1章では，協同組合の職員が働く環境を向上させる1つの方法として，人事制度・給与・待遇の改善について具体例を取り上げて考察した．しかし，いくら処遇が改善されたとしても，働き甲斐のない職場であれば仕事に対する職員のモチベーションは上がらず，組織全体のパフォーマンスが伸び悩む場合も多いのではないだろうか．したがって，処遇の改善だけでなく，働き甲斐のある職場をどのように創り出すのか，ということも協同組合が提示することが重要であり，また，組合員から成り立つ協同組合であるからこそ，提示できる可能性が十分にあると考えられる．本章では，協同組合における職員像についてまとめ，職員の働き甲斐，すなわちモチベーションを高めるためには，どのようなことが必要なのかについて考察する．

　協同組合は，同じ願いや想いをもつ組合員が出資し，利用し，運営するという，組合員の三位一体を組織の特徴としている．組合員が加入している協

同組合を協力して運営するということは，理論上，組合員と職員の区別はないということになる．組合員数が少ない小規模な協同組合であれば，組合員の多くが経営も含めた運営に携わることができるだろう．

　しかし，組織を大きくしていこうとすると，より多くの出資者（組合員）が必要になり，組合員が多くなれば，その大半は経営や運営に直接関わる機会を得ることが難しくなる．すると，組合員の運営への参加は後退し，職員が提供するサービスを受けるのが組合員，物品を調達し店舗を経営するのが職員というような分離が生じることとなる[1]．

　現在日本にある協同組合の多くは，職員が組織の経営を専門的に担っている．他方，社会の動きとしては，バブル経済が崩壊して以降，経済のグローバル化が促進され，競争が激しくなるとともにお金のみに価値が置かれるようになってきている．このような社会の流れを受けて，協同組合においても，目に見える経営業績を評価の中心とする経営主義が強まり，事業目標（多くは数値目標）の達成を最優先事項としながら，他企業との競争優位を確保するために職員が働くという状況に陥っている（堀越 2015）．こうした環境で働く協同組合の職員は，それぞれの仕事のなかで協同組合を意識する機会が少なくなっており，やりがいをどこに見出せばよいのかと悩むケースも少なくないだろう．

　堀越（2015）は，協同組合の職員の特徴として「4側面」と「連結者」を提示している．「4側面」は職員の「運動者性」と「労働者性」に大きく分けられている．前者には，協同組合の組織活動を行う「組織者」の側面と組合員と共働する「共働者」としての側面が含まれる．後者には，組合員が所有・利用・運営する協同組合の「被雇用者」と，協同組合の「専門業務従事者」という側面があるという．そして重要なことは，この「4側面」全て

---

1)　中川（2002）では，最初に大成功を収めた協同組合とされるロッチデール公正先駆者組合が1850年に設立したロッチデール協同製粉所において，組合員労働者が自ら出資し，経営に参加し，労働に応じた利潤配分を受けることを原則としていたにもかかわらず，出資者が増加したことで，労働者に対する利潤分配を廃止することになったことが説明されている．

が，程度の差はあったとしても，1人の職員に備わっており，協同組合の目的や課題を実現することを任務としていることである．

「連結者」としての役割とは，協同組合の職員は，組合員・職員・役員を連結することであり，組合員や役員にはない職員独自の役割である．組合員の参加を促したり，役員に適切な判断を促すためには，この連結をうまく機能させることが重要である．しかし，連結するという仕事は，組合員および役員の双方から話を聞き，そして研修会や会議の日程を調整し，議事録を作成するなど，大変手間のかかる作業であり，またその成果を数値として表すことができないため，適正な評価を得にくい業務でもある．この「連結者」としての役割をどのように意識していくのかが，職員のモチベーションを高めるためには必要であるだろう．

（2）　モチベーションを高める必要性

協同組合職員のモチベーションはなぜ大切なのだろうか．石田（2016）が提示している，有効性と効率性のトレードオフという考え方をみてみよう．有効性というのは，「組合員の願いをかなえる，組合員の参加を促進する，組合員の意志を反映する，あるいは組合員が行う活動を支援するなど，そもそもの協同組合の存在意義を達成すること」であり，効率性とは「費用を抑制し剰余を高める」という事業効率を示す．この有効性と効率性はトレードオフの関係にあるため，「事業に力点を置くと効率性は高まるかもしれないが有効性は低下し，逆に，有効性だけを高めようとすると効率性が悪化する」という．しかし，組合員組織である協同組合では，どちらかのみを向上させるのではなく，双方を同時に高めていくことが可能である．なぜなら協同組合は組合員からなる組織であるからである．双方を高めるために重要なことは，組合員の熱意とやる気であり，またそれを奮起させる，あるいはそれに応える職員の熱意とやる気であるだろう．もちろん，新規組合員獲得数や剰余の増大といった数値目標，あるいは昇給や昇格といった職場環境の改善も熱意とやる気を引き出すものではある．それだけではなく，協同組合に

おいては数値では表すことが難しいモチベーションを高めていく必要があり，また高めることができる土壌があると考えられる．

西井（2016）は，JA職員を対象としたアンケート調査を実施し，「協同組合理念」が，「理念に共感を覚える」といった感情レベルから，「理念の内容をよく知っている」といった知識レベルに浸透し，知識レベルが高い職員は，事業や活動に対して積極的に行動していることを明らかにしている．知識レベルを向上させるためには研修や学習も重要であると考えられるが，協同組合らしさを実感できる組合員との接点も職員のモチベーションには関係しているのではないだろうか．そこで本章では，職員が組合員と接点を持つことで，どのように連結者として事業や活動へのモチベーションを高めるのかを，具体的な事例をみながら検討する．

2. 「おしゃべりパーティ」報告書の読み込み会

(1) 「おしゃべりパーティ」とは

「おしゃべりパーティ」（以下，パーティ）は，生協組合員が非組合員を含む数名に呼びかけ，生協が無料あるいは低価格で商品を提供し，その商品を囲って自宅などでおしゃべりをするという組合員活動である．特定のテーマを決めずにおしゃべりを楽しむ活動であり，組合員を増やす「なかまづくり」を第一目的としていないのが特徴である．唯一求められることは，呼びかけた組合員がパーティ開催後に，おしゃべりの内容や生協への要望などを報告書として生協に提出することである．

パーティが広がり始めたのは2000年前後であるが，その背景として「班」の衰退が大きく関係している．「班」は近所の組合員で形成し，生協職員は班ごとに商品を配達していた．週に1回，近所の組合員と職員が集まる機会にもなっており，その場で食のこと，家族のこと，社会のこと，生協のことなどさまざまなことが話し合われ，それが生協職員にとっては組合員ニーズを拾う場でもあり，交流する場にもなっていたのである．

しかし，女性の社会進出が進んだり，子どもの習い事が増えたり，組合員が高齢化していくなかで，個別配送（個配）が増加し班は減少してきた．すると，職員と組合員の交流が希薄となり，組合員ニーズを汲み取ることが困難になってきたのである．このような背景のなかで，より組合員が参加しやすい企画として，そして生協とつながる場としてパーティが広がっている．名称や参加要件など具体的な内容は各生協によって異なっているが，現在では多くの生協が取り組んでいる[2]．

パーティは，希薄になった地域の人々や家族のつながりを再構築するという役割がある．同時に，生協にとっても報告書を通して組合員ニーズを知ることができるとともに，職員が組合員のくらしに寄り添い，自身の業務を見直すきっかけにもなる．以降では，福岡に位置するエフコープ生活協同組合（以下，エフコープ）を事例に，報告書の読み込み会が役職員にどのような意識変化をもたらすのかをみていくこととする．

(2) エフコープの「エフフレンズ」と報告書の読み込み

エフコープでは，「エフフレンズ」という名称のパーティを実施している．班から個配への移行が進み，組合員組織が変化してきたことから，2006年度に「社会状況や組合員のライフスタイルの変化をみつめ，これまでの延長線で考えるのではなく，組合員のくらしのあった活動と組合員が気軽に参加しやすい仕組みになること」を掲げ，その取り組みの一環としてエフフレンズが始まった．

エフフレンズの報告書の様式には，パーティの開催日，開催人数，非組合員数などの基本情報の他，おしゃべりしたことを自由に記入する欄と，エフコープの商品やサービス，活動について声を記入する欄が設けられている．2015年度，16年度の報告書回収率はいずれも80％を超えており，他の生協と比べても回収率が高くなっている．

---

2)　「おしゃべりパーティ」の研究については加賀美（2014）を参照されたい．

しかし，これまでは，回収された報告書は役職員であまり活用されていない状況であった．報告書には，組合員の貴重な声やニーズが書かれていることから，このような組合員の声を役職員で共有することの重要性を実感するために，2015年度から年に1回，関係部署の担当者や組合員理事が集まって報告書の読み込み研修会を実施することとした．15年度および16年度の研修内容は表7-1のとおりである．支所によっては，支所単位で読み込み会を以前から実施しているところもあったが，エフコープ全体での研修会は15年度が最初である．

ワークショップの様子

　研修会では，おしゃべりパーティの全国的動向やエフフレンズの現状を知るための座学とワークショップが実施された．ワークショップでは，研修参加者がエフフレンズで提出された報告書を，職員と組合員理事からなるグループに分かれて読み込み，最後に全体でグループ発表を行うという構成になっている．

(3) 報告書を通じた組合員との関わりによる職員の意識や行動変化

　2015年度の研修以降，研修に参加した職員や組合員理事のなかには，次年度に支所単位で自主的に報告書読み込み会を実施したり，エフフレンズをより組合員に広げるために広報誌に組合員の声から改善されたことを掲載するなど，さまざまな工夫に取り組む姿が見受けられた．このような積極的な行動を生み出すきっかけには，どのような気づきや認識が関係しているのであろうか．ここでは，ワークショップに参加した職員や組合員理事の感想文（2015年度分）から，その要因の一部を考えてみる．

第7章　協同組合職員のモチベーション　　185

表7-1　読み込み研修会の内容

年度	開催日	参加者数	参加者の所属部署	研修内容
2015	2016年2月3日	45名	組合員理事・組合員活動部・機関運営部・無店舗事業部・商品政策部・ブロック長・支所長など	座学： エフフレンズの経過と課題（無店舗事業部） 「おしゃべりパーティ」に関する他生協の事例などの報告（研究者） ワークショップ： ワークショップ①：2014年度の報告書をもとにグループワーク ワークショップ②：2015年度の報告書をもとにグループワーク
2016	2017年3月22日	52名	代表理事（理事長・専務理事）・常務理事・組合員理事・支所長・組合員活動部・機関運営部・無店舗支援部・経営企画部・コープ九州事業連合など	座学： 「おしゃべりパーティ」の全国的動向の報告（研究者） 区域委員長によるエフフレンズの分析と課題（区域委員長） ワークショップ： 2016年度の報告書をもとにグループワーク

（出典）　エフコープ資料より筆者作成.

　表7-2は研修参加者が，エフフレンズの報告書から何を感じたのかを示したものである．多くの意見が出されていたが，①「報告書に書かれた内容の認識」，②「組合員のくらしや思いを確認」，③「組合員の生協への思いを確認」，④「課題の発見や業務への活用」に関する内容を抽出した.

　①では，報告書の内容が幅広いものであり，組合員の純粋な意見や気になる言葉，大切な言葉があると認識していることがわかる．報告書は組合員の素直な意見が書かれているものが多いことに気づくことで，組合員からの情報を真摯に受け止める姿勢につながっているのではないだろうか．②では，組合員のくらしの変化やくらしのなかでのニーズをとらえていることや，生協の商品が組合員のくらしのなかで喜ばれていることなどを読み取っていることがわかる．個配の拡大や組織の大規模化で掴むことが難しい組合員のく

表7-2　参加者が報告書から読み取ったこと

①報告書に書かれた内容の認識
・商品，くらし，配達など色々なことが発信されている．
・商品やサービスに関する純粋な意見を知ることができる．
・よいこと，悪いことすべての意見が出てくる．
・1枚の報告書に気になる言葉，大切な言葉がたくさんあると改めて気づいた．
②組合員のくらしや思いを確認
・想定外の声もあり，考えさせられた．組合員のくらしの変化にも気づかされた．
・生協の商品を囲っておしゃべりし，喜んでくれていることがわかった．
・報告書の原本は書いた人の思いが伝わってくる気がした．
・組合員もおしゃべりを通して情報交換したいという気持ちがあることがわかった．
③組合員の生協への思いを確認
・担当者へのねぎらいや感謝の気持ちも書かれており，元気が出た．
・普段は特定の組合員からの意見を聞くことが多いが，報告書にはさまざまな組合員の声があり，感覚がいい意味でリセットされた．
・普段はお叱りが目立つが，報告書には喜びや感謝の声もあり，役に立っているという実感を持った．
・普段はお叱りが多いが，報告書には商品やサービス，くらし全般への声がある．
④課題の発見や業務への活用
・各部署への課題もみえてくる．
・組合員への情報宣伝，声を見える化するなど事業や活動に活かしたい．
・エフフレンズ開催時に，報告書の声から活かされたことを紹介することを検討したい．
・実現できない声であっても無視していないことを組合員に伝えることが重要だと思った．
・エフフレンズの特徴を理解し，組合員により参加を促すよう区域委員や担当者と考えていきたい．
・支所長と支所スタッフの関係も報告書と同じで信頼関係を構築することに努めたい．

（出典）　エフコープ資料より筆者作成．

らしを，報告書を通して読み取ることができている．③では，組合員の生協への感謝の気持ちや前向きな気持ちを読み取っている．コールセンターなどに寄せられた組合員からの意見に対しては，普段の業務で対応を迫られるが，このような感謝の気持ちや多様な組合員の声を聞く機会が少なく業務へのモチベーションが低下することも多いと考えられる．しかし，報告書にはこのような感謝の声やねぎらいが，時には職員の名前とともに書かれており，「役に立っているという実感」ややりがいを感じることができていることが示されている．最後に④では，報告書の読み込みや研修を通して，それぞれの立場からどのようなことができそうかを具体的に考えていることがうかが

える．組合員との信頼構築だけでなく，職員同士の信頼構築の重要性にも気づくきっかけを与えており，組織をよりよくしたいという意識改革の表れであるといえる．

　また，報告書を組合員理事や職員といった立場の異なる人と一緒に読み込むことも重要であると考えられる．感想文には，「組合員理事や他部署の人と一緒に考えることで，同じ報告書でも全く見方が異なることに気づかされた」「組合員理事はくらしに着目するが，職員は事業に着目する傾向にある」「エフコープ内でも熱い思いでがんばっている職員がいて感銘を受けた」など，立場の異なる人と生協やくらしについて意見交換できることのメリットに関する感想も多くみられ，生協全体で取り組むことが職員の意識改革やモチベーションの向上に寄与するものと考えられる．

（4）　小括

　このように，エフフレンズの報告書を読み込み，分析することによって，組合員のくらしや思い，考え方や生協への思いを感じることができ，自身の業務への課題を明確にし，モチベーションを高めていることがわかる．組合員と直接交流する機会が少なくなり，苦情を減らすことが重視され，組合員からの感謝の気持ちや生協の商品や企画を楽しんでもらえている，と実感することが困難になっている今日だからこそ，報告書とはいえ，組合員と繋がっている感覚や日々の業務が組合員の役に立っていることを実感できる機会が必要であるといえる．生協職員や組合員が一体感をもって取り組み，全体の雰囲気を高めていくことが重要であるだろう．

3.　JA女性営農指導員の活動からみる連結者としての職員像

（1）　組合員にもっとも身近な存在の営農指導員

　JAの営農指導員[3]は，農業の技術・経営や農畜産物販売について組合員である農家の相談相手になりながら指導を行う．JAにおいては組合員にも

っとも寄り添う機会の多い職員である．そのため営農指導員は「JAの顔」ともいわれ，組合員とJAを結ぶ連結者として重要な役割を担う存在である．

たとえば，農作物が病気になってしまったときにアドバイスを提示したり，より生産性を高めるために新しい品種を導入しその生産方法を教えたり，農家の所得を向上するために作付け品目を変更するアドバイスをしたりといった仕事がある．近年では，組合員への営農指導だけでなく，地域農業への貢献を目的として，小中学校での食農教育の実践や，一般市民向けの農業塾の開催などにも取り組んでいる．

農林水産省『平成26事業年度総合農協統計表』によると，2014年度における全国のJA営農指導員数は1万3,814名となっているが，農家数の減少，JAの合併などにともなって営農指導員数も減少傾向にある．また，農業形態も多様化するなか，農家の農協離れも見受けられ，より組合員に寄り添った営農指導や，JAの存在を地域住民に知ってもらうような活動が必要となってきている．このような状況において注目され始めたのが女性の営農指導員である．農業就業人口の約半数は女性であるにもかかわらず，女性営農指導員は全国的に極めて少数である．そのため，これまであまり女性の視点が営農指導に盛り込まれてこなかったことから，女性営農指導員はこれまでのあり方に疑問を感じ，組合員や地域の活動をより活発にするための方法を模索している場合が多い．次項では，広島県内のJAにおける女性営農指導員の活動から，どのように業務に対するモチベーションを高めているのかを考察する[4]．

---

3) 営農指導員はJAが実施する営農指導員資格認証試験に合格した職員であるが，本章では資格を所持しなくとも営農活動に携わっている営農指導担当者も「営農指導員」に含めることとする．

4) JA広島県営農・生活指導担当者協議会が2016年度に実施した，「女性営農指導員による営農指導活動に関する情報交換会」の内容に基づいている．詳細は，広島県JA営農指導・生活指導担当者協議会（2017）を参照されたい．

（2） 女性営農指導員と組合員の交流にみるモチベーション

広島県内における女性の営農指導員は県内営農指導員のうち約4%である（2016年10月現在）．大変少数ではあるが，女性営農指導員の活動には，組合員とのコミュニケーションを大切にしながら組合員との信頼関係を構築する姿勢が多く見受けられる．たとえば，会話のなかに家族のことなど組合員が親しみやすい内容を盛り込むことや，組合員が資材を購入した際にお礼のメッセージを手書きで書いてFAXを送ること，組合員が何をいいたいのかをうまく引き出せるように工夫することなどがある．このような組合員に寄り添う姿勢を続けることで，組合員の活動が活発化した事例をみてみよう．

形骸化していた会議を活性化

広島県農業協同組合青壮年連盟[5]（以下，農青連）の事務局担当となった女性営農指導員のA氏は，担当となった当初，せっかく会議を開催しても，メンバーがほとんど参加してくれなかった状況を目の当たりにし，「せっかくの会議なのに人が集まらないと何も始められない」と感じたという．会議は形骸化しており，メンバーが集まって何かしようという気持ちはほとんどなかったそうだ．そこで，まずは参加者を集めるために，会議メンバーに積極的に会議の案内メールを送ったり，会ったときに軽く声かけするなど組合員に寄り添う工夫を少しずつ実践していった．

すると徐々にメンバーが集まるようになり，メンバーである組合員に「Aさんにお願いされたらやるしかないな」といってもらえるようになったという．このように組合員に認めてもらえたこと，組合員がモチベーションを高めてくれたことが大変嬉しかったそうだ．さらにこの流れをより発展させるために，A氏は，会議資料をメンバーの状況に合わせてオリジナルで作成することや，農青連の会議内容や活動の様子を広報誌で取り上げることにも尽

---

5)　県内のJA青壮年連盟やJAグループ広島など関係諸団体と連携して，農業青年の協同意識を高め，農業をよりどころとした豊かな地域社会を築くことを目的に設立された「JA青壮年連盟」の県組織．

力し，この活動の意味づけやメンバーの活動を他の組合員にも評価してもら
えるように公表している．このような細やかなフォローアップを続けること
で，農青連のメンバーが付いてきてくれるようになり，大変やりがいを感じ
ているという．

なぜ形骸化していた会議を復活させる気になったのだろうか．彼女は，
「JAや農業を盛り上げていきたいという強い気持ちがあり，農青連のメンバ
ーに，JAや農業をよりよくするためのアイデアを出してもらいたく，ひい
ては，メンバーが自分たちのアイデアを実践していってほしいという想いが
ある」と語っていた．このようなJAや農業への思いや組合員とともに創り
あげていくことへの喜びが彼女を動かしているように思われる．

組合員のニーズを汲み取った視察旅行の企画

組合員を対象に，他の地域の農業や活動の視察するための視察旅行を企画
するのも営農指導員の仕事の1つである．B氏は視察旅行の企画担当となり，
参加者である組合員がより楽しめるような企画にしたいと考えていた．とい
うのも，他の職員が担当すると，出発から帰着まで全てを農協観光[6]に一任
してしまい，組合員が十分に満足できていないように感じたからである．

そこで，B氏は，視察旅行の行程に含まれる昼食を参加者に楽しんでもら
うために，B氏自身が昼食場所を選ぶことにした．休日に候補となりそうな
レストランなどに下見に行き，そのなかから参加者が喜んでくれそうな場所
を行程に組み込んでいるそうだ．他の職員からは「なんでそんな面倒なこと
をするのか」と問われるが，B氏は「どうせ視察に行くなら参加者に楽しい
思い出をつくってほしいという気持ちで取り組んでいるため，下見に行くこ
とも旅程を自分でアレンジすることも全く苦にならない」と感じているという．

---

6) 株式会社農協観光（通称：Nツアー）は，1990年に，社団法人全国農協観光協
会の旅行事業部門を専門的に担うために設立された株式会社である．株主は，全
国農業協同組合連合会（全農），農林中央金庫，都道府県連合会，単協などJAグ
ループのメンバーとなっている．

この視察旅行は参加者に大変好評であるようで，組合員が楽しみにしている企画にもなっている．B氏の「組合員や参加者に楽しんでもらいたい」という思い，そしてその思いにともなった行動への組合員の反応が，積極的な行動の原動力になっていると思われる．

参加者と創り上げる農業塾や農産物直売所

組合員以外の地域住民も参加あるいは関わることができる取り組みに農業塾や農産物直売所がある．JAグループ広島における農業塾は，組合員だけでなく地域住民も農業に関心があれば参加でき，農業や食の理解を実際に農業に関わりながら高めるために実施されている．営農指導以外にも，地域に関わる取り組みは営農指導員が担当することも多い．C氏は，農業塾と農産物直売所の両方を担当している女性営農指導員である．

農業塾では，毎年，参加者の状況に合わせてカリキュラムを自分で考え，参加者が興味を持ちやすいように，講義題目を楽しそうなものにしているという．参加者との会話のなかから，「バーベキューがしたい」「加工品をつくりたい」「花の寄せ植えを学びたい」などのニーズを汲み取り，それになるべく応えるように努力しているそうだ．実際に，花の寄せ植え講習，栽培したピーマンを用いたバーベキューを開催し，さらに2016年度には，栽培した黒大豆を用いて味噌づくりの講習も新たに実施した．参加者に楽しんでもらえることをもっとも重視していることがわかる．

農業塾で栽培する野菜は，近くにあるC氏が担当している農産物直売所で販売することで，少しでも参加者のやる気が高まるように心がけている．さらに，新しい品種の野菜や珍しい野菜を栽培することで，農産物直売所に来た組合員にそのような野菜があることを知ってもらい，農業生産を考えるきっかけにしてほしいと語っており，農業塾と農産物直売所をうまく連携させた取り組みを実現している．

農産物直売所では，農業塾で参加者が栽培した農産物をなるべく多く売れるようにしたいという気持ちから，農業塾の野菜を並べる農業塾コーナーを

農業塾の野菜コーナー　　　　　　農産物直売所の様子

設置している．また，より多くの地域住民に利用してもらうために，お店の軒先に自ら市場で購入してきた花を商品として置き，明るい雰囲気づくりを心がけているという．店内のレイアウトは，2人の女性店員と一緒にJAのマスコットキャラクターの絵を手づくりして飾ったり，地域の人が画用紙などでつくってくれた野菜の置物を並べるなど，参加者でお店をつくりあげる姿勢が見受けられる．来店した人が楽しいなと思ってくれるような状況をどのようにつくっていくかを常に考えて取り組んでいるそうだ．

(3) 小括

本節では，組合員や地域住民にもっとも近い存在としてJA営農指導員がどのようにモチベーションを高めているのかを，女性営農指導員に着目して考察した．どの営農指導員にも共通することは，組合員や利用者に満足してもらいたいという気持ちであるだろう．その根底には，JAや農業をなんとかして盛り上げたいという想いがあり，そのために組合員や地域住民にどのようにアプローチすればよいのかを常に考え，行動する姿勢があるようにうかがえる．また，組合員や利用者から感謝されること，頼りにされることでさらにモチベーションが高まっており，この好循環を生み出すことが重要であることがわかる．

　同時に，このような各営農指導員の活動や課題あるいは思いを，営農指導

員や職員同士で共有することが，新たなアイデアを生み出し，それぞれの課題を解決し得ることも，情報交換会に参加した営農指導員は指摘しており，同じ立場の職員ががんばっている姿も業務へのモチベーションを高めるといえる．

4. 大学生協からみる組合員のパートナーとしての職員

(1) 大学生協における組合員と職員

大学生協は職域生協の1つであり，大学の構成員（学生や教職員）が主な組合員となって構成されている．大学生協の職員には，専務理事や店長などの常勤職員の他，パート職員がおり，購買や食堂などで勤務している．ほとんどの職員が組合員である学生や教職員と接する機会が多いことは大学生協の特徴でもある．専務理事も学生委員会の活動をサポートしたり，理事会で学生理事や教職員理事と生協の方向性を議論するなど，組合員とともに活動する機会がとても多い．事業に関すること，組合員活動に関することなど，多様な業務を職員はこなさねばならないのではあるが，働くことに対してどのようなことがモチベーションとなっているのであろうか．

(2) 組合員のパートナーとして寄り添う職員

「ひとことカード」

「ひとことカード」[7] は大学生協の運営や活動に組合員の意見を反映するために，組合員に要望や意見を書いてもらうカード（用紙）である．各大学生協によって呼び方が異なっており，「一言カード」や「声カード」などとも表現されている．2005年に発売された『生協の白石さん』が大ヒットしてから「ひとことカード」の存在は有名になった．この本は，大学生協の「ひ

---

7) 地域生協においても，組合員の声を聴き商品や事業に反映させるために，コープみやざきや千葉コープ（現在はコープみらい）が1990年代に「よくするカード＆よかったねカード」「ひとことカード」を取り入れている（若林2003）．

とことカード」に書かれている学生の悩みや要望に，大学生協の白石さんが丁寧にユーモアを交えて回答したものをまとめている．回答するのが難しい内容を学生が書いてきても，白石さんが淡々と機知に富んだ返信をしていることで一世を風靡した．

　大学生協における「ひとことカード」は職員と組合員が相互交流するうえで大切な手段であり，各大学でも，「ひとことカード」の質問とそれに対する回答が公開され，どのように対応しているのかを生協が示している．なかには漫画で書かれてきたものに漫画で返すなど，ユーモアあふれたものもある．自分が投稿したものに反応があると喜ぶ学生も多く，組合員に楽しんでみてもらえるように工夫しているそうだ[8]．

　もちろん，このような遊び心があるものだけでなく，「ひとことカード」の内容が商品や事業に活かされることも多い．多くの組合員からの豆乳が飲みたいという要望でフェアを実施した事例や，事業連合に登録されていない商品の要望があり，試験販売すると利用が多かったので事業連合に登録されたことなどもあるという．また，「ひとことカード」に「単位を売ってください」といった要望が多かったことから，大学生協特製の「単位パン」というパンの商品開発にもつながっている．

　このように，「ひとことカード」は職員が組合員の声をきく大切な手段になっており，組合員に楽しんでもらいたい，喜んでもらいたいという職員の気持ちが回答や商品開発への姿勢を高めていることがわかる．

パート職員のモチベーション

　大学生協には，近隣に居住している主婦層を中心としたパート職員も多く勤務している．食堂の厨房や購買の業務など大学生協を運営するうえでは忘れてはならない存在である．今後，労働力不足が予測されるなか，なるべく長期間勤務してくれる職員を育成することが求められる．では，パート職員

---

8)　全国大学生活協同組合連合会（2015）「『一言カード』は，組合員の要望を実現していく活動の基礎」『UNIV.Co-OP』第 409 号，12-13 頁．

第7章 協同組合職員のモチベーション　　195

にとって，どのようなことがモチベーションとなるのであろうか．どの大学生協においても，さまざまな工夫がみられると思われるが，ここでは学生生活実態調査で組合員満足度1位を複数回獲得している奈良女子大学生活協同組合（以下，奈良女生協）の取り組みに触れてみる．

食堂に並ぶ手づくりの料理
（奈良女生協提供）

　奈良女生協の食堂では，事業連合の食材を利用して，事業連合が配信しているメニューを女子大生が好むようにアレンジするなど，メニューの多くは店長とパート職員が考案している．「毎日食べても飽きない，お母さんの手づくりメニュー」をコンセプトに，パート職員が手づくりしている．したがって，毎日味が少しずつ違っていたり，メニューも新しいものがでたりと，変化を楽しむことができるのである．事業連合のメニューは，レシピやオペレーションが十分に検討されているため，いつ，誰が調理しても同じ品質で提供できるように工夫されているが，奈良女生協では，手間がかかりすぎたり，味に違いがあっても，手づくりを維持できるように取り組んできている．

　この味とシステムは，パート職員の高いモチベーションなしには成り立たない．少人数のパート職員で数多くのメニューを提供する必要があるため，全員が手際よく仕事をこなすことが求められる．長年勤務しているパート職員は，「学生がおいしそうに食べているのをみるのが嬉しい」「学生に，『おいしかった』『ありがとうございます』といってもらえることが励みになり，次もがんばろうという気持ちになる」といっていた．「学生のためにつくってあげたい」という気持ちが湧き出てくるパート職員は長く働く傾向にあるという．

　パート職員と組合員がもっと気軽にコミュニケーションを図るために，パ

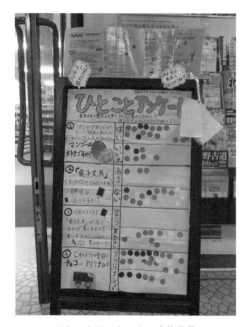

ひとことアンケートの実施風景
（奈良女生協提供）

ート職員からの提案で実施しているものに「ひとことアンケート」という取り組みがある．「ひとことカード」は組合員が生協に対して要望や意見を出すものであるのに対し，「ひとことアンケート」は職員が組合員に意見を聞くものである．購買部を担当するパート職員が，陳列する商品を決める際に，組合員（とくに学生）の感覚を知りたいと思ったことから始まったそうだ．質問は2択式になっており，組合員は自分の意見の側にシールを貼るという仕組みである．たとえば，入荷するパンを決めるときに，「食べたいのはどちらですか？　A：神戸屋ヨンミー，B：神戸屋シャルロット抹茶＆ミルク」という質問では，ヨンミーの投票数の方が多く，実際にヨンミーを入荷するとよく売れたという．

　組合員の要望を聞くことは大事だとわかっていても，直接聞くことは予想以上に難しい．「ひとことアンケート」はそのような壁を少しでも低くしてくれるような取り組みであるといえる．購買部で10年以上勤務するパート職員は，「学生たちが成長していく姿をみるのがとても楽しいです．卒業しても挨拶に来てくれ，来年も来るからといわれると辞めることができません」といっていた[9]．

　パート職員も組合員とのコミュニケーションが，勤務を継続する原動力に

9）2017年4月19日の筆者によるインタビュー調査より．

なっていることがうかがえる.

(3) 小括

大学生協における職員が組合員のパートナーとして寄り添っている姿を「ひとことカード」や「ひとことアンケート」の事例からみると,「組合員に喜んでもらいたい」「組合員の声を聞いて事業に活かしたい」という思いが行動につながっていることがわかる. 組合員とのコミュニケーションが円滑にできる職員は, 勤務年数も長くなる傾向にあることから, 経済的な価値以外の価値を見出せるかどうかが職員数を維持し, 組織を活発にするためのポイントとなりそうである. これら以外にも, 学生委員との関わりなど, 生協職員が組合員とともに組織を創り上げる姿は多くの大学生協でみられるだろう. この組合員と職員が共に創り上げる機会を設定し, コミュニケーションを円滑にすることが職員のモチベーションの1つになると考えられる.

5. まとめ

本章では, 協同組合らしさを実感できる組合員との接点がどのように職員のモチベーションに関係しているのかを検証するため, 生協における「おしゃべりパーティ」の報告書の事例, JAの女性営農指導員の事例, そして大学生協における「ひとことカード」「ひとことアンケート」の事例を取り上げて考察した.

どの事例においても, 組合員から「ありがとう」「おいしかった」など感謝やお礼をいってもらえること,「組合員の役に立っている」という実感が, 働くことへのモチベーションに繋がっており, さらに, この気持ちが「もっと組合員に楽しんでもらいたい, 喜んでもらいたい」「組合員の成長や変化をみるのが楽しみなのでがんばりたい」といった気持ちを生み出し, 自身の取り組みや事業あるいは組織の改善に寄与する行動へと進展していく経過がみられた. 同時に, 仕事に関するアイデアや悩みを共有する職員同士のコミ

ュニケーションも重要であり，この交流があることで自分の取り組みを評価でき，さらなるステップへと進めていくことができるように思われる．

　給与や人事なども職員のモチベーションを高めるためには重要なファクターであるが，協同組合においては組合員のパートナーであることを実感できるような機会と，その気づきを行動に移せるような動機づけも必要であり，組合員や職員同士のコミュニケーションのなかから，目に見えない価値を価値として捉え評価することができるかどうかが鍵となるであろう．

参考文献

青柳斉（1999）『農協の組織と人材形成』全国協同出版．

石田正昭（2016）「協同組合は使命達成と経済性を両立することができるのか」『協同組合研究誌にじ』第654号，131-140頁．

加賀美太記（2014）『公募研究シリーズ36『おしゃべりパーティ』によるコミュニティの再建―協同組合の『絆』づくりの試み』全労済協会．

中川雄一郎（2002）「ロッチデール公正先駆者組合と生産協同組合」『協同の發見』第118号，53-62頁．

西井賢悟（2016）「JA職員における『協同組合理念』の浸透構造と浸透促進策」『協同組合研究誌にじ』第654号，46-54頁．

広島県JA営農指導・生活指導担当者協議会（2017）「女性営農指導員の役割と課題―女性営農指導員の活躍に向けて」『平成28年度「女性営農指導員による営農指導活動に関する情報交換会」報告』．

堀越芳昭（2015）「協同組合における職員の位置と役割―「職員論」試論」『協同組合研究誌にじ』第652号，139-148頁．

若林靖永（2003）『顧客志向のマス・マーケティング』同文舘出版．

第**8**章
女性労働とワーカーズ・コレクティブの可能性

1. はじめに

　女性の雇用をとりまく現状として，「出産・介護による離職が多い」，「非正規雇用労働者が多い」，「男性との生涯賃金の格差がある」など，いくつかの特徴が挙げられる．このようななか，「女性活躍推進法（女性の職業生活における活躍の推進に関する法律）」が10年間の時限立法ではあるが成立したことにより，301人以上の労働者を雇用する事業主は，2016（平成28）年4月1日から以下の①～③の活動が必要となっている（300人以下の事業主は努力義務）．また②，③については，厚生労働省「女性の活躍・両立支援総合サイト」[1] 内に女性の活躍推進企業データベースが公表されている．

　①自社の女性の活躍状況の把握・課題分析

　②行動計画の策定・社内周知・公表・届出

---

1)　厚生労働省「女性の活躍・両立支援総合サイト」（http://positive-ryouritsu.mhlw.go.jp）2017年9月12日閲覧.

③自社の女性の活躍に関する情報公表

「女性活躍推進法」制定の背景として，厚生労働省は「女性の職業生活における活躍の推進に関する法律の施行について」において，以下の要因を説明している．

①就業を希望しているものの育児・介護等を理由に働いていない女性は約300万人にのぼる

②第1子出産を機に約6割の女性が離職する

③離職後の再就職にあたっては非正規雇用労働者になる場合が多い（女性雇用者における非正規雇用労働者の割合は半数以上）

④管理的職業従事者における女性の割合は11.3%（2014年度）

一方で，女性の働き方やライフスタイル，価値観は多様化している．また女性は，男性よりも育児・介護などの中心的な担い手になる場合が現在でも多いことからも，より柔軟な働き方が求められる．たとえば契約社員から正社員への転換，時短勤務，転勤に関する配慮，退職者の復職などの工夫が必要となる．仕事と私生活の両立支援，勤務評価基準の見直しや育成・登用の工夫をすることは，女性のみならず男性にとっても働きやすい環境をつくることにつながり，ワーク・ライフ・バランスや生涯設計の意味からも重要だろう．

本章は，協同組合が示す働き方の選択肢として，ワーカーズ・コレクティブを取り上げ，その可能性や課題について検討したい．また協同組合研究会で2016年10月21日・22日に行った，グリーンコープ視察におけるヒアリング調査の結果を紹介する．

2. ワーカーズ・コレクティブという働き方

(1) ワーカーズ・コレクティブとは何か

「ワーカーズ・コレクティブ」または「ワーカーズ・コープ」は，「労働者（生産者）協同組合」と訳される．もともとは19世紀のヨーロッパで社会

主義の系譜の1つとして，ロバート・オウエンやシャルル・フーリエらの協同主義から発生し，消費者協同組合や労働組合とならんで，生産の協同を目的とする[2]．

　日本では神奈川県横浜市で1982年，ワーカーズ・コレクティブ「にんじん」が発足したのが初めてである．また95年に，ワーカーズ・コレクティブの全国組織として，「ワーカーズ・コレクティブネットワークジャパン」が設立された．ワーカーズ・コレクティブネットワークジャパンは，全国8つ（神奈川，東京2，千葉，埼玉，北海道，近畿，熊本）のワーカーズ・コレクティブ連合組織で構成されており，ホームページによると「ワーカーズ・コレクティブの拡大を支援するとともにそのネットワーク化を図り，ワーカーズ・コレクティブの社会的認知を高め，法制化へ向けて活動すること[3]」を目的としている．全国で500以上のワーカーズ・コレクティブが「食」，「高齢者・障害者支援」，「子育て支援」，「市民文化」，「環境事業」，「情報発信」，「生協委託業務」など，多岐にわたる事業を行っている．

　ワーカーズ・コレクティブの千葉県連合会ウェブサイトでは，ワーカーズ・コレクティブについて，以下のように説明している[4]．

　　出資・運営（経営）・労働を三位一体として活動を進め，地域の課題に気がついた時，働く場としてそれを解決します．
　　仲間を集めて出資を募り，労働の内容は自らで決定します．
　　運営は一人一票を原則とし，出資の多い少ないに依ることなく，民主的な運営を行います．
　　誰もが平等に働ける仕組みとして，注目されている働き方です．
　　◆同じ目的を持った仲間が集まって，地域に根ざした有用な事業を起

---

2)　上野（2011）266頁．
3)　ワーカーズ・コレクティブネットワークジャパンウェブサイト（http://www.wnj.gr.jp）2017年9月12日閲覧．
4)　ワーカーズ・コレクティブ千葉県連合会ウェブサイト（http://www.ac.auone-net.jp/~r11/wco.html）2017年9月12日閲覧．

こします.

◆全員で事業資金を出資して経営を担い，また，雇用しない・雇用されない主体的な労働を全員で作りだします.

◆働くことを通して，社会的な自立，経済的な自立，精神的な自立をめざします.

◆すべてのことは，話し合いで合意を取りながら決定します.

◆事業で得た成果は，みんなで話し合って適正に分配します.

◆報酬は労働の対価として受けますが，営利を目的としない非営利事業です.

またワーカーズ・コレクティブ法案要綱の第3次法案[5]において，ワーカーズ・コレクティブは以下のように説明されている.

ワーカーズ・コレクティブの労働：ワーカーズ・コレクティブの労働は雇用された労働ではなく，対等な立場で自主的に自己決定し，責任を持つ協同する労働である.

ワーカーズ・コレクティブの定義：ワーカーズ・コレクティブは自立，自由，自己責任，民主主義，平等，公正という理念（価値）に基礎を置き，事業において，正直，公開，社会的責任を大切にする自発的に結びついた人々の団体であり，営利を目的とせず，地域貢献を第一目的に事業を行う働く人たちの協同組合である.

ワーカーズ・コレクティブの基準：ワーカーズ・コレクティブは以下のことを要件とする.

1) 労働の場を協同で作りだすものである.

2) 誰でも意思によって出資をして加入し，また脱退する事が出来る.

---

5) ワーカーズ・コレクティブネットワークジャパンウェブサイト（http://jicr.roukyou.gr.jp/hakken/2001/12/114-Workers_collective%20law.pdf）2017 年 9 月 12 日閲覧.

3) 一人一票の民主的運営を行い，組織の情報を共有し，一人ひとりが経営責任を負う．
4) 出資に対する配当は，行わないものとする．
5) 非組合員従事者は従事者総数の5分の1を越えない．
6) 解散時には清算後の組合財産は他の協同組合，またはワーカーズ・コレクティブに譲るものとする．
7) 協同組合運動を強化するために，協同組合間協同を進める．
8) 政府その他の公的組織から独立した協同組合であるから，目的および地域社会への責任を果たす上で必要な事業については，公的組織と対等な契約に基づき，連携を行う．

一方で，労働者協同組合，ワーカーズ・コレクティブの認知度は，少なく

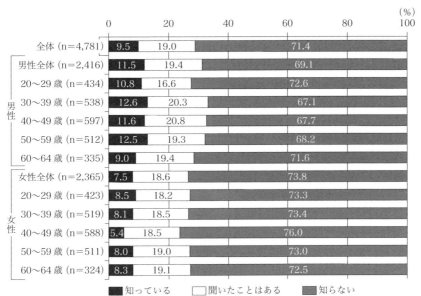

(出典) 全労済協会「勤労者の生活意識と協同組合に関する調査報告書〈2016年度〉」．

図 8-1　労働者協同組合，ワーカーズ・コレクティブの認知状況

とも現在の日本においてそれほど高くない．2016年10月に全労済協会が実施したインターネットアンケートの結果をまとめた報告書「勤労者の生活意識と協同組合に関する調査」によると，労働者協同組合，ワーカーズ・コレクティブの認知度は男性11.5％，女性7.5％となっている．ワーカーズ・コレクティブが新しい働き方の選択肢として十分に機能するためには，まず認知度を高めていく必要があるだろう．

（2）　ワーカーズ・コレクティブで働く人の特性

上野（2011）は，ワーカーズ・コレクティブに参加した生協組合員女性を「相対的に豊かな階層の女性たち」と称している．彼女たちの選んだ「新しい働き方」は「おカネのため」ではない．彼女たちの働き方は，家計の維持のために働く者には許されない「ゆとりの産物だった」としている[6]．

ワーカーズ・コレクティブという選択は，働く者と働く場の提供者の双方に利点がある．上野が「相対的に豊かな階層の女性たち」と説明する高学歴・高経済階層の中高年女性にとっては，パート以外の働き方の選択肢が提供されることになる．たとえば生協における店舗管理や総菜づくりといった仕事の内容そのものや労働条件については，パート職とワーカーズとでそれほど大きな違いがあるわけではない．しかしワーカーズ・コレクティブを支える要因として，「自己実現志向や事業への参加意識，地域からの信頼やニーズに応える使命感や達成感，成長型の事業展開の醍醐味[7]」などがあり，それゆえにたとえ低い時給やパート職と変わらない業務であったとしても，プライドややりがいを感じながら働くことができるという．他方，生協の利点としては，「高学歴でモチベーションが高く低賃金の労働力を，しかも経営コストの負担なしで採用することができた」[8]ことが挙げられる．

このようにワーカーズ・コレクティブの「新しい働き方」が利点をもたら

---

6)　上野（2011）283-284頁．
7)　同上，427頁．
8)　同上，285頁．

す一方で，負の側面も指摘される．たとえば上野は「地域社会への貢献のような高い志や生協福祉の理念，ワーカーズ・コレクティブの参加意識などは，賃金を抑制しつつ動員を調達する自己搾取の装置として機能している現実を，否定することはできない」[9] と論じている．

(3) グリーンコープのワーカーズ・コレクティブ

1998年3月に設立された生協連合グリーンコープは，九州・山口・広島の25のせっけん派生協（組合員14万311人）[10] によって結成された．生協連合グリーンコープは，2007年9月にグリーンコープ共同体として新たにスタートした．17年7月現在，九州・中国・関西にある14の生協で構成されており[11]，40万人の組合員を持つ．

2015年12月31日現在，グリーンコープの労働者に占める女性労働者の割合は，「常勤職員」92.8％，「非正規職員〈社保加入〉」93％，「非正規職員〈短時間〉」98.4％と非常に高い割合となっている．またグリーンコープ全体での女性理事の割合も84.0％（理事人数425名中，女性は357名）と

グリーンコープ・キープ＆ショップ唐人町の様子

---

9) 同上，427頁．
10) グリーンコープ連合「アイライク『元気』2016年版」．
11) グリーンコープ連合ウェブサイト（http://www.greencoop.or.jp/hajimete/）2017年9月12日閲覧．

表 8-1 グリーンコープの理事人数と女性理事人数

生協名	理事人数	女性人数	割合 (%)
グリーンコープ生協おおさか	35	33	94.3
グリーンコープ生協ひょうご	27	25	92.6
グリーンコープ生協とっとり	14	11	78.6
グリーンコープ生協（島根）	14	10	71.4
グリーンコープ生協おかやま	17	16	94.1
グリーンコープ生協ひろしま	28	25	89.3
グリーンコープやまぐち生協	20	16	80.0
グリーンコープ生協ふくおか	49	36	73.5
グリーンコープ生協さが	21	19	90.5
グリーンコープ生協（長崎）	23	22	95.7
グリーンコープ生協くまもと	40	30	75.0
グリーンコープ生協おおいた	39	35	89.7
グリーンコープ生協みやざき	20	15	75.0
グリーンコープかごしま生協	23	20	87.0
グリーンコープ連合	39	32	82.1
社会福祉法人グリーンコープ	16	12	75.0
合　計	425	357	84.0

（出典）　グリーンコープ提供資料より筆者作成.

高い（表 8-1）.

　グリーンコープのワーカーズ・コレクティブは経営に 1 人ひとりが責任を持ち，出資している（ワーカーズ遊の場合，初回 1 万円，毎月 2 千円）. 今回の視察で得た，企業組合ワーカーズ遊の「仲間」募集のチラシには，「ワーカーズは新しい働き方！」とあり，「『雇う』『雇われる』『採用される』ではなくワーカーズは自分たちが主人公！　組合員の声でできたグリーンコープのお店は，組合員で組織するワーカーズが運営も経営も担います. どのように働くかも，話し合ってみんなで決めていきます」と説明されている.

　また「お店のワーカーの声」として，「自分たちで商品を発注して，自分たちでアイデアを出し合って店内ポップや試食などを工夫して，予想通りに売れたり，組合員さんから『あの商品良かったよ』と声をかけてもらったりする時のうれしさはたまりません」，「みんなで意見を出し合い，やるべきことを確認し合い，みんなで経営しているという意識を大事にしながら働いて

います」，「お店に来た組合員さんと商品のことや日々のくらしのことを話す
のって，本当に楽しい．組合員さんにきちんと案内できるように商品につい
て学ぶことは，自分のためにもなります」などが挙げられている．

　実際にグリーンコープを視察し，ワーカーズ・コレクティブの方々にヒア
リングした際にも，同様な意見を聞いた．なかでも印象に残っていることは，
何名もの方が「金銭面だけではない，働くことの意味を考えている」，「ワー
カーズ・コレクティブで自己実現をしている」と語ったことである．「組合
員からワーカーズになるほうが（アルバイト先を探す際に，「家が近いから」
などの理由でワーカーズになった場合よりも），誇りをもって仕事ができる」
という発言からも，ワーカーズ・コレクティブで働く際のインセンティブと
して，金銭面以外の要因が大きく働いていることが推察される．

　「子どもがいる人であっても，たとえば子どもの病気を理由とした急な休
みをとることなどができるので，無理なく長く働くことができる」など，働
き方の柔軟性を評価する声もあった．女性は子育て・介護などの理由により，
働き方に制約を受ける場合が男性よりも多くなる現状がある．そのような場
合には，急な休みなどをとりやすい労働環境が，働き先を探したり，仕事を
続けるうえで重視される要因になり得るだろう．また子育て応援については，
グリーンコープの地域委員になった際に活動や行事に参加しやすくするため
に，託児の制度がある．託児料は6か月から3歳までは300円，4歳以上
は200円と廉価であり，社会福祉法人グリーンコープの子育てサポートワ
ーカーズ「りすの樹」に委託されている．

　グリーンコープは，店や施設の運営を委託するだけでなく，共同購入事業
（配送業務）をワーカーズに委託している．また，ワーカーズの主要な業務
は配送である．しかしグリーンコープの正規職員のなかにも，配送業務に携
わる人がいる．つまりセンターでは，生協の正規職員と委託されたワーカー
ズが同じ業務を異なる身分で共存しながら遂行している．

　一方で課題としては，世帯主としては厳しい水準の収入（企業組合ワーカ
ーズ遊のチラシによると，時間単価は800円となっている．ただし，午前

表8-2　グリーンコープ労働協同組合（ワーカーズ）世帯主調査

単協		労働協同組合（ワーカーズ名）	業種	人数
やまぐち	1	ワーカースコレクティブ　緑	お店	8
ひろしま	2	労働協同組合　エバーぐり～ん	共同購入	12
ふくおか	3	ワーカーズ・コレクティブ　AMITY	共同購入	323
	4	（一般社団）ワーカーズ・コレクティブ・フォレスト	共同購入	170
	5	（企）ワーカーズ遊	お店	340
くまもと	6	（企）労働協同組合　レインボー	共同購入	125
	7	労働協同組合　マミー	お店	79
おおいた	8	労働協同組合　一番星	共同務入	13
	9	労働協同組合　クローバー	共同購入	25
	10	労働協同組合　絆	共同購入	23
	11	労働協同組合　あすなろ	共同購入	16
	12	労働協同組合　ワーカーズ凛	お店	40
かごしま	13	ワーカーズ　ピース	店共同購入	28
	14	ワーカーズ　ONE	共同購入	19
	15	ワーカーズ　Home	共同購入	22
さが	16	一般社団　労働協同組合　ASMATE	共同購入	26
	17	ワーカーズコレクティブ　ハッピー	キープ＆ショップ	7
	18	W.co　すまいる♪すまいる	キープ＆ショップ	5
	19	労働協同組合　まま＊グリーン	キープ＆ショップ	8
	20	ワーカーズコレクティブ　ぽっかぽか	キープ＆ショップ	3
	21	労働協同組合　と・と・ろ	キープ＆ショップ	3
（長崎）	22	ワーカーズコレクティブ　かけはし	キープ＆ショップ	13
	23	ワーカーズコレクティブ　かっちぇて	キープ＆ショップ	5
	24	労働協同組合　てつなぎ	キープ＆ショップ	5
	25	労働協同組合　ワーカーズふたは	キープ＆ショップ	8
	26	労働協同組合　ワーカーズ元気	キープ＆ショップ	8
みやぎき	27	労働協同組合　ワーカーズゆい（結）	共同購入	17
合　計				1,351

注）　39団体45事業のうち，業種が共同購入配送，店舗，キープ＆ショップの27団体の実態を調
（出典）　グリーンコープ提供資料より筆者作成.

8時前の出勤など時間外には手当がある）や，「雇う・雇われる」関係では
ないことから起こる社会保障関連の不充分さの問題がある．また，新卒など
若い人にもワーカーズになってほしいなどの意見があった．今回の視察で得

第8章　女性労働とワーカーズ・コレクティブの可能性　　209

（2017年3月31日）

（参考）構成比率（％）

世帯主の人数		世帯主の人数計	世帯率	
女性	男性		女性	男性
0	0	0	0.0	0.0
2	9	11	16.7	75.0
72	4	76	22.3	1.2
48	19	67	28.2	11.2
48	4	52	14.1	1.2
22	25	47	17.6	20.0
8	0	8	10.1	0.0
0	2	2	0.0	15.4
1	0	1	4.0	0.0
3	3	6	13.0	13.0
1	1	2	6.3	6.3
5	0	5	12.5	0.0
3	3	6	10.7	10.7
2	6	8	10.5	31.6
4	6	10	18.2	27.3
1	4	5	3.8	15.4
2	0	2	28.6	0.0
0	0	0	0.0	0.0
1	0	1	12.5	0.0
0	0	0	0.0	0.0
0	0	0	0.0	0.0
0	0	0	0.0	0.0
0	0	0	0.0	0.0
0	0	0	0.0	0.0
0	0	0	0.0	0.0
2	0	2	25.0	0.0
3	4	7	17.6	23.5
228	90	318	16.9	6.7

査.

られたデータによると，グリーンコープのワーカーズの世帯主率は女性16.9％，男性6.7％となっており，ワーカーズ・コレクティブで働くことで得られる収入の低さを裏付ける結果となっている（表8-2）.

グリーンコープは配送業務とそれに関わる業務を，将来全てワーカーズに任せることを構想している．これは，正規職員を本部の少数のみにして，配送や店舗などの現場の仕事は全てワーカーズが担うようにするということである．その際には，共働きであれば生活ができるだけの水準の収入が得られるようにしたいということなので，収入面での課題改善にもつながるかもしれない.

3.　グリーンコープのファイバーリサイクル事業

グリーンコープ共同体は，2010年秋に福岡市にファイバーリサイクルセンターを立ち上げ，以下の3つの目的のためにファイバーリサイクル事業を行っている[12].

---

12)　グリーンコープ連合「アイライク『元気』2016年版」，社会福祉法人グリーンコープウェブサイト（http://www.fukushi-greencoop.or.jp/fiberrecycle/index.

1. 「生活困窮者の自立支援」(抱撲館福岡に集う利用者の働く場となります)
2. 「衣類のリユース・リサイクルの広がり」(グリーンコープの 4R の取り組みが広がります)
3. 「国境を越えた子育て応援(パキスタンのスラムの子どもたちの学校アル・カイールアカデミーを支援)」(パキスタンの子どもたちを支えます)

組合員やファイバーリサイクル賛助会員などから無償で提供される衣類(ファイバーリサイクルセンター・ゆう*あいショップへの直接持ち込み,もしくはファイバーリサイクルセンターへの送付による.なお,ファイバーリサイクルセンターへの送料 600 円は提供者負担)のうち約 8 割がパキスタンに送られる.提供された衣類の量と提供者数は,年度により多少の変動があるものの,2010 年のスタートから増加傾向にある.16 年 8 月発行の「ファイバーリサイクル通信 2 号」によると,同年 6 月末日現在の累計重量は 31 万 9,258 kg,延べ人数 3

グリーンコープファイバーリサイクルセンターの様子①

グリーンコープファイバーリサイクルセンターの様子②

html) 2017 年 9 月 12 日最終アクセス.

万920人となっている．

　日本から送られた衣類をパキスタン最大の都市カラチにある無料の学校アル・カイールアカデミーが古着市場で転売し，利益を得ることによって学校の運営に役立てている．アル・カイールアカデミーは6つの学校と1つのカレッジにより構成され，約3,500人の生徒が学んでいる．

　提供された衣類のうち約2割の比較的状態のよいものは，リサイクルショップ「ゆう＊あい」（福岡県・佐賀県・大分県・熊本県・鹿児島県12店舗）やファイバーリサイクル内ショップで販売され，その売り上げはパキスタンに衣類を送るための選別作業等の運営費になる．

グリーンコープファイバーリサイクルセンターの様子③

　衣類の選別作業は，抱樸館福岡の就労訓練者による1次仕分け作業と職員や組合員ボランティアによる2次選別作業に分かれる．1次仕分けやパキスタンに送る衣類のコンテナ詰めは相当な肉体作業となるため，男性の貢献が大きい．一方で衣類の細かな分類や，組合員に働きかけて衣類の提供を求めることなどは女性の寄与するところ大であり，ファイバーリサイクルセンター長も清水清子さんという女性である．

　熊本地震の発生以降，グリーンコープによる被災者の支援が行われており，映画上映会に合わせてファイバーリサイクル市を複数回，開催している[13]．被災者は「全て100円で購入」することが可能である．ファイバーリサイクル市は，被災者に安く衣類を提供する場としてだけではなく，厳しい状況のなか買物や会話を楽しんでもらう場にもなっている．

　13）　ファイバーリサイクルセンター「ファイバーリサイクル通信2号（2016年8月1日）」．

4. おわりに

　ワーカーズ・コレクティブでの働き方，とくに得られる収入の低さなどに関して，上野が指摘する「自己搾取」の可能性を感じ，懐疑的に思う面もある．しかし協同組合研究会の視察で出会ったグリーンコープのワーカーズ・コレクティブの女性たちの表情や話しぶりには暗さがなく，生き生きとしたエネルギッシュな働き方や前向きな姿勢が強く印象に残った．今回の視察では，ワーカーズの活動にとりわけ熱心な方々にインタビューさせていただくことになったためかもしれないが，不思議な思いを抱かざるを得なかった．なぜ彼女たちは，あのように楽しそうに，気負いなく働くことができるのか．
　その理由の1つにワーカーズ・コレクティブの普遍的な魅力があるならば，現在はそれほど高くないワーカーズ・コレクティブの認知度を上げ，法制度化していくことで，能力が優れているにもかかわらず，家庭にある潜在的な労働力（育児・介護などの事情により，常勤もしくはアルバイトで働くことを望まない高学歴かつ経済的に恵まれた中高年女性など）の確保が可能だろう．しかし一方で，そのような層が確実に少しずつ減少するなか，ワーカーズ・コレクティブで働くことに，どのように新たな魅力・付加価値を創出していくのかが問われてくるかもしれない．

主要参考文献
上野千鶴子（2011）『ケアの社会学』太田出版．
大高研道（2017）「勤労者の生活意識と協同組合に関する調査」全労済協会．
西村一郎（2005）『雇われないではたらくワーカーズという働き方』コープ出版．

第3部　地域で「協同」する協同組合

第9章
協同組合間協同の現状と展望

1. はじめに

　1959年から国連は「国際年」を毎年制定し，1年間をかけて取り組むべきテーマを掲げ，世界各国が共通して啓発や対策に向き合うことを呼びかけてきた．2009年12月，国連総会において2012年を「協同組合」をテーマとした「国際協同組合年」とする宣言が決議された．決議後から国際協同組合年当年にかけて，協同組合の発展と啓発をめざして，世界中で多数の企画が開催された．日本でも，全国各地でシンポジウムやフォーラム，学習会といった企画が相次いで行われた．それらの企画の多くは，各種協同組合の単協，あるいは全国や都道府県段階の連帯組織などが主催したものであったが，その他にも生協，農協，漁協，医療生協，信金，信組，労金等が，それぞれの枠を超えて共催する企画も少なくなかった．全国的には，各種協同組合の全国連帯組織による「2012国際協同組合年全国実行委員会」が結成され，イベントの開催や協同組合に関わる啓発活動に率先して取り組んだ．
　しかし，2012年の国際協同組合年まで，営利企業とは異なる存在として

本来共通の理念の下にあるはずの「協同組合」同士の「協同」が大々的に展開されるケースは少なかった。協同組合原則の第6原則には「協同組合間の協同」が謳われているにもかかわらず、である。むしろ現実には、生協の店舗事業と農協のＡコープ（生活店舗）事業、あるいは生協や農漁協それぞれの共済事業と全労済といったように、それぞれの協同組合が競合する事業を抱え、営利企業と同様に協同組合同士でも競争してきた歴史がある。

　新自由主義と経済のグローバル化の下で激化する競争がもたらした格差や貧困に、協同組合が向き合おうとしたときに、こうした事実をどのように考えるべきなのだろうか。

　以上の問題意識を出発点にして、本章では、協同組合同士の協同についての歴史的な経過や近年の新しい動きを整理しつつ、協同組合同士の協同が成立する条件と現代社会における可能性を検討していく。

　第2節では、協同組合同士の協同の歴史を概観し、協同組合同士の協同を取り巻く環境が近年どのように変化したのかを明らかにする。第3節では、協同組合同士の協同の事例を紹介し、その特徴を整理する。最後に第4節では、一連の事例の考察を踏まえ、協同組合同士の協同を支える要素や今後の課題について検討する。

2. 協同組合間の協同

(1) 協同組合同士の協同とその難しさ

　協同組合同士の協同は、「協同組合間協同」と呼ぶことができる。

　伊藤によれば、協同組合間協同は4つの類型に分類できる。第1のタイプは同種の協同組合間協同である。たとえば、単位生協同士が連携して事業を共同で推進する。あるいは、施設を共同で設置・使用し、また人事交流を深める場合などが該当する。第2のタイプは異種協同組合間の協同である。農協と生協が連携して行う「産直」が代表的な事例である。第3のタイプは、同種の協同組合の地域・全国的な協同であり、都道府県段階と全国段階の連

合会などが該当する．最後が，国際的な協同組合間協同であり，海外の同種・異種を問わない協同組合との情報交換や貿易などを指している[1]．

　こうした協同組合間協同のなかで，国際協同組合年に前後して広がりつつある第2のタイプ，すなわち異種協同組合間協同が注目されている．この取り組みが注目される理由は，そもそも異種の協同組合は構成員たる組合員の性格が異なるため，同じ協同組合であっても目的や性格が異なっているうえに，成立の歴史的事情も異なるといった事情から，異種協同組合の連携は一般に容易ではない，と考えられてきた経緯があるからである[2]．

　歴史を振り返ると，そうした指摘には妥当性があるようにも思われる．日本の協同組合のルーツは，江戸時代の頼母子講のような伝統的な地域の相互互助体にまでさかのぼることができるが，本格的に「協同組合」という考え方が定着したのは明治期以降のことである．明治期に欧米から学ぶ形で導入された協同組合は，1903年に成立した産業組合法を根拠法として日本社会に広がったが，第二次世界大戦によって多くは解散・消滅することになった．戦後，改めて各種の協同組合が設立されていくが，産業組合法の下で統一的に協同組合が規定されていた戦前とは異なり，戦後は「統一協同組合法」や「協同組合基本法」といった，協同組合全てを包括する基本法が制定されることはなかった．代わって，個別の協同組合についてそれぞれの根拠法が成立し，この異なる法の下で協同組合は事業を進めることになった[3]．

　それぞれの協同組合が異なる根拠法の下で活動する状況は，協同組合の個別化という状況につながった．民間企業への協同組合の影響を制限する意図もあり，根拠法の多くは組合員資格と事業内容を厳しく制限していた．そのため，各協同組合が成長をめざして，事業拡大を図ろうとしたときには，構成員である組合員の利益を前面に押し出し，「単一のステークホルダーによる協同組合」[4]とならざるを得なかったからである．

---

1)　伊藤（1982）71-74頁．
2)　同上，74頁．
3)　杉本（2012）88-100頁．

協同組合が構成員の性格を代表するものになり，運動や事業が構成員の利益を重視するものになればなるほど，協同組合同士の協同は困難になる．たとえば，農協と生協の場合で考えれば，生産者の組合である農協は，農産物を「高く売りたい」という組合員のニーズに応える必要がある．一方で，消費者の組合である生協は「安く買いたい」という組合員のニーズに応えなければならない．両者のニーズは対立的であり，何らかの媒介項なくして，協同組合間協同を実現することは困難である．こうした事情は，他の協同組合間でも同様に生じうる．

この媒介項，すなわち協同組合が組合員の利益を，異なる立場の協同組合と組合員を巻き込んで実現していくための基盤が，戦後の日本では制度としては確立しなかった．結果として，日本で展開された異種協同組合間協同は，「食料」[5] を媒介項とした生協と農協による産直「運動」など，限られた事例に留まってきた．

しかし近年，そうした協同組合間協同のあり方が転換し，改めて異種協同組合間協同が注目されるようになりつつある[6]．

(2) 協同組合間協同をめぐる環境の変化

それでは，なぜ今になって異種協同組合間協同が注目されるようになっているのだろうか．理由の1つは社会環境の変化であり，もう1つの理由は社会における協同組合の立ち位置の変化である．

1990 年代以降，日本の社会構造は大きく変容した．90 年代初頭のバブル

---

4) 同上，99 頁．
5) 伊藤 (1982) 74 頁．なお，伊藤 (1982) は，この他の媒介項として「金融」「土地利用」「医療・社会保障」を挙げている．
6) 近年，日本協同組合学会第 30 回大会 (2010 年) において「協同組合間協同の現状とその方向性」をテーマとした地域シンポジウムが開催され，また『協同組合研究誌にじ』2016 秋号でも「協同から連帯へ〜協同組合と社会的経済」というタイトルで特集が組まれている．その他にも，地域の連合会や協議会が協同組合間協同をテーマにセミナーを開催するなど，実践と研究の双方から関心を集めている．

景気の崩壊以降，日本経済は「失われた20年」と呼ばれる低成長時代が続いている．人口動態では高齢化と少子化が進行し，生産年齢人口の減少が経済成長の重荷となる人口オーナス期に突入している．事態の打開をめざし，90年代後半から政府による新自由主義的な経済政策が展開されてきたが，十分な成果を上げるには至っていない．むしろ，国民所得をはじめとして，都市と地方といった地域間，正規と非正規といった働き方，あるいはジェンダーなど，多様な面での格差が顕在化しつつある．また，財政悪化にともなって，福祉ニーズの全てを公的福祉でもって満たすことが困難になっており，社会全体で将来への不安が募っている．

　経済成長の停滞や社会不安が高まるなかで，人々が暮らす「地域」の疲弊がとくに深刻な問題として認識されるようになった．2014年には，地域外への人口流出によって，将来的に地方自治体として存続できなくなる「消滅可能性自治体」が，全国で896にのぼるという調査結果も発表された．地域でくらし続けるために，地域の経済や社会の再活性化を図り，地域のさまざまな福祉ニーズを満たすことのできる環境を築くことが喫緊の課題になっている．

　地域の活性化という視点でみたとき，地域でくらす組合員を構成員としており，地域に根差した事業を展開する協同組合への期待は大きい．福祉面では，地域包括ケアの核となる地域包括支援センターを生協・医療生協が設置・受託しているケースが少なくない．また，生協と「見守り協定」を結んでいる地方自治体は，全国の地方自治体の過半数に迫る約800に達している．地場産業の活性化や地域のブランド化においても，農林漁業の各協同組合がリーダーシップを発揮することが求められている．

　つまり，現在の社会が直面している変化は，協同組合に対して「単一のステークホルダーによる協同組合」の視野を超えて，組合員がくらす地域コミュニティの視点に立つことを求めている．これは「食材」といった媒介項に加えて，より広範な「くらし」という媒介項を協同組合に提示していることに他ならない．異種協同組合が必要とされ，また注目される理由はこうした

社会の変化による，協同組合への期待の変化である．

　さらに，協同組合自身に目を向けると，協同組合それ自体が規模拡大や合併・合流などの結果として，以前よりも多様な組合員を構成員とするようになっている．現代の協同組合は，内部に多様かつ複雑なニーズを持つ組合員が存在しており，もはや単独で組合員のニーズに対応することが難しくなっているという事情もある．

　同時に，各協同組合は個別の事業分野で1つの主体としての地位や役割を向上させてきたが，経済主体としての地位の向上にともなって，協同組合というあり方への疑義が生まれている．代表的なのが，昨今の農協に対する批判であろう．農協批判の背後には，営利企業への事業機会を拡大するという意図もあるが，同時に「協同組合は本当に組合員の役に立っているのか」という社会的な疑問があり，これが批判に一定の妥当性を付与している．

　こうした疑問が生まれるのは，協同組合が先駆的に生み出したさまざまな「らしさ」を体現する仕組みが営利企業に模倣され，あえて「協同組合」でなければならない理由が組合員にみえにくくなっているからである．たとえば，生協の特徴とされる利用高割戻し制度も，組合員の目には営利企業のマーケティングの一種であるポイント・システムとほぼ同一のものとして映っている．

　協同組合に対して社会から厳しい眼差しが向けられているからこそ，協同組合は自分たちの「らしさ」を，自分たちで強く社会に発信しなければならない．そのためには，各種の単協だけで取り組むのではなく，協同組合セクターとして取り組むことで，より多くの組合員やステークホルダー，コミュニティに発信することが可能になる．こうした事情も，現在の異種協同組合間協同が注目される理由である．

3. 協同組合間協同の実践と特徴

(1) 生産者と消費者をつなぐ商品の協同：牛乳と生協の現在

次いで，協同組合間協同の5つの実践例を紹介しながら，その特徴を整理しよう．

はじめに，異種協同組合間協同の代表的な実践である，「食料」を媒介項とした生協と農協による産直を取り上げる．産直は1960年代から全国に広がった取り組みであるが，なかでも「牛乳」の産直は当初から現在に至るまで続く，古くて新しい協同の事例である．本項では，京都生活協同組合（以下，京都生協）と大山乳業農業協同組合（以下，大山乳業）の協同の事例を取り上げる．

京都生協は組合員総数52万2,135人（2016年3月），事業高743億7,095万円（2015年度）の規模を持つ，京都府下を事業エリアとする生協である．一方の大山乳業は，鳥取県東伯郡に所在し，県内の酪農家を100%組織する酪農専門農協（酪農協）である．大山乳業は生乳の一元出荷だけでなく，生乳の処理工場を自ら保有しており，「白バラ」ブランドの乳製品を加工・販売している点が特徴である．両者は，1970年に「CO-OP牛乳」の提携に合意して以来，約半世紀にわたって牛乳の提携を続けている．

京都生協は1964年に京都洛北生活協同組合として誕生したが，設立当時から牛乳の普及と拡大を活動の柱に据えていた．当時は大手乳業メーカーから牛乳を仕入れていたが，メーカー主導の強固な価格統制と相次ぐ値上げに苦しめられていた．また，大手乳業メーカーの牛乳は，栄養剤や脱脂粉乳を混ぜた加工乳が主流であり，組合員の「天然の牛乳が飲みたい」という期待に品質面でも十分に応えられていなかった．

一方の大山乳業は，牛乳の過剰化傾向が強まるなかで，大手乳業メーカーからの生乳の買い叩きに直面したこともあり，事態打開のために自社工場を設立して，京阪神方面への販路開拓に乗り出していた時期である．こうして，

純正な牛乳を飲みたいという組合員のニーズにどうやって応えるかを模索していた京都生協と新しい販売先を探していた大山乳業が，鳥取県生協連の紹介で関係を持つことになった．

さっそく両者は全国各地で進められていた「生協牛乳」の開発手法に学びながら，半年以上の時間をかけて牛乳の産直の実現に取り組んだ．厳重な品質検査や長距離輸送に対応するための保存・腐敗テストが繰り返された．また，生協組合員による試飲や産地訪問も実施された．こうして1970年5月，両者の間で合意書が交わされ，京都生協と大山乳業の協同による「CO-OP牛乳」の供給が開始された．

当初は200ccのテトラパックで1日当たり2,000個の供給に留まった．ところが，同年7月に大手乳業メーカーの牛乳に「ヤシ油が混入されているのではないか」という疑惑が持ち上がった．京都生協はメーカー批判と「ほんものの牛乳を飲もう」という運動を展開したが，これを受けて大手乳業メーカーは京都生協に対する出荷停止措置を取った．そのため，京都生協は大山乳業に対して緊急増産を依頼するとともに，仕入先をほぼ全量大山乳業に切り替えた．これをきっかけにして，大山乳業の供給数は急拡大していく．1970年の取引総個数は約390万パック，1日当たり平均1万4,000パックに達し，10年後の80年には1,800万パックにまで拡大した[7]．

また，1974年には世界的な穀物不作による飼料穀物価格の高騰と，第1次オイルショックの影響から，酪農家の廃業が全国で相次ぐなど，酪農危機と呼ばれる事態が生じた．京都生協は「京都生協酪農振興基金」を設立するなど，資金面から大山乳業への支援を行った．さらに，酪農危機打開のための政府支援を求める署名運動を展開して，当時の京都生協の組合員数の2倍を超える8万筆を集めるとともに，大山乳業と一緒に農林省への要請活動を行った．こうした取り組みの結果として，両者の提携関係はいっそう強化され，全国的な牛乳の消費量がピークを迎える90年代後半まで，京都生

---

7) 伊藤（1982）267頁．

協への大山乳業の出荷量は上昇を続けた．

　1990年代後半からは，食生活や人口構成の変化などもあって，牛乳の全国的な消費量が落ち込み始める．京都生協も例外ではなかったが，そうした状況だからこそ，京都生協は改めて大山乳業との産直の意味や価値を組合員に伝え，牛乳の普及を盛り上げようと，2016年度から「ミルキープロジェクト」を実施し，牛乳のパッケージやホームページの全面刷新を行うとともに，産地交流会の開催などに精力的に取り組んでいる．

　以上のような経過を経た京都生協と大山乳業の協同組合間協同は，産地交流会や商品の試飲会等を通じて，生産者と消費者が互いの立場を理解しあうことが協同を支えるという，事業と交流の一体化を現在に至るまで丁寧に実践している点が特徴である．また，理念に留まらず，流通過程の効率化によって「生産者高」と「消費者安」を同時に達成した点も特徴である．たとえば，1970年の供給当時の価格は一般牛乳が200 ccあたり26円だったのに対して，大山乳業のCO-OP牛乳は19円に抑えられていた．こうした協同

リニューアルした，京都生協の「せいきょう牛乳」の専用ウェブサイト
(http://www.kyoto.coop/milk/)
2017年5月20日最終アクセス

リニューアルした「せいきょう牛乳」のパッケージ　　　（京都生協提供）

によって生産者と消費者双方のメリットを実現するということは，事業体でもある協同組合が継続的に協同を実現していくうえで必要不可欠な要素である．

(2)　生産者のくらしを支える協同：JA 峰延とコープさっぽろ

　日本最大の農業地域である北海道には大小合わせて 110 もの農協が存在しており，その規模もさまざまである．日本の農協は営農事業以外の事業を多面的に展開する「総合農協」である点が特徴とされる．非営農事業のなかでも，「生活事業」と呼ばれる生活消費物資の購買店舗「Ａコープ」は，1990 年代以降にかけて経営的に困難な状況に直面している．現在では，多くの農協はＡコープ事業を子会社（協同会社と呼ばれる株式会社）に業務委託するなどして対応しているが，本項では，同じ協同組合である生協との事業連携という方法を選択した農協を取りあげる．農協と生協の協同といえば「産直」だが，本項では産直とは異なる両者の協同について紹介しよう．

　協同組合間協同の主体となるのは，峰延農協とコープさっぽろである．峰延農協は北海道美唄市を事業エリアとする，組合員総数 878 名の道内でも比較的規模の小さな総合農協である．一方のコープさっぽろは全道を事業エリアとする生協であり，組合員数は約 160 万人（2016 年 3 月 20 日現在），事業高は約 2,700 億円（2015 年度）に達する，全国屈指の巨大生協である．

　規模も事業内容も全く異なる協同組合間の協同の端緒は，2000 年代後半に始まった「産直」であった．コープさっぽろの複数店舗で峰延産の朝取り野菜を販売するという，ごくごくオーソドックスな連携から始まり，次いで峰延農協が推進する低農薬米の「香りの畦みちハーブ米」を店舗と無店舗で供給するという連携へと発展した．

　一連の商品を通じた事業連携が下地となり，2011 年にコープさっぽろの関係者が峰延農協を訪問して，新しい事業連携に関して意見交換を行った．当時のコープさっぽろは事業連携推進本部を設けて，他の組合や組織との協同を模索していた最中であった．交流の過程で，お互いの「生活店舗を何と

第9章 協同組合間協同の現状と展望

かしたい」という共通点が確認された．

この背景には，それぞれの状況に裏打ちされた問題意識があった．この時期，峰延農協のAコープの供給高は毎年5％程度の減少を続けており，今後の店舗継続に不安を残す状況にあった．しかし，峰延地域には食料品店が少ないこともあって，組合員からは「店舗を無くして欲しくない」という声が寄せられていた．コープさっぽろも，全道で事業展開を進めるなかで買物難民やフードデザートといわれるような問題に直面しており，日常の買物の機会と場所を維持することに貢献したいという考えを持っていた．

こうした両者の問題意識に基づいて，2011年9月から提携の内容に関する議論が始まり，12月には事業連携について仮契約が結ばれた．その後，峰延農協ではこの店舗事業におけるコープさっぽろとの連携について，組合員の理解を得るために7つの地区別懇談会を開催し，職員による提携内容の説明などが進められた．その甲斐もあり，12年3月の峰延農協通常総会において事業連携は無事了承され，4月に「コープさっぽろ提携JAみねのぶ店」としてリニューアルオープンした．

生活店舗の協同組合間協同の内容は以下のとおりである．まず，コープさっぽろは「仕入代行」「物流」「販売企画」「運営」の4つの機能を，1つのパッケージとして峰延農協に提供する．これらの機能の提供により，JAみねのぶ店はコープさっぽろの他店舗と全く同じ方法で運営できることになる．ただし，店舗の経営責任はあくまで峰延農協にあり，小売店舗の運営責任をコープさっぽろが担うわけではない．たとえば，商品の仕入れはJAみねのぶ店の判断による．峰延農協にとっては，コープさっぽろの

コープさっぽろ提携JAみねのぶ店外観
（筆者撮影）

ノウハウやシステムを活用することで，従来よりも低コストで店舗を自主的に運営でき，かつ供給価格を引き下げることができる．また，コープさっぽろは，フードデザート問題に対応する取り組みの1つのモデルとして，その機能や可能性を検討することを目的としている．

しかし，小さいながらも総合農協としての機能を持ち，生産者組合と消費者組合の両面を有する峰延農協と，供給高全国3位の巨大生協であるコープさっぽろの協同組合間協同の実現にあたっては，組織文化や慣習の違いから生じる多くの苦労があったという[8]．たとえば，店舗の名称について，Aコープチェーンから脱退するため，Aコープの名称は使えないが，コープさっぽろの店舗ではないためコープさっぽろとも名乗れない．悩んだ末に，「コープさっぽろ提携店」という呼称を採用した．その他にも，生協法の員外利用規制やポイントカード・システムなど，問題は山積していたが，そうした問題を両者は丁寧な話し合いを通じて，1つひとつクリアしていった．このように事業的な面から実態に合わせて，柔軟に制度設計した点が峰延農協とコープさっぽろの連携の特徴である．

両者の連携においてはもう1つ，意図せざる人的な連携の存在という点も重要である．もともとコープさっぽろの店舗で店長を務めた経験者が，2012年のリニューアル前のAコープ時代からJAみねのぶ店で店長を務めていた．彼はコープさっぽろの店長時代に，峰延農協の朝取り野菜を扱っていた縁から，「店舗事業を何とかしたいので，ぜひ協力してほしい」との依頼をうけて，コープさっぽろ退職後に旧Aコープの店長として再雇用されたという経歴の持ち主である．コープさっぽろの店長経験者が峰延農協の現場にいたことは，事業連携の詳細を詰めていくにあたって，互いの文化の橋渡しとなるなど大きく貢献した．また，そもそも峰延農協に協同組合間協同の話が持ち込まれたのも，従来からの「産直」のつながりだけでなく，当時のコープさっぽろ内の産直担当者と事業連携推進本部の担当者につながりがあ

---

8) 詳細は加賀美（2012）を参照されたい．

り，峰延農協を紹介されたという縁からであった．

つまり，両者の事業連携は，偶然の産物ともいえる「人」と「人」とのつながりと，継続的に取り組まれてきた組織同士の協同の経験という2つの信頼関係をベースに進められてきたのである．

（3）医療・福祉と日常をつなぐ協同：おかやまコープと岡山医療生協

昨今，急速に進む日本社会の高齢化を背景にして，各市町村において医療と介護が連携して，地域包括支援センターを設置するといった「地域包括ケア」体制の整備が急ピッチで進んでいる．医療・介護に携わる医療生協も，福祉事業を展開する購買生協も，そうした流れのなかで役割を果たすことが期待されている．これまで生協と医療生協の協同組合間協同はあまり注目されてこなかったが，2016年に生活協同組合おかやまコープ（以下，おかやまコープ）の店舗内に，岡山医療生協が診療所を新たに開設するというハード面での協同が実現した．全国でも珍しい購買生協と医療生協のハード面の連携として，この事例を紹介しよう．

おかやまコープは岡山県内を事業エリアとする購買生協であり，県内約33万世帯（2016年3月時点）を組織する．総事業高は約400億円（15年度）だが，県内に11の店舗を持つなど，店舗事業が一定の割合を占めている点が特徴である．一方の岡山医療生協は組合員数約6万5,000人（12年8月時点）の医療生協であり，県下全域を事業エリアとしている．両者のハード面での連携は，岡山医療生協がJR岡山駅西口にある「せいきょう駅元診療所」を閉院して，新たにおかやまコープの「コープ大野辻」店の2階に「コープ大野辻クリニック」を開設するというものである．15年11月にコープ大野辻賃貸借契約書の調印式が行われ，16年7月にクリニックは開院した．

これまでも，生協店舗の敷地内へ医療生協が診療所などを開院する事例，あるいは購買生協の店舗と医療生協の診療所とが隣り合って立地する事例はあったが，店舗内へテナントとして医療生協の診療所が入居する事例は全国

コープ大野辻クリニック外観
（筆者撮影）

的にも稀な試みである．

　ハード面以外にも，おかやまコープの店舗で手に入る食材で，糖尿病や高血圧といった食事療法を必要とする患者向けのレシピや介護食などのメニューを提案すること，あるいは店舗に減塩食品などの健康に配慮した商品のコーナーを設けて，その具体的な利用法について診療所で患者に紹介する，といった連携も構想されている．

　おかやまコープと岡山医療生協の連携は診療所開院という形では緒に就いたばかりであるが，両者は 40 年以上前から，さまざまな連携を行ってきた実績がある．おかやまコープの前身である旧「岡山生活協同組合」は事業拡大の失敗などから多額の負債を抱え，1974 年 1 月に事実上倒産したが，同年 7 月から再建運動が進められた．この運動を支援したのが，現在の岡山医療生協の前身である「岡山市医療生活協同組合」であった．岡山市医療生協は，債務保証を引き受け，組合員組織が購買事業を再建後の岡山生協と共同で行うなどして，その再建を後押しした．おかやまコープの負債が完済され，再建が完了した後も，岡山県生協連を通じて両者の協同の取り組みは進められた．たとえば，おかやまコープの店舗での健康チェックや，おかやまコープのカタログと OCR を利用した岡山医療生協の各種検診の申込みなどが挙げられる．このような長い時間をかけて築かれた信頼関係とさまざまな取り組みの実績が，今回の新しい連携の背景となっていた．

　診療所開院という連携の始まりは，2012 年の国際協同組合年であった．この年に県内で開催されたイベントをきっかけにして，お互いがさらに一歩踏み込んだ協同組合間協同を実現できないか，国際協同組合年以降も定期的に話し合いが持たれていた．そうした折，岡山医療生協において，老朽化し

た駅元診療所の移転が検討されることとなり，移転先の候補としておかやまコープの店舗であるコープ大野辻が候補に挙がった．

　幾度かの話し合いの後，正式にコープ大野辻への入居が決まったが，医療生協の店舗開設という事例が珍しかったこともあり，実現に際してはいくつかの問題が生じた．たとえば，入居にあたって，おかやまコープでは衛生面に対する影響についての懸念が持ち上がった．食品供給事業を行う購買生協の店舗にとって，衛生管理はきわめて重要な問題である．また，コープ大野辻は子育て世代の利用が多く，子連れの来店者も少なくない．そうしたこともあり，患者が来院する診療所を店舗内に開院することへの影響が懸念された．設計上，コープ大野辻の入口は店舗側の1階入口と診療所の開院先である2階入口とで完全に区切られており，また2階入口には風除室も設けられているため，来店者と来院者の接点を限定することができた．

　しかし，それでも組合員の不安は完全には払拭されなかった．2階には託児スペースや組合員施設があり，診療所の開院以降も引き続き利用できるということも影響していたからである．こうした組合員の不安に対して，両生協は協同組合間協同らしく，おかやまコープの組合員と医療生協の事務局との間で，直接意見を交換して，対策を話し合う機会を設けることとした．話し合いの結果，2階に上がる階段・エレベータ前のスペースに，消毒液とマスク販売機を設置して，患者への利用を推奨する（マスクを購入した患者には，診療所でキャッシュバックを行う）．感染症患者の待合室の区分けと陰圧室を設置する．診療所職員が外出する際，必要な場合を除いて白衣を着用しないようにする，といった対策をとることになった．

　こうした通常のテナント出店では考えにくい入居者と店舗の利用者との交流は，組合員の声に向き合って，その声に応えることを何よりも大切にする協同組合間協同だからこその特徴である．

(4)　生産者と生産者の協同：農協と漁協による共同販売

　農協と漁協は共に生産者による協同組合である．しかし，農業と漁業とい

う産業上の特性の違いもあって，直接的な協同は多くはなかった．しかし，農林水産業の衰退や経済のグローバル化にともない競争環境が激しさを増すなかで，6次産業化などを通じて地域の第1次産業の活性化を図る機運が高まっている．

　そうした過程で注目されているのが，農協と漁協などが共同で運営する直売所である．直売所は卸市場を介さず，生産者が消費者に直接生産物を販売するための店舗であり，近年注目を集めている．たとえば，福岡県のJA糸島が運営する「伊都菜彩」は年商30億円以上，累計来店者は1,000万人を超えるなど，糸島地域の活性化に大きく貢献している[9]．

　これまでは農協は農協，漁協は漁協でそれぞれが直売所を開設するなど，両者は没交渉的であった．また，農協の直売所に鮮魚が並んでいる場合も，地元漁協からの委託販売や鮮魚店のテナントであることが多かったが，最近では両者による共同出資の直売所も増えている．

　田中（2013）によれば，農協と漁協がそれぞれの生産物を出荷することで，直売所の品揃えの豊富化や安定を図り，他の直売所との差別化を実現することがその目的とされる．たとえば，九州の「道の駅むなかた」は公設民営の施設であり，運営を担うのは宗像農業協同組合（JA宗像）・宗像市商工会・宗像漁業協同組合（JF宗像）・宗像観光協会・宗像市の5団体が出資して設立した「株式会社道の駅むなかた」である．JA宗像とJF宗像それぞれの組合員が日々出品する新鮮な農水産物によって，道の駅むなかたの直売所は開業以来順調に売り上げを伸ばしてきた．

　その他にも，農協と漁協の対等出資によって運営される直売所として，鳥羽市にある鳥羽マルシェなどの事例がある．鳥羽マルシェは鳥羽市が建設した平屋の直売所施設であり，鳥羽志摩農業協同組合と鳥羽磯部漁業協同組合が共同出資して設立した鳥羽マルシェ有限責任事業組合が運営を委託されている．もともとは市が両組合に対して農産物と水産物の協同販売を持ちかけ

　9）『日本経済新聞』2010年10月2日付朝刊．およびJA糸島のディスクロージャー誌『JA REPORT（H27年度）』．

たところ，この機会を活かして一体運営に挑戦しようという経緯で始まった．

鳥羽マルシェには直売コーナーと飲食コーナー，さらに加工スペースなどが設けられており，地元農水産品の販売と地元産品を利用した郷土料理が提供されている．農水産品の出荷形態は，水産品に関しては個人がそれぞれ持ち込む形式は取らず，漁協の直販事業課が一括して出荷する方式を取っている．農産品についても，ほぼ同様であり，農協が各農家を回って一元出荷する形態を取っている．

こうした共同運営の直売所では，とりわけ地域の農林水産業の振興が重要な目的となる．鳥羽マルシェでも，地域の農水産業の振興を強く意識している．しかし一方で，地産地消的な消費の活性化には限度があり，一定の地域外需要を取り込む必要もある．その際には，消費者が地域内外にわたって多様化してしまうため，必要なニーズやメッセージを統一的に発信することが困難になる．鳥羽マルシェも同様の悩みを抱えており，現在でも解決方法を模索している最中である．

しかしながら，こうした地域を強く意識した取り組みであるという点と，地域の多様な主体，とりわけ行政などを媒介項とすることで，高い到達を実現しうるという点が生産者組合における協同の特徴である．

(5) 協同組合に関わるヒトづくり：協働・夢プロジェクト

異種協同組合間協同の最後の事例は，協同組合に関わる人材育成の取り組みである．取り組みの主体となる協働・夢プロジェクト（以下，夢プロ）は，2010年に東海地区の大学生協と，コープあいち（設立時はめいきん生協），そして愛知県名古屋市の南医療生活協同組合が立ち上げた一般社団法人である．

夢プロが立ち上げられた直接のきっかけは，南医療生協の新病院（南生協病院）の建設にあたって，病院内に併設しようとしていたレストランやカフェ，ショップの運営をコープあいちに依頼したい，という打診であった．しかし，当時のコープあいちには食堂事業の経験がなかったため，食堂事業を

柱としていた大学生協にも相談することになったのである.

　こうして2010年に夢プロが設立されたが,その設立の経緯から,当初の目標は南生協病院内の店舗の運営を軌道にのせることであった.しかし,2年目には夢プロ主催で「職員採用合同説明会」を開催するなど,より広範な連携に向けて一歩を踏み出した.その後も,理事や職員の懇談交流会を開催するなどしながら,協同組合間協同の具体化について話し合いが続けられた.その過程で,協同組合の今後を担う人材の必要性,とくに生協学生委員などの大学生を対象とした教育の重要性が共有され,15年から協同の価値や,非営利組織で働くことの意味を考えてもらうための「協同体験セミナー(協同組合インターンシップ)」を開催することとなった.

　協同体験セミナーは,夢プロに参加している大学生協東海事業連合を通じて,大学生にさまざまな協同組合の現場を体験してもらうプログラムである.セミナーの内容も,現場への訪問をはじめとしてさまざまである.たとえば,コープあいちでは美濃酪農連合会を訪問し,生産者交流などを行うとともに,自らの商品検査センターや店舗を訪問して職員と交流する機会を設ける等のプログラムを企画している.南医療生協では病院見学や健康提案組合員活動への参加などを,大学生協では商品開発プロジェクトや取引先の味噌蔵訪問と体験活動を企画した.こうした企画に,2015～16年の2年間で延べ100名以上の学生が参加してきた.学生からは「協同組合の意味やあり方に関心を持った」,あるいは「協同組合で働く人の様子に感心した」といった,生き生きとした感想が寄せられている.

　協同組合に関わる人材を育てるための取り組みは,夢プロに限った話ではない.少子化と高齢化にともない生産年齢人口が減少するなかで,どの協同組合も働き手の確保に苦労している.そうした背景もあり,2012年の協同組合年の前後から,協同組合の認知と啓発を目的として,全国各地の大学において都道府県や全国の連合会の協力・寄付による協同組合論の講座が相次いで開講されている(表9-1).講座では,各協同組合の職員が講師として招かれることもある.部分的な連携ではあるが,協同組合を広く普及するた

第 9 章　協同組合間協同の現状と展望　　　233

表9-1　2012 年において IYC 実行委員会が取り組んだ協同組合論に関する講座

大学名	講座名	備考
埼玉県立大学	協同組合論	
駒澤大学	現代産業事情Ⅱ（東日本大震災と日本の社会・経済）	
駒澤大学	協同組合論	
神奈川大学	消費生活行政特論	
神奈川大学	政治学特講Ⅱ「現代社会と協同組合」	生活クラブ生協寄付講座
関西大学	現代流通・国際ビジネス研究（1）	
同志社大学	協同組合論―ひと・絆・社会連帯を求めて	全国大学生協連寄付講座
神戸大学	協同組合論	全国大学生協連寄付講座

出所）　IYC 記念全国協議会ウェブサイト（http://www.iyc2012japan.coop/approach/120409_
　　01.html）より作成．（2017 年 9 月 10 日最終アクセス）

めの協同が進んでいる．

　また，大学生協と地域生協は同種の生協ということもあり，歴史的にみて
も密接な関係にある．1960 年代以降，全国各地で地域生協が相次いで設立
されるが，その設立にあたっては，大学生協が職員派遣などを通じて積極的
な支援を行った．70 年代に入ると，今度は学生理事や学生委員会を経験し
た大学生たちが地域生協に入協するようになった．小売業の社会的地位が低
かったこの時代，高等教育を受けた大学生協出身者の存在は，地域生協の経
営を人材面から下支えする役割を果たした[10]．

　大学進学率が 5 割を超え，全国の大学の 4 校に 1 校は大学生協が設立さ
れている現在，大学生協は協同組合のもっとも身近な入り口となる．夢プロ
をはじめ，各種協同組合と大学生協の協同は，長期的な協同組合の成長を実
現するためにも必要不可欠となっている．

4.　協同を支える制度と人のつながり

　これまで述べてきたように，現在，協同組合間協同が色々な形で取り組ま

---

　10)　地域生協と大学生協の支援関係についての詳細は，加賀美（2016）を参照され
　　たい．

れるようになっている．背景には社会環境や協同組合自身の変化があったが，そうした協同が実際の事業や活動として追求される条件となったのは，フォーマル・インフォーマルを問わない人的なつながりである．

第1節で論じたように，日本では異なる根拠法の下，個別の協同組合がそれぞれ独立して事業を展開してきた．しかし，協同組合間に全く関係がなかったわけではない．1956年には，生協，労働者協同組合，農協，漁協，森林組合など協同組合組織15団体が加盟する日本協同組合連絡協議会（JJC）が設立され，協同組合間協同を模索する場として機能してきた．

この組織が中心となり，協同組合間協同をさらに促進しようとしたのが「2012国際協同組合年（IYC）全国実行委員会」である．IYC実行委員会は協同組合関係の25団体で組織され，国際協同組合年に関連した各種のイベントや取り組みを推進してきた．IYC実行委員会は2012年をもって解散となったが，その間の到達を継続すべく，新たに「国際協同組合年記念協同組合全国協議会（略称：IYC記念全国協議会）」が結成され，引き続き協同組合間協同が模索されている．現在ではIYC記念全国協議会だけでなく，都道府県単位で協議会の新設や既存の協議会の活性化といった事例が登場している．こうした制度的な変化が，協同組合間協同を可能とする新しい1つの条件となっている．

もう1つは，協同組合間協同の背景にある人的なつながりの存在と強化である．本章で取り上げた協同組合間協同の事例の多くは，組織間の事業的な関係だけでなく，同時に協同に関わる職員や組合員同士のつながりによっても支えられていた．たとえば，生協と農協の産直は生協組合員と農家との交流を柱としてきた．医療生協と生協の連携も，職員と生協組合員がどうしたら安心して店舗を利用できるかについて膝を突き合わせて話し合いながら実現している．こうした人的なつながりこそが，従来から指摘されてきた異種の協同組合の差異を乗り越えて，協同を追求するための条件である．

5. おわりに

2000年代に入り，日本の社会構造が大きく変容したなかで，協同組合も対応を迫られている．そうしたなかで，協同組合間協同は協同組合が社会で期待される役割を果たそうとしたときに必要となる取り組みである．

これまで単一のステークホルダーの下，それぞれの組合員の利益を最大化すべく取り組んできた協同組合が，より広い社会全体の利益に目を向け，社会全体の利益を実現することで，結果的に組合員の利益を実現するという考え方が必要になっている．こうした考えに基づいて新しい取り組みが全国各地で生まれつつある．

他方，同時に「協同」は協同組合間だけのものなのかという問いを真剣に考えなければいけない．協同組合が存続するために「協同」があるのではなく，組合員がくらしていくために「協同」が必要なのだとすれば，「協同」は協同組合の専有である必要はない．たとえば，過疎化しつつある地域における小売店を継続するため，協同組合と営利企業が共同で店舗を運営する事例，あるいは地域経済を活性化するために，協同組合と営利企業が協同して商品を開発し，ともに販路を開拓するという取り組みが現れている．こうした協同組合の枠にとらわれない連携にも学びながら，協同組合間だからこそ実現できる，協同組合らしい協同のあり方を模索するという課題が，現在の協同組合間協同には突きつけられている．

参考文献
伊藤勇夫（1982）『協同組合間協同論』お茶の水書房．
岩橋涼（2014）「食を通じたまちづくりにむけて：「鳥羽マルシェ」がめざすもの」『くらしと協同』No10，22-26頁．
加賀美太記（2012）「購買事業における協同組合間協同の模索—峰延農協とコープさっぽろの事業連携」『くらしと協同』No2，36-41頁．
加賀美太記（2016）「大学生協と地域生協のつながりと可能性—1960年代以降の地域生協設立支援から考える」『くらしと協同』No,17，20-25頁．

小塚和行（2016）「学生に生協理解を広げる『協同』体験セミナー」『生活協同組合研究』第481号，43-45頁.

杉本貴志（2012）「日本における協同組合の歴史と理念」中川雄一郎・杉本貴志編・全労済協会監修『協同組合を学ぶ』日本経済評論社.

下門直人（2016）「協同の担い手を育てる大学生協の取り組み」『くらしと協同』No17，32-37頁.

下門直人（2017）「地域と地域を結ぶ協同組合間協同―牛乳の流通と『生協牛乳』の誕生」『くらしと協同』No20，26-33頁.

田中佑佳（2013）『直売所運営にみる現代協同組合組織と地域社会の協同ネットワークに関する研究―福岡県の事例を中心に』東京海洋大学博士学位申請論文.

第**10**章
協同組合の事業連合と連合会

1. 協同組合の連合会と事業連合

「協同」を追求する協同組合では，人々の協同だけでなく，協同組合同士の協同も重視される．協同組合が基本とする「協同組合原則」のなかに，この「協同組合間協同」の原則が初めて盛り込まれたのは1966年の原則改訂においてであった．

第二次大戦後，イギリスをはじめとしたヨーロッパ地域で生協が発展するなか，複数の協同組合が協同組合同士で競合する地域がある一方で，協同組合が全くないような空白地域もあるといった，資源のアンバランスな状況が生まれる．それは，協同組合が十全にその潜在力を発揮しているとはいえないような状況であり，地域で大々的にチェーンストアを展開する大企業との競争に苦戦し，なかには退場を余儀なくされる協同組合が出現する．こうした状況を受けて，協同組合陣営は個々の協同組合の発展を図るだけでなく，他の協同組合との連携，協力，統合を進める事が必要だと考え始めるのである．たとえば生協の母国イギリスでは，かつての生協乱立状態から組合間の

統合が進み，地域生協の連合組織であるコーペラティブ・グループ（旧CWS）が21世紀には全国の生協を吸収して全国規模の消費者協同組合と化している．

第6原則「協同組合間協同」は，そうした背景と影響をもつものであるが，第9章では，日本における協同組合間協同の例として，生協と農協の協同といった「異種協同組合間協同」を取り上げた．それに対して本章では，同種の協同組合がその地域で，あるいは全国的に連携する，「連合会」や「事業連合」を取り上げる．日本の各種協同組合は，積極的・戦略的に，またやむを得ない選択という消極的・受け身の理由で，連合組織を結成した．

協同組合が組合員組織である以上，それが基本的に地域に根差す組織であるのは当然だが，それが事業を営む組織である以上，地域にこだわる小規模組織はさまざまな点で不利になる．モノを買ったり，売ったり，システムをつくったり，設備を運営したり，資金を運用したり，広報を展開したり，ありとあらゆる事業の側面で，大規模化はメリット（規模の利益）を生むものである．それぞれの地域に密着した形で単協を維持しつつ，そうした規模の利益を追求する道が，連合組織の結成である．

連合組織をつくって事業を集約することで，事業上のコストは大きく削減できる．また，地域の小規模な協同組合が単独では維持できないような事業も，その事業を担う連合組織を各協同組合が協同して結成することで可能になる．農業協同組合が地域で医療事業を営むために組織した「農業協同組合厚生事業連合」（厚生連）などが，それにあたる．

規模の利益を追求するためにいちばん単純・簡単な手段は統合・合併であろう．日本の多くの協同組合組織が統合ではなく連合組織の結成を選択するのは，各協同組合が地域に根差して組合員に寄り添う運営にこだわることの意味を積極的に評価しているという理由もあるが，そうした統合・合併が制度的に許されないからだという消極的な理由もある．

典型的なのが生活協同組合である．生協は生協法によって，県境を越えた活動を制限されてきた．諸外国の生協のような全国展開が日本の生協には法

的にできない．それを乗り越えるための手段として，各地域で，あるいは同じ志を抱く生協間で，開発されたのが「事業連合」である．

さまざまないきさつや理由から，さまざまな性格の連合組織が日本の協同組合陣営の中で設立されている．いまや協同組合の事業と運動は，連合組織を抜きに語ることはできない．その諸側面を見て，協同組合が連合することの意味と課題とを考えてみよう．

（杉本貴志）

2. 消費生活協同組合の事業連合

（1） 地域生協の事業連合

生協における事業連合は，いくつかの生協が出資して組織化したものであり，商品の開発や仕入れ，宅配カタログの制作など，共同作業が可能な部分は一緒に取り組むことで，より効率的な事業展開をめざしている．2015年度において，日本生協連のメンバーになっている事業連合は12団体であり，コープ東北サンネット事業連合や生活協同組合連合会東海コープ事業連合のように，近隣の生協がメンバーとなっている事業連合と，生活クラブ事業連合や生活協同組合連合会コープ自然派事業連合など，同じコンセプトや価値を持つ生協が集まった事業連合がある．

以下では，生協の事業連合がどのような活動をしているのか，また課題としてどのようなことがあるのかを，生活協同組合コープ九州事業連合（以下，コープ九州）に着目し考察する[1]．

（2） 生活協同組合コープ九州事業連合の取り組み
コープ九州の概要

コープ九州は，1993年11月に九州・沖縄8県の8生協の出資により発

---

1) 2016年10月21日に実施した全労済協会「協同組合研究会」の調査内容に基づいて記述する．

足した事業連合である．15年度における供給高は8生協合計の1,935億円，店舗数89，組合員数180万1,000人，世帯加入率29.8％を占めている．連帯することによって，より規模の利益を発揮し，よりよいものをより安く仕入れることや，グローバル化におけるリスクをなるべく回避するために，全国の生協が事業連合を設立する流れのなかで，コープ九州も設立された．

　主な事業内容としては，会員6生協における無店舗事業のカタログ作成，商品企画，仕入れ，ウェブで共同購入の商品を注文できるサービスである「eフレンズ九州」の管理・運営，会員6生協の店舗における商品の企画および売場づくり，食品安全に関する取り組み，生活情報誌の発行などがある．これらの取り組みは他の事業連合においても実践されている場合が多い．では，コープ九州独自の取り組みにはどのようなものがあるだろうか．

独自のコールドチェーン

　コープ九州では，2003年くらいから物流の共同化を図り，より新鮮な生鮮品を届けるシステムを構築することをめざして，物流の大改革が進められてきた．一般的に生協では，常温，冷蔵，冷凍の3つの温度帯で商品を流通しているが，コープ九州では，葉物や果物にやさしい15度の中温度帯を設けている．この中温度帯を含めた4つの温度帯を備える物流をつくり上げるために，04年以降7〜8年かけて，それぞれの生協で持っていた物流のセンターを1か所にまとめ，各温度帯に合わせた物流センターを設置した．

　この新しい温度帯を設置したことによって，組合員からは喜びの声も聞こえるようになったという．たとえば，イチゴに対するクレームが大きく減ったこと，葉物野菜がシャキシャキしたまま，あるいは真夏の暑い時期でも冷凍庫から出したばかりのようなアイスクリームが届くということなどがある．

　また，組合員だけでなく生産者にも満足してもらえるような仕組みも進められている．生鮮品は天候や災害の影響を受けやすく，価格変動が生じやすい．そこで，コールドチェーンがあるため安定して販売できることを生産者に説明し，生協が供給する農産物を生産してもらうように取り組んでいる．

こうすることで，生協組合員は常に一定の価格の生鮮品を購入することができ，また生産者にとっては生協が安定した取引先となるため安心して農業に取り組むことができるのである．

このように，コープ九州独自のコールドチェーンは，物流の効率化を図るだけでなく，組合員と生産者の双方が満足できるシステムとなっている．それぞれの単協が出資している事業連合だからこそできる，流通の大改革であるだろう．

震災への対応

2016年4月14日に発生した熊本地震において，九州の生協では地震発生当日も事業を滞らせることなく継続することができていたという．他生協や事業連合とどのように協力していたのだろうか．

熊本地震では，生協に関係する物流とシステムが破損しなかったことから，致命的な事態には陥らなかったそうだ．しかし，即日復旧できた背景に，職員や組織の努力があったことには違いない．たとえば，生協くまもとでは被害が大きかった熊本県内の支所を，コープ九州の協力を得て，移動予定だった新支所への統合を早めたことで，無店舗事業は継続できたという．また，事業継続と被災地支援活動のために，コープ九州や日本生協連などから人員派遣の呼びかけを行い，店舗の復旧や，無店舗事業の配達同乗および地域訪問活動の支援が行われた．店舗の復旧支援では，九州および全国の17生協から，延べ279人（日×人），無店舗の配達同乗支援では延べ222人（日×人），地震から2か月後には組合員増加を図るために25の生協から134人が派遣されたという．

このような支援を連帯によって集積することによって，組合員に物資を届けることができたそうだ．震災発生後2週間は，1日も休まずに商品を届けたところ，組合員からは「こんなときに配達に来られても困る」という声もあったようだが，2週間ほどして精神的なゆとりが出始めたころからは，「やっぱりありがとう」「ほんとうに助かる」「物も買えないし，支援の物資

も滞って十分に届かない状況のなかで，牛乳とか，卵とか，野菜や果物が配達で届くということがほんとうに助かる」「支援に来てくれたのが自衛隊と生協だった」という嬉しい声が届き始めた．これによって職員のモチベーションも高まり，それぞれが積極的に活動できていたそうだ．

九州だけではなく，全国レベルで各生協が結集した連合会や事業連合があることによって，物資や人的支援を迅速に行えていることがわかる．

(3) 事業連合の今後

生協が事業連合を設立することによって，共同して取り組める部分は共同し，規模の利益を生かした物流やシステムを構築でき，組合員がより満足できるような商品やサービスを提供できていることがわかる．また，災害などの非常時には，常に備えている人的・物的ネットワークによって，迅速な対応を可能とし，組合員や地域への支援に取り組める基盤として事業連合の役割があると考えられる．

コスト削減を進めるために事業連合を強化していくなかで，やはり問題となるのが，単協がどこまで独自性を発揮していくのか，という点であるだろう．コープ九州では，勤務する職員が会員生協からの出向となっているため，賃金体系が職員ごとに異なっている．ここに，エフコープが採用した同一労働・同一賃金システムを導入し，統一した賃金体系をめざす動きもある．生協が生協らしく活動するためには，統一化して効率を図る部分と独自性を残す部分とを見極めていくことが求められるだろう．

（青木美紗）

3. 大学生協と事業連合

(1) 増加を続ける大学生協

日本の大学は 1980 年代には約 500 校だったが，90 年代にかけて新設が進み，2017 年には 777 校（さらに短期大学が 341 校）まで増加した．大

学の増加にともなって，学生，院生，教職員などを組合員とする大学生協も増加を続けてきた．さらに 2000 年代以降も，年に平均して 1〜2 つの大学生協の設立が続いてきた．生協や農漁協で合併や広域化が進むなかで，単協の新設が続く珍しい分野が大学生協である．しかし，大学生協も自然発生的に新規設立が続いてきたわけではない．大学生協の設立が続く背景には，各地の事業連合と全国連帯組織である全国大学生協連合会の支援がある．

(2) 大学生協における協同組合間連帯の枠組み

大学生協の連帯組織を含めた枠組みは，地域生協同様の 3 層構造である．

基底になるのが，「東京大学生協」や「同志社大学生協」といった各大学の大学生協である．ここには，キャンパス内に大学生協がない学校の学生・院生が加入する全国 6 つの「インターカレッジコープ」も含まれる．それぞれの大学生協は独立した法人格を持っており，2016 年 12 月末時点で，全国大学生協連合会に 205 生協が加盟している[2]．

特定の地域内における単協が加盟するのが事業連合である．事業連合は単協とは別の法人格を持ち，単協で取り扱う商品・食材の共同仕入れや，決済などのシステム部分の共同運用を行う組織である．流通機能としては，いわゆるボランタリーチェーン（VC）本部として機能している．2017 年現在，全国には北海道・東北・東京・東海・関西北陸・中国四国・九州の 7 つの事業連合がある（表 10-1）．

最後が，大学生協のナショナルセンターとなる全国大学生活協同組合連合会（以下，全国大学生協連）である．1958 年に設立された全国大学生協連には，各単協と事業連合が加盟し，事業連合の各エリアと一致する 7 つの地域ブロックに分かれて日常の運営・活動を行っている．

---

2) 全国大学生協連には非加盟の大学生協（中央大学生協・関西大学生協など）もある．

表10-1　各事業連合と全国連合会の概要

略称	会員生協数	組合員数	供給高（2016年）
大学生協北海道事業連合	13	7万5千人	79億4,065万円
大学生協東北事業連合	16	11万5千人（2015年度）	117億1,969万円
大学生協東京事業連合	69	60万人	539億706万円
大学生協東海事業連合	20	12万5千人	133億3,643万円
大学生協関西北陸事業連合	49	—	340億1,399万円
大学生協中国・四国事業連合	18	11万7千人	104億5,175万円
大学生協九州事業連合	24	14万人	112億2,399万円
全国大学生協連合会	219	154万4千人	400億円

注）　全国大学生協連合会の会員には各事業連合・全国共済連等も含まれる.
出所）　全国大学生協連および各事業連合総代会資料，ウェブサイトより筆者作成.

（3）　単協と事業連合の関係

3層構造を取る大学生協だが，とくに事業面における単協と事業連合の関係をもう少し具体的にみてみよう.

まず，単協の経営・運営は原則として独立して行われる．総代会は単協ごとに開催され，日常の運営や執行は同じく各単協の理事会のもとで進められる．その他にも，食堂の独自メニューや大学グッズの開発，またポイントなどの利用還元率等も，それぞれの単協が独自に決定している.

そのうえで事業連合には，規模の利益を発揮する業務内容の多くが集約されている．具体的には，書籍・文具・食材などは事業連合が共同仕入れを行い，各単協へと卸している．その他にも，食堂の基本的なメニューの企画・立案なども事業連合の主導による.

こうした事業関係が，前述の新規生協の設立に貢献している．たとえば，新規生協の設立にあたっては，学内構成員の合意を獲得することがもっとも困難な課題であるが，同時に経営上の課題にも対応しなければならない．この設立当初の経営上の課題の1つが，資金繰りの問題である．開業資金や日常の運転資金となる出資金は設立時において一定額必要だが，主に学生を対象とする大学生協は高額な出資金を設定することが難しく，また新規設立のため一から組合員加入を呼びかける必要がある．そのため，設立当初は

第 10 章　協同組合の事業連合と連合会　　　245

資金面で苦労を抱えることが多いが，事業連合は事情に配慮して柔軟に取引を行うなど，大学生協の新設を事業面からサポートしている．

また，職員採用活動も事業連合単位で行われている．事業連合のエリア内で一括して募集を行い，事業連合の会員生協が採用するが，一定期間で事業連合内の会員生協で人事異動を行うなど，人事面におけるサポートも行っている[3]．この点は職員だけに限らない．事業連合や連合会のブロック単位で，組合員として活動に取り組む学生委員会や教職員委員会が交流活動を行っており，大学生協への理解と愛着を築いている．

(4)　大学生協の事業連合化の歴史

大学生協は連帯組織という面で，各種の協同組合のなかでもとくに集約が進んでいる．歴史を振り返ってみても，生協の事業連合化において大学生協はフロントランナーとしての立場にあった．

表 10-2 に，大学生協の連帯組織や事業連合設立に関わる歴史をまとめている．最初の大学生協の事業連合は，1969 年に創立された東京事業連合である．発足時の会員生協は東京大学，早稲田大学，慶應義塾大学，東京理科大学の 4 大学生協であった．地域生協の事業連合設立は 80 年代以降のことであり，東京事業連合は，「事業連合」という名称も，そして当然組織も存在しないなかでの船出であった．

とはいえ，実際には事業連合の設立以前から共同仕入れ自体はスタートしていたこともあり，初年度こそ供給高は約 4 億円に留まったが，4 年後には10 億円を超え，順調に成長を続けた．この東京事業連合の成功を受けて，各地で共同仕入機構が立ち上がり，それらが徐々に事業連合へとシフトしていったのである．

また，2015 年の全国大学生協連の通常総会では，従来の枠を超えた全国規模の事業連帯組織の必要性が提起されるなど，他の協同組合に先駆ける形

---

3)　同生協内部の場合は異動となるが，大学生協間の場合は別法人であるため正式には「移籍」となる．

表10-2 大学生協における連帯組織の歴史

年	内容
1898	同志社大で消費組合結成（最初の大学生協）
1927	東京学生消費組合発足
39	東京学生消費組合解散
46	東京大，早稲田大，慶応大などで相次いで生協設立
47	全国学校協同組合連合会（全学協）発足
49	ノートの共同仕入れ開始
58	全学協を法人化，<u>全国大学生協同組合連合会</u>創立
69	<u>東京事業連合</u>創立
67	名古屋地区大学生協統一事業センター設立
70	大学生協東海地連事業部設立
71	<u>京都事業連合</u>創立
80	大学生協東北地方共同仕入本部の発足（東北事業連合の前身）
82	<u>東海事業連合</u>創立
85	<u>神戸事業連合</u>創立
88	<u>東北事業連合</u>創立
	<u>大阪事業連合</u>創立
90	<u>北海道事業連合</u>創立
	<u>中国四国事業連合</u>創立
91	<u>九州事業連合</u>創立
93	東京インターカレッジコープ設立
95	大阪インターカレッジコープ設立
	大学生協北陸共同事業部発足（北陸事業連合の前身）
99	<u>北陸事業連合</u>創立
2000	みやぎインターカレッジコープ，熊本インターカレッジコープアカデミア設立
04	福岡インターカレッジコープ設立
05	愛知インターカレッジコープ設立
10	全国大学生協連の支部機関名 「地域センター」を「ブロック」に名称変更
	<u>全国大学生協共済生活協同組合連合会</u>創立
11	<u>阪神事業連合</u>結成（大阪事業連合と神戸事業連合の合併）
16	<u>関西北陸事業連合</u>結成（阪神事業連合，京都事業連合，北陸事業連合の合併）

（出典） 全国大学生協連および各事業連合HP，名和他（2012）『大学の協同を紡ぐ』
450-467頁を参照して，筆者作成．

で，より大規模な連帯の可能性が検討されている．

(5) 大学生協における事業連合化の意義と課題

大学生協において事業連合が進んだ背景

では，なぜ大学生協において早期に事業連合が実現したのか．あるいは必

要とされたのだろうか．その理由は，協同組合としての大学生協の特徴にある．

1つ目の特徴は，事業範囲の限定性である．大学生協は，生協法において職域生協の1つとされているため，事業範囲がきわめて限定されている．法律上は大学関係者以外にも地域住民や出入業者等が加入できるのだが，あくまで主な対象は大学の構成員である学生・院生・教職員である．構成員の大部分を占める学生数については，学校教育法に基づいて文科省による定数の認可を受ける必要があるため，需要・市場規模は一定となる．そのため，小売事業にとって重要な規模の利益の追求に制限が生じる．規模の利益に関わる制限を，同一地域の大学生協が事業面で連携することで突破しようとしたことが，大学生協の事業連合化が早期から追求された背景である．

2つ目の要因は，大学内における大学生協の立ち位置の変化である．大学生協は，学生に食や文具などを供給することで学びの機会を守ることを目的に発足したが，1960年代からの大学進学率の上昇にともなって「大学の大衆化」が進み，大学キャンパス内の福利厚生の重要性が高まった．加えて，90年代以降の新設大学の増加と進学率のさらなる上昇が，受験者・入学者の獲得競争をもたらした．競争の渦中において差別化を実現するため，各大学はキャンパス内の福利厚生施設の充実を図ったが，その際に従来から存在した大学生協にそのまま任せるのではなく，大手小売企業や地場流通企業といった民間業者との入札制度を積極的に採用した．入札制度の導入によって，市場に関する制限のない民間業者と市場規模を制限される大学生協とが，フラットな立場で競争することになった．こうした状況は，2004年に国立大学が独立行政法人化したことで，さらに加速する．このようにキャンパス内における大学生協の位置づけや役割が変化したため，事業者としての大学生協の魅力と競争力を高めるために事業連合への結集が進んできたのである．

一方，事業範囲が限定されるという大学生協の特徴は，組合員の同質性が非常に高いという大学生協の別の特徴につながる．大学生協において圧倒的多数の組合員は学生であり，彼らは年齢・学歴・所得水準などで相対的に似

通った属性を持つため，組合員としてのニーズも似通っている．組合員のニーズの同質化傾向が高いということは，事業連合化によって享受できる規模の利益が大きいことを意味する．

こうした特徴から，大学生協では事業連合による経済的効果を十分に発揮することができたため，成長や拡大において必要不可欠な取り組みとして全国に広がったのである．

大学生協における事業連合化の課題

全国の大学に活動を広げた大学生協の事業連合の課題として，事業段階での競争力向上と単協の経営改善を連携させ，より魅力的な事業を展開するという点が挙げられる．

事業連合は規模の利益によって，食堂・書籍・購買事業を中心にコスト低下を実現し，単協の経営数値を改善させる役割を果した．学生数1,000人程度の小規模大学でも，大学生協が運営できている背景には，事業連合という事業面の連帯組織の存在が不可欠である．こうした事業上の優位性をもとに，各単協あるいは個店単位でいかに魅力的な事業を生み出していくのか．事業連合化を活用する，事業者としての個々の大学生協の実力が問われている．

もう1つの課題として，協同組合としての正しい理解を広める必要がある，という点も挙げられる．たとえば，共同仕入れをベースとした事業連合加盟の大学間では，どこの大学の，どこの食堂に行っても大多数のメニューは同一となる．こうした統一化は安心・安全で安価な食事を提供するという大学生協の重要な役割を支えている一方で，学生に対して「大学生協は『生協』という組織のフランチャイズ・チェーン（FC）の一種」という印象を与えてしまう懸念がある．多くの学生にとって，初めて加入する協同組合は大学生協である．「大学生協，すなわち協同組合はFCである」という誤解は，学生が社会に出た後に加入を呼びかける他の協同組合にとっての悩みの種となる可能性もある．すなわち，大学生協にはキャンパス内部だけでなく，社

会全体の視野から学生に協同組合の理解を深めるよう工夫することが求められている．

（加賀美太記）

4．協同組織金融と連合会

（1） 連合会

　協同組織金融機関が各国で設立された当初は，各地に設立された組合が組合員から預貯金を受け入れ，それを資金が必要な組合員に貸し付けるにあたり，しばしば資金不足が生じることがあった．預貯金をする余力のある組合員よりも，資金を借りたい組合員の方が多かったためである．そのような組合間での資金の過不足を調整したり，外部から資金調達をしたりするために，地域ごとに，あるいは全国の段階に連合会が設立されるようになった．

　現代の日本においては，企業の資金需要が停滞していること等により借入需要が縮小しており，組合の貸出金は伸び悩む傾向がみられる．そのため，連合会の役割として，個別の組合で受け入れた資金を貸出に回した後の余裕金を集めて運用するという役割が重要になってきている．資金の運用に関しては，高度な投資技術を必要としたり規制への対応が必要になったりするため，個別の組合で行うよりも，連合会がまとめて行う方が効率的という面もある．そのほかに，連合会には，個別の組合では対応が困難な規模の大きい企業等との取引を行うといった役割がある．

　こうした全国段階の銀行業務を補完するための連合会は，系統中央機関などと総称される．信組の場合は全国信用協同組合連合会，信金は信金中央金庫，労金は労働金庫連合会，農協・漁協は農林中央金庫が該当する（表10-3）．系統中央機関は，組合向けの商品やサービスの提供のため，信託銀行や証券会社等さまざまな金融関連の子会社を持つこともある．農協・漁協については，都道府県によっては信農連，信漁連という県段階の連合会もある．

　これらの連合会とは別に，それぞれの協同組織金融機関には，意見表明等

表 10-3　系統機関とセーフティネット

業態	銀行業務の連合会	業界団体としての連合会	セーフティネット	
			公的制度	独自の制度
信用組合	全国信用協同組合連合会	全国信用組合中央協会	預金保険機構により，1,000万円まで保護．ただし，決済用預金は全額保護	○信用組合経営安定制度 　信用組合，全国信用組合中央協会および全国信用組合連合会の3者契約に基づく制度で，①モニタリング制度，②監査・指導制度，③資本増強支援制度，からなる
信用金庫	信金中央金庫	全国信用金庫協会	同上	○信用金庫経営力強化制度 　信用金庫，全国信用金庫協会および信金中央金庫の3者契約に基づく制度で，①経営分析制度，②経営相談制度，③資本増強制度を運営，からなる
労働金庫	労働金庫連合会	全国労働金庫協会	同上	○ろうきん相互支援制度 　労働金庫，全国労働金庫協会および労働金庫連合会の3者契約に基づく制度で，①モニタリング，②監査・指導，③金融支援措置（緊急貸付，資本増強支援，資金援助）からなる
農業協同組合	農林中央金庫信農連	全国農業協同組合中央会	農水産業協同組合貯金保険機構により，1,000万円まで保護．ただし，決済用貯金は全額保護（仕組・機能は預金保険機構と同じ）	○破綻未然防止システム 　再編強化法により農林中央金庫に信用事業の再編および信用事業の強化のための指導の業務が認められている 　これに基づき，農林中央金庫が，①破綻未然防止のためのルール策定，②モニタリング，③資金運用制限・経営改善措置の指示，④指定支援法人（農林中央金庫，信農連，農業協同組合等によるファンド造成）を通じた資本注入・資金援助の制度を運営
漁業協同組合	農林中央金庫信漁連	全国漁業協同組合連合会	同上	同上 （④の指定支援法人は，農林中央金庫，信漁連，漁業協同組合によるファンド造成）

(出典)　各組織のウェブサイト等を参考に筆者作成．

を行う業界団体としての連合会がある．信組の場合は全国信用組合中央協会，信金は全国信用金庫協会，労金は全国労働金庫協会，農協は全国農業協同組合中央会，漁協は全国漁業協同組合連合会がそれに該当する．

(2) セーフティネット

各協同組織金融機関においては組合の合併が進展しているが，それでも個別の組合の規模は地方銀行などに比べると小さいことが多い．また，仮に1つでも組合が経営破綻などの事態に陥れば，他の組合にも悪影響を与えることが懸念される．そのため，協同組織金融機関には，系統中央機関が個別組合の経営をモニタリングし，監査や指導を行ったり資本増強を支援したりする制度（セーフティネット）が設けられている．

信組，信金，労金においては，それぞれの系統中央機関と業界団体としての連合会，各組合との3者契約に基づく制度としてセーフティネットが運営されている．他方，農協，漁協の場合は，セーフティネットの運営が再編強化法という法律に基づいて行われているといった違いがある．同法に基づき，系統中央機関である農林中央金庫には，農漁協の再編や信用事業を強化するための指導業務が認められている．

(3) 欧州の協同組合銀行で進む連合会機能の強化

欧州の協同組合銀行の場合も，日本の協同組織金融機関と同様に，個別の組合と銀行業務の連合会，業界団体としての連合会等があることが多い．国によって，全国段階の連合会しかないケース，地方段階の連合会があるケース，銀行業務の連合会と業界団体の連合会が同一組織であるケースなどさまざまである．そうした形態が，地方自治のあり方と関係していることもある．

また，単位組合と連合会から構成される「グループ」の一体性の強さについてもかなり差がある．一体性の強さをみるポイントとしては，①セーフティネットの有無と支援の度合，②中央機関が傘下組合を監督・検査する権限の有無，③グループ全体でのリスク管理，④グループでの連結決算，⑤グループ共通の経営戦略目標を設定状況などがある．

EUでは，「グループ」の一体性が強いと認められれば，金融機関の資本に関する規制において，グループ内部の会員向け与信について自己資本規制上のリスクウェイト0%を適用することができるというメリットがある．

他方，2014年11月からは，欧州中央銀行（ECB）が域内の銀行に単一の監督権を持つようになり，銀行に対して画一的な規制を適用する傾向が強まっている．そうしたなかで，規制当局は協同組合銀行に対して組織構造の簡素化と一体性の強化を求めるようになってきている．具体的には，グループのリーダー役となる唯一の中央機関を明確化し，その中央機関が会員である組合の経営状況に目配りし，堅固なセーフティネットを構築することが求められている．協同組合銀行もそれに対応しており，たとえば，フィンランドの協同組合銀行は，それまで単位組合の監督やセーフティネット等の運営を主な役割としていた中央機関が，その業務に加えて，銀行，損害保険，資産運用の3部門についてグループ全体のマネジメントを行うことができるような組織改革を実施した．

こうした傾向がいずれ日本にも波及し，欧州と同じような役割を果たすことが求められるようになるのかが注目される．

（重頭ユカリ）

5．単協・組合員主権と連合組織

以上みたように，事業連合や連合会など協同組合の大規模連合組織は，組合員へのサービス提供という点で，協同組合事業の前進をもたらした．協同組合に結集することで，1人ひとりでは力がない個人が自分たちの願いを協同の力で実現することができるのと同じく，連合組織に結集することで，単独の協同組合では不可能なことが協同の力で成し遂げられるのである．組織が大きくなるということは，少数派が無視されるようになるということを必ずしも意味しない．その逆に，少数派のニーズが，大きく協同することで初めて実現可能となるということもある．特定の問題を抱えた消費者の食品に対する需要，小規模大学に在籍する学生の願い，金融機関へのアクセスが悪い地域での展開等々，単位協同組合の枠を超えた協同の力を発揮しなければ，かなえられないニーズもあるのである．

それを認めたうえで，われわれが考えるべきは，組合員民主主義を基本とする協同組合組織が連合組織を抱えるうえでのガバナンス上の課題である．そもそも数十人の人々によってつくられた協同組合が，事業の発展と統合・合併によって数千人，数万人，数百万人と規模を拡大した組織となることは可能なのか．そうした超大規模化の弊害を避けるために各地域の単協は存続したままで連合会や事業連合をつくり，その権限の一部を委譲したり，自組織が果たしてきた機能を補完する役割を委ねたりするというのが協同組合の連合組織の基本的な考え方なのだろうが，そこでの権限の分担は「二重権力」となったり，「組合員民主主義の形骸化」に結びついたりしないのか．組合員の意思で運営されている単位協同組合のあり方に対して，連合組織の調整・指導権限をどこまで認めるのか．はたして連合化は統合化＝大規模合併よりもすぐれた方策なのか．

　いま日本における協同組合の実践や研究の世界においては，「大きな協同」のなかに「小さな協同」をつくることの意義が盛んに議論されている．ヨーロッパの協同組合が進めた全国統合化（あるいはそれをさらに進めた国際組織化）を無批判にそのまま踏襲するのではなく，こうした議論をきちんと踏まえつつ，協同組合の連合組織のあり方を考えることが，日本の協同組合運動には必要であろう．

（杉本貴志）

終章

協同のコミュニティは東北から

協同組合の新地平

　産業革命によって生まれた究極の格差社会のなかで，その克服をめざして創始された協同組合運動は，20世紀には営利企業に対抗する一大事業組織として，各国の経済のなかで一定の地位を占めるまでに成長した．日本でいえば，農協や漁協といった生産者がつくる協同組合を抜きにして食料生産は語れないし，生協は大手流通業者に引けを取らない規模にまで消費者の組織化を成し遂げたのである．

　組合員による出資・運営・利用の「三位一体」を特徴とする協同組合は，それぞれが抱える組合員の要望に徹底して応え，その生活と生業を守り，向上させることで，非営利の事業体の発展を導くことができたのだが，1980年，そうした20世紀における協同組合運動のあり方に対する懐疑と，21世紀の協同組合が進むべき新たな方向性が，運動の内部から提起される．

　世界中の協同組合が結集する世界最大の民間組織「国際協同組合同盟(ICA)」のモスクワ大会で決議・承認されたレポート『西暦2000年の協同組合』によるカナダ人研究者アレクサンダー・レイドロー博士の問題提起である．

　『レイドロー報告』と通称されるこの報告書のなかで，レイドローは既存

の協同組合のあり方に率直に不満を表明している．たとえば消費者がつくる生協は，先進国において消費者の需要に応じた商品供給を行っているが，それが地球と地域の環境を壊すことにつながることもあり得るのではないか，逆にこれまで生協が無視してきた問題もあるのではないか，というのである．7色のティッシュペーパーを売ることよりも，世界の飢えを満たすことの方が優先課題でなければならないというレイドローは，その他にもこれまで無視されてきたが今後重視しなくてはならない分野・領域として，「労働」「雇用」のあり方を考えることや，「協同組合地域社会」を建設すること等を挙げている．

　要するにレイドローは，ロッチデールの時代に協同組合運動が取り組もうと計画していた考え方を，21世紀の協同組合はもう一度取り戻さなくてはならないと主張しているのだと解釈することができるだろう．こうして，個々の組合員の要求に応えるだけではなく，コミュニティ全体に目を配り，その維持と発展のために協同組合には何ができるのか，何をしなくてはならないのかを考えることも協同組合の重要な使命だとするとらえ方が世界の協同組合運動に徐々に広まっていく．そして1995年，ICAは全世界の協同組合共通の理念・原則として新たに第7原則「コミュニティの持続的な発展への関与」を制定した．21世紀の協同組合は，組合員の声と同じく，コミュニティの声も聞き，それに応える事業展開をすることを求められるとともに，協同の力でコミュニティそのものをつくり，変えていかなければならないとされたのである．

　レイドロー報告の衝撃は，とりわけ日本の協同組合界では大きかったといわれる．それは1つには日本の協同組合法制のあり方にもよるものであろう．「統一協同組合法」や「協同組合基本法」が整備されている諸外国と異なり，日本の協同組合法は協同組合を組合員の種別で分けてバラバラに制定され，それぞれの協同組合は監督官庁も別々である．生協は厚生労働省所管の生協法，農協は農林水産省所管の農協法といった具合に，各種協同組合は完全に分けられて規制・監督・指導される（序章の表序-13参照）．こうして日本

の協同組合は，同じ協同組合としての連帯であるとか，協同組合であることの共通性であるとか，他種類の協同組合との関わりをほとんど持たず，意識しない形で発展してきた．

　もちろん第6章や第9章で取り上げたように，生協による農協との「産直」など，「協同組合間協同」の事例もないわけではない．しかし基本的に消費者の立場に徹底して立つのが生協であり，あくまで農業者の利益を追求するのが農協であるということを常日頃から強調してきたのが各協同組合であって，それだけにレイドローの批判と提言への反響が日本国内ではとりわけ大きかったのだとみることができよう．

　それでは，組合員だけでなく地域のコミュニティにも責任を持つ協同組合のあり方とは，具体的にはどのようなものだろうか．

　たとえば生協や農協，漁協など日本の協同組合がこれまでもっとも力を集中してきた安心・安全な「食」ということでいえば，従来型の協同組合は消費者であるとか，あるいは農産物の生産者であるとか，1つのステークホルダー（利害関係者）から成り立ち，その立場から安心・安全な食を追求する協同組合（「シングル・ステークホルダー型協同組合」）だった．しかし，「より良いものをより安く」という消費者の願いだけでは，あるいは「コメの価格は1円でも高く」という生産者の要求だけでは，安心・安全な食はもたらされないだろう．これからは，消費者も生産者も協同して1つの協同組合をつくり，異なる多様なステークホルダーの意見を取り込み，安心・安全な食をともに協同してつくっていく「マルチ・ステークホルダー型協同組合」をめざすべきだとされるのである．

　そうはいっても，そのような諸外国で続々誕生している協同組合（「地域協同組合」「社会的協同組合」「コミュニティ協同組合」などと呼ばれる）を組織するための法律が日本には存在しない．JAは，法的に認められた「准組合員」制度を利用して農業者以外の地域住民を准組合員として受け入れ，総合農協＝地域協同組合化を図っているが，農協＝農業者組織という図式以外は頭にない政府やその諮問機関，さらには財界や一部メディアから，徹底

したバッシングを受けている．農協は本来のあり方から逸脱している，というのである．

　マルチ・ステークホルダー型の協同組合をつくってコミュニティの発展に寄与するという発想は，第7原則の普及によって協同組合の世界ではようやく常識になりつつあるけれども，協同組合の世界から一歩外に出ると，そうした協同組合像に対する理解はまだまだ得られないということだろう．しかし，グローバリゼーションが世を席捲する一方で，それに逆行してあくまで地域にこだわり，コミュニティを基礎とした経済をもう一度再生しようという動きが，日本の社会のなかにも確かに育ちつつある．食料（Food），エネルギー（Energy），ケア（Care福祉）が地域で自給できるような自立した経済をめざそうではないかという「FEC自給圏」構想についても，少なくとも理念的には賛同・共感するという声が高まっている．それはグローバリゼーションによって生まれた格差社会がそれほど厳しく，ひどいものであるという証でもある．そしてエネルギーにしても，福祉ケアにしても，地域で小規模に，住民の力を集めて新たな事業として展開するのであれば，「協同組合」という方式はそれにもっとも適したやり方ではないかと考えられるのである．

　日本の協同組合陣営は，小水力発電所や風力発電所を建設してクリーン・エネルギーの供給事業を展開してきた歴史をもっているし，介護保険事業を始めとする福祉関連事業や地域の福祉活動は，生協でも農協でも，その中心的な役割の1つといってもいいほど広く展開されている．これを利用者による協同組合方式の取り組みから一歩進めて，コミュニティにおけるマルチ・ステークホルダー型の協同事業とすることができれば，単なる利用者の満足にとどまらず，雇用の創出から地域おこし，まちづくりに至る真の自給圏形成に近づくことができるのではないか．東北地方，山形県や福島県の協同組合は，その可能性を垣間見せてくれている．

　山形の米沢を中心とした地域には，法的には一般社団法人であるが，「共立社生協」や「生活クラブやまがた生協」などが集まって結成した「置賜自

給圏推進機構」がある．この推進機構は，「NPO，協同組合，企業，任意団体等が協働して，山形県置賜3市5町の地域の課題に取り組む活動を応援し，社会目的にかなった経済活動や市民活動を応援し，社会目的にかなった経済活動や市民活動を拡げ，地域資源を基礎として，置賜自給圏の実現を目的」（定款第3条）とした活動を展開している．その主な事業は，「1 自然と共生する安全・安心の農と食の構築　2 教育の場での実践　3 医療費削減の世界モデルへの挑戦　4 前各号の目的を達成させるために『産・官・学・民』が一体となってすすめる構想推進体制の構築」（定款5条）であり，毎月のように各種メディアに取り上げられるその活動は，FEC自給圏構想の代表的実践例とされている．

　また，同じ山形でも鶴岡市を中心とする庄内地域では，「生協共立社」「庄内医療生協」「山形県高齢者福祉生協」「社会福祉法人山形虹の会」に，生協や医療生協の子会社である「(株) コープ開発センター」と「(有) ファルマやまがた」，そして「農事組合法人庄内産直センター」が加わり，7つの異業種法人による「事業協同組合」である「庄内まちづくり協同組合『虹』」を結成し，施設介護，在宅介護，配食サービス等の地域福祉事業を中心とした活動に取り組んでいる（図終-1）．

　一般に協同組合といえば，生協，農協，漁協など個人を組合員とした組織をまずは連想するが，日本にも「中小企業等協同組合法」が存在し，中小企業の集まりとしての協同組合（事業協同組合や信用組合など）が相互扶助の精神で協同事業を行うことを認めている．生協のようなシングル・ステークホルダー型の協同組合しか認められない日本の協同組合法制のなかで，この事業協同組合という仕組みに注目し，異種協同組合が集まる協同組合として「虹」は結成され，法人格を得ることができたのである．

　置賜でも庄内でも，酪農協同組合や産直センターなど農業者の組織が一応参加してはいるが，FECを自給できるコミュニティづくりをめざして今後さらに発展を遂げるためには，JAなど地元の生産者組織・生産者協同組合が本格的に参画することが必要だろう．食料生産県であればあるほど，生産

(出典) 庄内まちづくり協同組合「虹」ウェブサイト (http://www.shonai-niji.jp/cooperative/) 2017年10月4日最終アクセス

図終-1 「虹」の概念図

　者が地元での消費よりも大消費地に向けての出荷に力を入れるのは当然であるが，そればかりではなく地産地消においても強力なパートナーとなってもらうことが不可欠である．そしてそのためには，より広く地元の消費者を組織することが必要となってくる．

　消費者と生産者との協同は，2011年3月に東日本を襲った大地震と大津波，そして原子力発電所の事故によって大きく傷つけられた．放射能の拡散は，「生産者の支援」と「安心・安全の確保」とが両立せず，あたかも二者択一の問題であるかのような状況を生み出してしまう．東北産，とくに福島

県産の農産物や水産物は，風評被害を含めて，一部の消費者から忌み嫌われることとなってしまった．原子力発電所の事故から5年以上を経過しても，福島では深刻な状況が続いている．

福島県内の食品製造業者と食品流通業者は，ここでも中小企業等協同組合法を活用することで「福島県食品生産協同組合」を結成し，正しい情報の発信・広報と風評被害の一掃，共同販売や生産コスト削減に取り組もうとしている（『福島民報』2017年6月19日）．これもまた庄内と同じく業者による事業協同組合という形態であるが，もしそこに第1次産業の生産者とその協同組合，そして消費者とその協同組合が加わるような組織の拡大ができるならば，もっとも傷つけられた被災地福島から，新たな「食の協同組合」の可能性を発信することが可能となるだろう．

置賜で，庄内で，福島で，いま協同組合の新しい地平が切り拓かれようとしているのである．

参考文献

日本協同組合学会訳編（1989）『西暦2000年における協同組合〔レイドロー報告〕』日本経済評論社．
内橋克人（2011）『共生経済が始まる－人間復興の社会を求めて』朝日文庫．

おわりに

　本書は，一般財団法人全国勤労者福祉・共済振興協会（全労済協会）が設置した「協同組合研究会」における議論にもとづいてまとめられたものです．

　同研究会では，招聘講師による講演や，福岡県を根拠地として活動する生活協同組合等の視察も交えて，2015年5月から17年6月までの2年余り，18回にわたって活発な議論が展開されました．

　今日，日本社会では雇用形態が多様化し，非正規労働者は増加し続け，全労働者の約4割を占めるに至っています．「格差社会」といわれて久しく，所得面のみならず，生活のあらゆる面で格差の拡大が進んでいます．

　また，少子高齢社会が進行し，2025年以降，日本人の4人に1人が75歳以上という超高齢社会になる「2025年問題」も大きな問題です．さらに，「地域のつながりの希薄化」，「限界集落」，「買物難民」等の地域社会の問題も深刻となりつつあり，地域社会の活性化が強く叫ばれています．

　この状況下，「協同組合組織には何が求められ，どのような可能性があるのであろうか．各協同組合は，組合員の多様化に応じることができているのであろうか．あるいは，これまで組合員として迎え入れることができなかった人々に対して，手を差し伸べることはできているのであろうか．さらには，各事業活動を展開するうえで，従来にない働き方の展望を示し，日本社会に希望を照らすことはできているのであろうか．

　1つの協同組合では限界があるのであれば，他の協同組合と手を組むことで，限界を乗り越えることも可能であろう．また，異種の協同組合と協同することで，新しい可能性を示すことができるかもしれない．このような協同組合間協同を，既存の協同組合はどこまで追求しているのであろうか．」

　以上のような問題意識のもと，新進気鋭の研究者が集い，研究会は進めら

れました.

　時あたかも，2016年11月30日に，ユネスコ（国連教育科学文化機関）が，「共通の利益の実現のために協同組合を組織するという思想と実践」をユネスコ無形文化遺産に登録することを決定しました．決定にあたって，協同組合を「共通の利益と価値を通じてコミュニティづくりを行うことができる組織であり，雇用の創出や高齢者支援から都市の活性化や再生可能エネルギープロジェクトまで，さまざまな社会的な問題への創意工夫あふれる解決策を編み出している」としています.

　協同組合のこれまでの諸活動が評価されたとともに，今後に対する期待が高いことを示しているものと思われます.

　研究の成果は本書の各章で展開されているとおりですが，研究会では6人の講師をお招きして，各協同組合での取り組みやアンケート調査の分析等についてご講演いただきました．講師の皆さんから貴重なお話をいただき，当研究会にとって大変有意義なものになりました．紙幅の都合はありますが，感謝の意を表して，簡単にご紹介します（所属・役職は研究会でご講演いただいた当時のもの）.

　JC総研客員研究員・丸山茂樹氏からは，海外と山形県の置賜自給圏の事例にみる，協同組合間協同とコミュニティのあり方について．聖学院大学政治経済学部教授・大高研道氏からは，協同組合間協同による地域づくりの可能性について．庄内医療生活協同組合専務理事・岩本鉄矢氏からは，山形県鶴岡市での実践例にみる，事業協同組合方式による住み続けられるまちづくりについて．JC総研主任研究員・西井賢悟氏からは，JA職員の意識と行動に関するアンケート調査を通して，協同組合理念の浸透についての分析結果の報告．エフコープ生活協同組合人事部長・永芳陽子氏からは，同生協で取り組んでいる65歳までの定年延長と同一労働同一賃金の試みの経過や現状と課題について．城南信用金庫相談役・吉原毅氏からは，同信金の歴史や現在取り組んでいることについて，それぞれお話しいただきました.

　さらに，研究会では，2016年10月に福岡県の各生活協同組合での取り

組みについて視察を行いました．「同一労働同一賃金」の人事制度を導入したエフコープ生活協同組合ならびにエフコープ生協労働組合，「協同組合間の協同」の実践として熊本地震の被災者支援を行った生活協同組合連合会コープ九州事業連合，生活再生支援や生計困難者支援等の事業に幅広く取り組んでいるグリーンコープ連合の4団体を訪問しました．先進的4団体への訪問とそこで見聞きした活動に，研究会一同，大いに刺激を受けました．お忙しいなか，ご対応いただいた4団体にはあらためて感謝申し上げます．

　最後に，研究会にご参画，およびご執筆いただいた委員の皆様に感謝申し上げます．

　本書は，当協会の研究会の研究成果として刊行された『協同組合を学ぶ』（中川雄一郎・杉本貴志編著，日本経済評論社，2012年），『協同組合未来への選択』（中川雄一郎・杉本貴志編著，日本経済評論社，2014年）に続く位置づけの書籍です．前2冊と同様，本書が協同組合活動にいそしむ皆様やこれから協同組合について学ぼうとされる皆様の一助となることを願ってやみません．

　また，本書刊行にあたって，日本経済評論社の梶原千恵氏にひとかたならぬお世話になったことを記して，謝意を表します．

2017年10月　全労済協会調査研究部

ブックガイド

各章についてさらに深く学ぶための参考書を，以下に簡単な解題付きで紹介する．

全体

中川雄一郎・杉本貴志編，全労済協会監修（2012）『協同組合を学ぶ』日本経済評論社．

　◎「協同組合研究会」の成果書籍の第1段として協同組合初学者におすすめ．

中川雄一郎・杉本貴志編，全労済協会監修（2014）『協同組合　未来への選択』日本経済評論社．

　◎「協同組合を学ぶ」に続く，協同組合初学者に．

駒村康平編著（2016）『2025年の日本破綻か復活か』勁草書房．

　◎2025年の日本社会が直面するであろう課題と展望を多面的に解説．

賀川豊彦（2009）『死線を越えて（復刻版）』PHP研究所．

　◎「協同組合の父」と呼ばれる賀川豊彦の前半生を投影した自伝的小説．

序章

橘木俊詔（2006）『格差社会―何が問題なのか』岩波新書．

　◎なぜ日本社会が格差社会と言えるのか，その何が問題なのかをわかりやすく解説．

山田昌弘（2007）『希望格差社会―「負け組」の絶望感が日本を引き裂く』ちくま文庫．

　◎勝ち組と負け組に二分された日本社会が希望を失い，不安定な社会となっていると告発．

第1章

相馬健次（2002）『戦後日本生活協同組合論史―主要書籍を読み解く』日本経済評論社．

　◎戦後日本の生協に関する書物・研究書の内容を解説し，生協論の系譜をたどる．

戸木田嘉久・三好正巳編著（2005）『生協再生と職員の挑戦―新版・生協職員論の探求』かもがわ出版．

　◎日本の生協における職員の役割を論じ，職員論の課題を提起する研究書．

第2章

安田原三・相川直之・笹原昭五編著（2007）『いまなぜ信金信組か　協同組織金融機関の存在意義』日本経済評論社．

　◎信金，信組を中心に協同組織金融機関の論点がコンパクトにまとまっている．

村本孜（2015）『信用金庫論―制度論としての整理』きんざい．

　◎信用金庫をめぐる議論について，より深く体系的に把握したい方に．

三村聡（2014）『労働金庫―勤労者自主福祉金融の歴史・理念・未来』きんざい．

　◎労働金庫の歴史から新たなビジネスモデルまで深く知りたい方に．

農林中金総合研究所（2004）『JA 教科書　信用事業』家の光協会.
　◎JA の信用事業の初級者向け.

第3章
奥田知志，稲月正，垣田裕介，堤圭史郎（2014）『"生活困窮者への伴走型支援　経済的困窮と社会的孤立に対応するトータルサポート"』明石書店.
　◎生活困窮者は経済的困窮だけでなく社会的孤立状態にあるという問題意識からの支援について，より深く知りたい方に.
佐藤順子編著（2016）『マイクロクレジットは金融格差を是正できるか』ミネルヴァ書房.
　◎日本を含む先進国における生活困窮者向けの貸付（マイクロクレジット）について詳しく知りたい方に.

第4章
押尾直志（2012）『現代共済論』日本経済評論社.
　◎共済について深く専門的に学びたい方に.
坂井幸二郎（2002）『共済事業の歴史』日本共済協会.
　◎共済に携わる方に必携の書.
生協共済研究会編著（2008）『生協の共済　今，問われていること』コープ出版.
　◎惜しくも絶版になっているが，共済をさまざまな視点から学ぶことができる.
生協共済研究会編著（2011）『21 世紀の生協の共済に求められるもの』コープ出版.
　◎「共済生協研究会」に参画する 9 名の研究者らが 21 世紀の共済生協の課題を解説.
相馬健次（2013）『共済事業とはなにか　共済概念の探求』日本経済評論社.
　◎共済のあるべき姿を考える際に，多くの示唆を与えてくれる.

第5章
野村秀和編著（1992）『生協　21 世紀への挑戦』大月書店.
　◎日本における生協の事業の特徴を整理している.生協について考える際には，一度は検討しておきたい.
現代生協論編集委員会（2010）『現代生協論の探求—新たなステップをめざして』コープ出版.
　◎生協についての理論研究を多角的にまとめている.組織としての生協や社会との関わりなど，生協の可能性と課題の多様さを示してくれる.

第6章
藤島廣二・宮部和幸・岩崎邦彦・安部新一（2012）『食料・農産物流通論』筑波書房.
　◎食料や農産物流通をさらに詳しく学びたい方に.
北川太一（2015）『1 時間でよくわかる楽しい JA 講座』家の光協会.
　◎JA についてさらに詳しく学びたい方に.
北川太一（2008）『新時代の地域協同組合—教育文化活動が JA を変える』家の光協会.
　◎JA についてさらに詳しく学びたい方に.

ブックガイド

第 7 章

白石昌則・東京農工大学の学生の皆さん（2005）『生協の白石さん』講談社.
　◎「ひとことカード」での生協職員と学生の交流についてより知りたい方に.
川口清史・毛利敬典・若森資朗著・くらしと協同の研究所編（2005）『進化する共同購入―コミュニケーション，商品・品揃え・ビジネスモデル』コープ出版.
　◎組合員とのコミュニケーションについてより知りたい方に.
若林靖永（2003）『顧客志向のマス・マーケティング』同文舘出版.
　◎組合員とのコミュニケーションについてより知りたい方に.

第 8 章

上野千鶴子（2011）『ケアの社会学―当事者主権の福祉社会へ』太田出版.
　◎グリーンコープのワーカーズ・コレクティブについての言及がある貴重な書.
濱口桂一郎（2015）『働く女子の運命』文春新書.
　◎日本で「女子」が活躍できない背景について知りたい方に.
バリー・シュワルツ著・田内万里夫訳（2017）『TED ブックス　なぜ働くのか』朝日出版社.
　◎働くインセンティブについてわかりやすくまとめられている.
山口一男（2017）『働き方の男女不平等　理論と実証分析』日本経済新聞出版社.
　◎労働における男女格差が日本で縮まらない理由を解明する専門書.

第 9 章

伊藤勇夫編著（1982）『協同組合間協同論』御茶の水書房.
　◎協同組合がなぜ，そしてどのように協同すべきかについて，事例の検討を踏まえつつ，論理的に検討すべき視点を提示する古典的著作.

第 10 章

斎藤嘉璋（2007）『現代日本生協運動小史（改訂新版)』コープ出版.
　◎戦後生協運動における連合会や各生協の歩みをたどるコンパクトな概史.

終章

内橋克人（1995）『共生の大地―新しい経済がはじまる』岩波新書.
　◎エネルギーや食料や医療・福祉や雇用を地域で市民がつくりだす新たな経済システムの可能性を説く.

執筆者紹介（章順，＊は編者）

杉本貴志＊（序章，第1，10章，終章）関西大学商学部教授

重頭ユカリ（第2，3，10章）農林中金総合研究所主席研究員

宮地朋果（第4，8章）拓殖大学商学部教授

加賀美太記（第5，9，10章）就実大学経営学部講師

青木美紗（第6，7，10章）奈良女子大学生活環境学部講師

格差社会への対抗──新・協同組合論

2017 年 11 月 8 日	第 1 刷発行	定価（本体 2100 円＋税）
2019 年 9 月 17 日	第 2 刷発行	

編　者　　杉　本　貴　志

監修者　　全　労　済　協　会

発行者　　柿　﨑　　　均

発行所　㈱
会社　日本経済評論社

〒101-0062　東京都千代田区神田駿河台 1-7-7
電話　03-5577-7286　FAX　03-5577-2803
E-mail : info8188@nikkeihyo.co.jp
URL : http://www.nikkeihyo.co.jp/
印刷：中央印刷　製本：根本製本

装幀＊渡辺美知子

乱丁・落丁本はお取替えいたします．Printed in Japan ISBN978-4-8188-2476-8
© SUGIMOTO Takashi et al. 2017
・本書の複製権・譲渡権・公衆送信権（送信可能化権を含む）は㈱日本経済評論社が保有します．
・**JCOPY**〈(一社)出版者著作権管理機構　委託出版物〉
本書の無断複写は，著作権法上での例外を除き禁じられています．複写される場合はそのつど事前
に(一社)出版者著作権管理機構（電話 03-5244-5088，FAX 03-5244-5089，e-mail: info@jcopy.or.jp）
の許諾を得てください．

協同組合を学ぶ
　　中川雄一郎・杉本貴志編／全労済協会監修　本体1900円

協同組合　未来への選択
　　中川雄一郎・杉本貴志編／全労済協会監修　本体2200円

欧州の協同組合銀行
　　　　　　　　斉藤由理子・重頭ユカリ著　本体3600円

反トラスト法と協同組合
―日米の適用除外立法の根拠と範囲―
　　　　　　　　　　　　高瀬雅男著　本体3100円

明日の協同を担うのは誰か
―基礎からの協同組合論―
　　　　　　　　　　　　佐藤信著　本体3000円

共済事業とはなにか
―共済概念の探求―
　　　　　　　　　　　　相馬健次著　本体3800円

未来を拓く協同の社会システム
　　　　　小木曽洋司・向井清史・兼子厚之編　本体3200円

大学生協のアイデンティティと役割
―協同組合精神が日本を救う―
　　　　　　　　　　　　滝川好夫著　本体2500円

現代共済論
　　　　　　　　　　　　押尾直志著　本体4000円

協同組合の社会経済制度
―世界の憲法と独禁法にみる―
　　　　　　　　　　　　堀越芳昭著　本体2500円

非営利・協同システムの展開
　　　中川雄一郎・柳沢敏勝・内山哲朗編著　本体3400円

21世紀の協同組合原則
―ICAアイデンティティ声明と宣言―
　　　　　　ICA編/日本協同組合学会訳編　本体1400円

日本経済評論社